TOEFL iBT® TEST スピーキングのエッセンス

TOEFL and TOEFL iBT are registered trademarks of Educational Testing Service(ETS).
This publication is not endorsed or approved by ETS.

論理性×表現力を高めるトレーニング

Z会編集部編

Z会

はじめに

　TOEFL® テストは，英語を母国語としない人の英語力を，「読む」「聞く」「話す」「書く」の4つの面から測定するテストです。主に英語圏への留学を希望する学生の英語力の指標として活用されており，日本では大学院入試や企業内の試験にも取り入れられています。また，英語教育が大きく変わろうとしている中で，大学入試への活用も検討されており，英語4技能を総合的に評価することのできる TOEFL は，今非常に大きな注目を集めています。

　また，TOEFL では，英語の運用能力だけでなく，「情報を正確に理解する」，「問われていることに的確に答える」，「自分の意見を論理的に伝える」といった力が問われます。つまり，TOEFL では，単なる英語の知識や運用能力といった「英語を使う力」ではなく，「英語で伝える力」が問われているのです。したがって，TOEFL でハイスコアを獲得するには，そもそもの思考のベースとなる論理性を身につける必要があるのです。これは Critical Thinking（批判的思考力）と呼ばれるスキルであり，本書では，英語の表現力と同時に，一貫してこれを身につけることを目指します。

　そこで本書は，スピーキングセクションの各設問について，解答の考え方・取り組み方を学ぶ「解答のエッセンス」，実践的な問題演習を積む「集中トレーニング」，本番前のシミュレーションを行う「確認テスト」を設けています。この一冊で，基礎になる考え方を学び，それを本番で使える力へと磨き上げることができるようになっています。「スピーキングが苦手」「何をどのように話せばよいのかわからない」「スピーキングセクションの得点がなかなか伸びない」といった悩みを持つ方は，本書で論理的に考えて書く力を鍛えると同時に，豊かな表現力を身につけ，スピーキングセクションでハイスコアを獲得しましょう。

　本書が，皆さんの夢や目標を達成するための学習の一助となることができれば幸いです。皆さんが，真の英語力を身につけ，さまざまな場でご活躍されることを心よりお祈り申し上げます。

2015 年 11 月　Z 会編集部

目次

はじめに ……………………………………………………………… 3
本書の構成と利用法 ………………………………………………… 7
TOEFL iBT® とは …………………………………………………… 10
TOEFL スピーキングの対策を行うにあたって～「論理的に話す」とは ……… 13

各設問の対策と実戦演習

Independent Task Question 1・2 の概要とポイント …… 18

Question 1　解答のエッセンス …………………………… 20
　　例題 ………………………………………………………… 20
　　演習問題【1】……………………………………………… 25
　　演習問題【2】……………………………………………… 28
　集中トレーニング ………………………………………… 30
　　問題 1 ……………………………………………………… 30
　　問題 2 ……………………………………………………… 33
　　問題 3 ……………………………………………………… 36
　　問題 4 ……………………………………………………… 39
　　問題 5 ……………………………………………………… 42
　　問題 6 ……………………………………………………… 45
　　問題 7 ……………………………………………………… 48
　　問題 8 ……………………………………………………… 51
　　問題 9 ……………………………………………………… 54
　　問題 10 …………………………………………………… 57

Question 2　解答のエッセンス …………………………… 60
　　例題 ………………………………………………………… 60
　　演習問題【1】……………………………………………… 65
　　演習問題【2】……………………………………………… 68
　集中トレーニング ………………………………………… 70
　　問題 1 ……………………………………………………… 70
　　問題 2 ……………………………………………………… 73
　　問題 3 ……………………………………………………… 76
　　問題 4 ……………………………………………………… 79
　　問題 5 ……………………………………………………… 82
　　問題 6 ……………………………………………………… 85

問題7	88
問題8	91
問題9	94
問題10	97

Integrated Task Question 3〜6 の概要とポイント …… 100

Question 3　解答のエッセンス …… 104

例題	105
演習問題【1】	111
演習問題【2】	116

集中トレーニング …… 120

問題1	120
問題2	124
問題3	129
問題4	134
問題5	139
問題6	143
問題7	148

Question 4　解答のエッセンス …… 154

例題	155
演習問題【1】	161
演習問題【2】	166

集中トレーニング …… 170

問題1	170
問題2	174
問題3	178
問題4	182
問題5	186
問題6	190
問題7	194

Question 5　解答のエッセンス …… 200

例題	201
演習問題【1】	207
演習問題【2】	211

集中トレーニング ……………………………………………… 216
　　　　問題1 ……………………………………………………… 216
　　　　問題2 ……………………………………………………… 220
　　　　問題3 ……………………………………………………… 224
　　　　問題4 ……………………………………………………… 228
　　　　問題5 ……………………………………………………… 232
　　　　問題6 ……………………………………………………… 236
　　　　問題7 ……………………………………………………… 240
Question 6　解答のエッセンス ………………………………… 244
　　　　例題 ………………………………………………………… 245
　　　　演習問題【1】……………………………………………… 251
　　　　演習問題【2】……………………………………………… 255
　　　集中トレーニング ……………………………………………… 260
　　　　問題1 ……………………………………………………… 260
　　　　問題2 ……………………………………………………… 264
　　　　問題3 ……………………………………………………… 268
　　　　問題4 ……………………………………………………… 272
　　　　問題5 ……………………………………………………… 276
　　　　問題6 ……………………………………………………… 280
　　　　問題7 ……………………………………………………… 284

確認テスト第1回
　問題 ………………………………………………………………… 290
　解説 ………………………………………………………………… 294

確認テスト第2回
　問題 ………………………………………………………………… 310
　解説 ………………………………………………………………… 314

本書の構成と利用法

　本書は，TOEFL iBT®テストのスピーキングセクションの各設問に対し，以下のステップで効果的な学習ができるよう構成されています。以下に示す利用法を参考にして取り組みましょう。

[1] Independent Task, Integrated Task の概要とポイント

　スピーキングセクションには全部で6種類の設問があり，その出題形式によってIndependent Task（独立型問題／Question 1・2が該当）とIntegrated Task（統合型問題／Question 3〜6が該当）とに分類されます。それぞれの問題の形式の特徴と，実際のテストでの評価基準をまとめていますので，学習に入る前に必ず確認しましょう。

[2] 解答のエッセンス

　各Questionに論理的に解答するためのポイントを解説したページです。本書では，解答をまとめるにあたり「論理マップ」という図にアイディアや情報をまとめる方法を紹介しています。

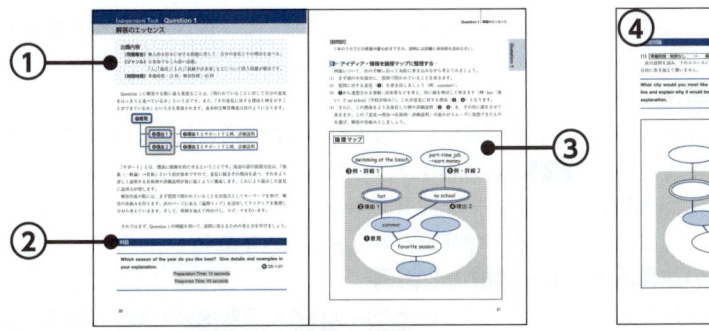

① Questionの出題内容と解答の構成
各Questionの出題形式を確認した上で，解答の代表的な構成例を知り，イメージをつかみましょう。

② 例題
各Questionの例題を示しています。ここでは「Ⅰ アイディア・情報を論理マップに整理する」，「Ⅱ 解答を組み立てる」の2ステップで解答をまとめていきます。

③ 論理マップ
Ⅰでアイディア・情報を整理する際に活用します。次の「論理マップのポイント」は，この時に注意すべき点をまとめていますので，参考にしながら考えてみましょう。ここでアイディア・情報が整理できたら，Ⅱでそれを解答の形に仕上げていきます。

④ 演習問題
例題で学んだことを実践して定着させるための問題を各Questionに2問ずつ設けています。1問目には書き込み用の論理マップを掲載していますので，ぜひ実際に活用してください。

[3] 集中トレーニング

各設問について，本番に即した実戦形式の問題で集中的に演習を積みましょう。

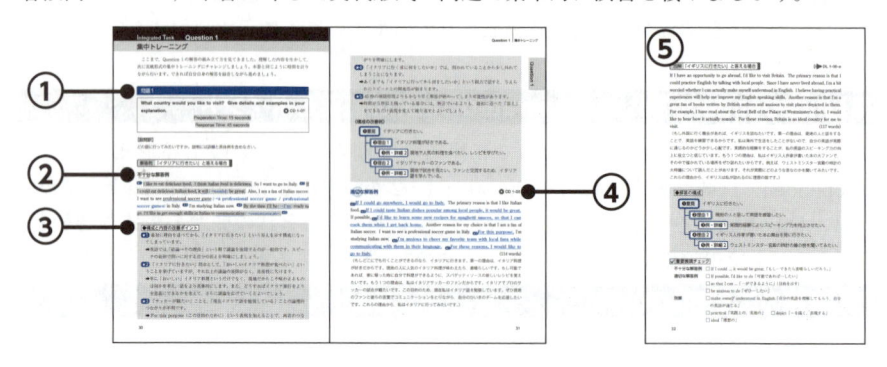

① 問題
本番と同様の出題形式の問題となっています。準備時間・解答時間については自分で時間を計って取り組んでください。なお，解答を録音しておくと，復習の際に改善点を見つけるのに役立ちます。

② 不十分な解答例
学習者が陥りやすいミスを再現した解答です。修正が必要な箇所にはグレーの網掛けがしてあります。英文中にある★1などの番号は，その後に続く解説「構成と内容の改善ポイント」の項目と一致しています。なお，全体の構成や内容に関わらない文法ミス（時制，名詞の数など）は，英文中に青字で修正内容を示してあります。

③ 構成と内容の改善ポイント・構成の改善例
解答全体の構成や内容をどう改善すればよいかという視点から解説を加えています。さらに，構成の改善例を，論理マップと対応する図で示しています。

④ 適切な解答例
②③のコメント箇所を中心に内容を改善し，全体を構成し直した模範解答です。この英文中の★1などの番号も，②③の項目と一致しています。なお，特別に改善すべき点として取り上げていなかった部分でも，よりよい表現になるよう変更を加えている箇所があります。

⑤ 別解　※ Question 1・2 のみ
Independent Task である Question 1・2 は，④の解答例とは異なる立場の解答例として，別解を示しています。音声はダウンロードサイトにて提供しています（次ページ参照）。

[4] 確認テスト

スピーキングセクション全体の模擬問題を2回分収録しています。解答時間を守りながら6問まとめて取り組み，本番のシミュレーションを行いましょう。

■付属CD／音声ダウンロードサイトについて

・CDに収録されている内容は，下記Webサイトより音声ファイルをダウンロードすることができます。さらに，Question 1および2の「集中トレーニング」の「別解」の音声など，追加コンテンツもご用意していますのでぜひ活用してください。
　※「別解」の音声は，下記サイトのみで提供しています。
　※ダウンロードは無料です。

http://www.zkai.co.jp/books/toeflsw/

・問題を解くための音声のトラック番号は，以下のように確認してください。
　［例］ 🔘 **1-01** → CD：Disk 1 トラック番号 01 という意味です。
　　　　　　　　音声ファイル：toefls1-01 というファイルが該当します。
　　　　🔊 **DL1-01-e** → 上記 1-01 の問題に対する「別解」音声の表示です。

※確認テストの音声に関する注意事項

・CDに収録されている確認テストの問題の音声には，準備時間（Preparation Time）および解答時間（Response Time）は含まれていません。設問文が流れた後に合図の音がありますので，そこでCDを一時停止し，時間を計って解答を準備した上で，スピーチを行ってください。なお，Question 3・4で課題文を読むための無音の時間（Reading Time）は含まれています。

・上記ダウンロードサイトに掲載されている音声ファイルには，課題文を読む時間・準備時間・解答時間のすべてについて，無音の時間が収録されていますので，各問題について一旦音声を再生すれば，解答終了までの本番のシミュレーションが可能です。

TOEFL iBT® とは

　TOEFL® テスト（Test of English as a Foreign Language）は，英語を母語としない人々の英語力を測るためのテストです。英語圏の国（アメリカ，カナダ，イギリス，オーストラリアなど）の高等教育機関（大学や大学院）への正規留学の際，入学審査基準の1つとして提出が求められます。日本では2006年7月よりiBT形式が導入されました。

1. 試験概要

　リーディング，リスニング，スピーキング，ライティングの4つのセクションから構成されています。スピーキングセクションとライティングセクションにおいて，Integrated Task（統合型問題）が導入されたことがiBTの大きな特徴の1つと言えます。純粋にスピーキングやライティングの力を問うだけでなく，リーディングやリスニングを含む4技能が統合的に測定されます。なお，すべてのセクションでメモを取ることが可能です。試験時間はトータルで4～4.5時間と長時間に及ぶので，集中力をいかに保てるかが高得点獲得のための1つのカギと言えます。

【構成】

セクション	問題数	試験時間
リーディング	36～56問	60～80分*
リスニング	34～51問	60～90分*
スピーキング	6問	20分
ライティング	2問	50分

＊リスニングセクションとリーディングセクションは問題数により試験時間が変わります。

2. 解答方法

　TOEFL iBT テストでは，コンピュータ上で問題に解答します。リーディングセクションとリスニングセクションでは，マウスを使って正解の選択肢をクリックやドラッグして問題に解答します。スピーキングセクションでは，ヘッドセットのマイクに向かい問題に解答し，録音された音声がインターネットを通じて採点者に送られます。ライティングセクションでは，キーボードを使ってタイピングをします。

【スピーキングセクションの操作画面】
Question 1・2
①**問題指示文を読む。**
　まず，画面に問題指示文が表示されます。この指示文は音声でも流れます。英文と音声とで，質問の意味を確実に理解しましょう。 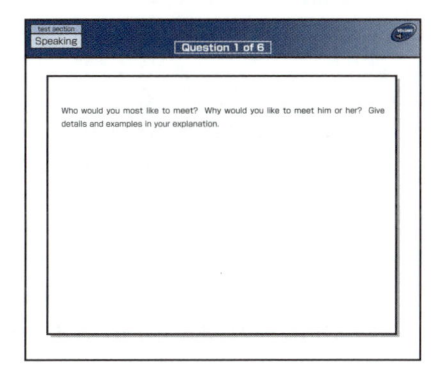
②**準備時間のアナウンスがある。**
　解答を構成する準備時間は 15 秒です。準備時間の前には，準備時間を伝えるアナウンスが流れます。時計が表示されて，残り時間を確認することができます。
③**解答する。**
　解答時間は 45 秒です。解答開始の指示はアナウンスされます。ここでも時計が表示されるので，残り時間を確認することができます。

Question 3・4
①**問題指示が流れる。**
　課題文を読む指示が流れます。この指示は音声のみで，画面には表示されません。課題文を理解するための手掛かりとなる第一歩なので，確実に聞き取りましょう。 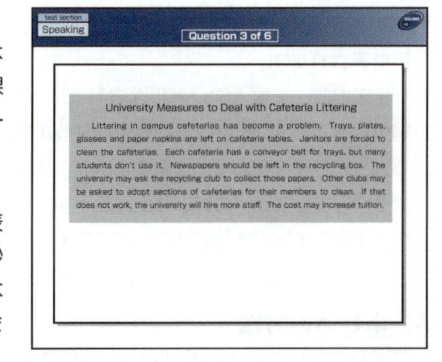
②**課題文が表示される。**
　上の指示の後，75～100 語の課題文が表示されます。読むための制限時間は 45 秒です。話すよりもゆっくりめのスピードなので，慌てないでしっかり意味を理解しましょう。
③**リスニング音声が流れる。**
　課題文に関する会話（Question3），講義（Question4）が流れます。こちらはナチュラルスピードです。
④**問題指示文が表示される。**
　課題文とリスニングに関する問題が表示されます。30 秒の解答準備時間があり，その後，60 秒で解答します。解答準備と解答の開始指示は，それぞれアナウンスがあります。

Question 5・6
①問題指示が流れる。
この指示は音声のみで，画面には表示されません。
②リスニング音声が流れる。
60～90秒の会話（Question5），講義（Question6）が流れます。このTaskには課題文がなく，直接音声が始まるので注意が必要です。
③問題指示文が表示される。
リスニングについての問題が表示されます。この指示文は音声でも流れます。解答準備時間は20秒で，解答時間は60秒です。

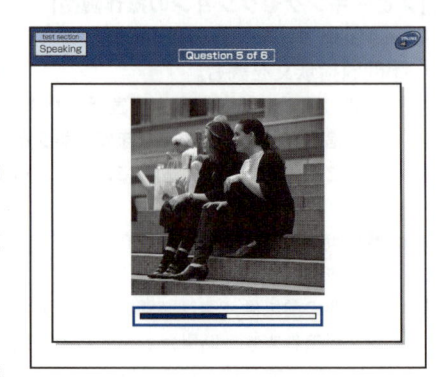

3. スコアについて

　4つのセクションはそれぞれ0～30点で採点され，トータルのスコアは0～120点です。スピーキングセクションとライティングセクションは，複数の採点者によって採点されます。スピーキングセクションは，各設問0～4の素点の平均点が，30点満点に変換されます。ライティングセクションについても同様に，0～5までの素点の平均点が30点満点に換算されます。

　出願の際，一般大学レベルは61～80点，難関大学・大学院レベルは80～100点，超難関校レベルは105点以上が目安になりますが，それぞれの大学や専門分野によって要求されるスコアが異なるので，志望する大学，大学院のホームページなどで必要なスコアを確認するようにしましょう。スコアは受験終了後，約1カ月後に送付されますが，受験日の約10日後からオンラインで確認することができます。スコアの有効期限は2年間です。

4. 申し込み方法

　TOEFL® Information Bulletin（受験要綱）を入手し，受験に関する情報を熟読してください。また，ETS（Educational Testing Service）やCIEE（国際教育交換協議会）のWebページに受験方法が詳しく記載されているので，確認してください。

TOEFL スピーキングの対策を行うにあたって
～「論理的に話す」とは～

日本人が陥りがちなミスとは

　英語の4技能（リーディング，リスニング，スピーキング，ライティング）の中でも，特にスピーキングが難しいと感じている日本人は多いようです。受動的に理解するリーディングやリスニングと違って，スピーキングは能動的に発信しなければならないため，運用レベルの語彙や文法を身につける必要があります。話し方も重要ですし，ライティングと違って瞬発力も求められます。普段英語を話す機会がほとんどない人も多いため，他の技能に比べると練習量が少ないことも理由の1つかもしれません。

　ところが，普段英語を話す機会が多い人にとってはTOEFLスピーキングセクションは簡単かというと，必ずしもそうとは限らないようです。というのは，TOEFLでは，設問に対して的確に答えているか，内容に一貫性があるか，論理展開は適切か，といった内容面の評価が非常に重要だからです。スピーキングが苦手な人の中には，何をどう話したらよいかわからない，考えがまとまらない，そもそも考えが浮かばないという悩みを持つ人も多いのではないでしょうか。あるいは，それらをクリアし，適切な速さで語法や文法のミスのないスピーチができたとしても，第三者が聞くと，意見が明確に伝わらないケースが多いのも実情です。これは，上記のような内容・構成上の問題が原因と考えられます。自分ではよく話せたつもりでも，TOEFLのスコアが思ったほどよくなかったという場合は，このような理由で減点された可能性があります。スピーチの目的は，第三者に自分の意見や主張を正確に理解してもらうことですので，常に聞き手を意識しながらわかりやすく話さなければなりません。

論理的で説得力のあるスピーチをするには

　つまり，スピーキングセクションでハイスコアを獲得するためには，誰が聞いても納得してもらえるような説得力のあるスピーチを，制限時間内に行う必要があるということです。そのためには，思いついたことをやみくもに話すのではなく，「論理的に考えて話す」ことが大切です。そこで身につけるべきものが「Critical Thinking（批判的思考力）」です。ここでのCritical（批判的）とは分析的，合理的という意味合いで，物事を論理的にとらえ，問われたことや自分の意見を相手に伝わりやすく，かつ説得力をもって表現するという一連の思考の流れを表しています。本書ではこの力を身につけるための方法として，「論理マップ」にアイディアや情報を整理する手法を提案しています。

　さて，説得力のあるスピーチをするための具体的な方法について考える前に，多くの人に共通する悩みの原因について考えてみましょう。前述の通り，スピーキングセクションが難しい理由の1つに，そもそも考えが浮かばないというのがあります。それはなぜでしょうか。その理由の1つとして，日頃から何かを吟味し，確固たる自分の意見を持つ機会が少ないことが挙げられます。また，何か意見があったとしても，それを周りの人に伝えなければ，論理的にまとめる機会にはなりません。そもそも，自分の意見

を主張するのに抵抗があったり，周りの人の意見に合わせてしまう人もいるかもしれません。それらは文化的背景の影響もあるかもしれませんが，日頃からそのような機会が少ないことが原因の1つと言えるでしょう。

それでは逆に，多くの英語のネイティブスピーカーが，小さな子供でさえも自分の意見を理由を添えて明確に述べることができるのは，なぜでしょうか。彼らも自然にそのような能力が身についたわけではないようです。彼らは小学生の頃から，自分の意見を持ち，相手に対して論理的に説明することを求められ，練習を繰り返してきているのです。

つまり，私たち日本人もそのような訓練をすることで，アイディアを膨らませ，説得力のある論理的なスピーチをする力をつけることができるのです。そのために必要なCritical Thinkingを身につける手法について，もう少し具体的に考えてみましょう。

「論理的なスピーチ」の構成を知る

普段英語を聞く際にはあまり意識していないかもしれませんが，英語のスピーチの構成には，基本となる大原則があります。基本的な構成を知ることで，正しく内容を把握し，素早く要点を拾うことができるようになりますので，まずはそれを確認しましょう。

スピーチは，Introduction・Body・Conclusion という3つのパートから成っています。Introduction はスピーチの導入の役割を果たしており，これから展開されるトピックと話者の主張の要点が述べられます。また，聞き手が内容を予測しながら聞くことができるように，全体の構成が示されます。Body は内容を具体的に展開する部分です。説得力のある議論を展開するため，通常2つ以上の理由や根拠が提示されます。それぞれに関して，まずは内容を端的に示すキーセンテンスが述べられ，その後に具体例や詳細情報を示すサポートセンテンスが述べられます。Conclusion は省略されることもありますが，スピーチの締めくくりとして，Introduction とは異なる表現で再度要点が簡潔にまとめられます。

以下は，「大学生はアルバイトをすべきかどうか」というトピックについてのスピーチです。こちらを例に，スピーチの構成を具体的に見てみましょう。

例）

①I don't think university students should work part-time. ②There are two reasons. ③First, if they are busy with part time jobs, they might not have enough time for study, which is their main duty. ④As a result, they might not be able to get good grades or even end up failing. ⑤In addition, they might have irregular life styles because many of them work at night or weekends when they don't have classes. ⑥That can be hard both mentally and physically. ⑦Of course, they should be healthy in mind and body, so they shouldn't spend their time at university in that way. ⑧Therefore, university students shouldn't work part time.

> ① （トピックと主張の要点）大学生はアルバイトをすべきではないと思います。
> ② （全体の構成）2つの理由があります。
>
>> ③ （理由1のキーセンテンス）アルバイトで忙しかったら，学生の本分である勉強のための時間が確保できないからです。
>>
>>> ④ （理由1のサポートセンテンス）その結果，よい成績が取れなかったり，落第してしまったりすることさえあるかもしれません。
>>
>> ⑤ （理由2のキーセンテンス）それに，学生の多くは授業のない夜や週末に働いているので，生活が不規則になるかもしれません。
>>
>>> ⑦ （理由2をサポートする例，詳細説明）
>>> そのため精神的にも身体的にも大変です。もちろん，心身ともに健康であるべきですから，そんな風に大学生活を過ごすべきではありません。
>
> ⑧ （要点の再提示）したがって，大学生はアルバイトをするべきではありません。

　スピーチはこのような構成になっています。また，こうした各パートをつなぐ役割をするのが**ディスコースマーカー**です。ディスコースマーカーは，論理の流れを明確にする接続表現のことで，上記の First / As a result / In addition / Therefore などがそれに当たります。これらに注目することでスピーチの構成を理解しやすくなります。逆に自分がスピーチを発信する際にも，これらを上手に利用することで，相手に自分の意図が伝わりやすくなります。

「論理的でないスピーチ」とは

　上記のような構成で論理的に話すのが理想ですが，最初から上手に話せる人は少ないようです。以下はZ会の講座で学ぶ学習者の中にもたびたび見受けられる問題点です。心当たりがある人や，知らず知らずこのようなスピーチをしてしまっている人もいるかもしれませんね。問題点を知っておくことで，注意して話すことができますので，よくある事例を確認しておきましょう。

【主張に一貫性がない】
- Introduction で反対の立場を表明したにも関わらず,「しかしこのような長所もある」などと話を進め, 最終的に Conclusion では「長所もあるので完全に反対とは言えない」と述べてしまう。
- 「賛成である」と自分の意見を述べた後に,「ところが反対意見の人も多い」と反対意見について深く議論を進めてしまい, 聞き手を混乱させる。

【全体の構成にまとまりがない】
- 話があちこちに飛んでいる。トピックとは関係のないことを話す。
- トピックや意見, 構成をはっきりと示さないまま話し始めており, 最後まで聞かなくてはどのような意見なのかわからない。
- ディスコースマーカーが使われておらず, それぞれの発言のつながりがわかりにくい。

【内容が不十分である】
- 自分の意見ばかりで理由や具体的な情報がないため, 説得力に欠けている。
- 詳しい説明がないまま無名の地名や人の名前を挙げており, 何の話をしているのかが伝わらない。

TOEFL スピーキングセクションでハイスコアを獲得するために

　スピーチでは, 以上のような問題点に気をつけ, 相手に伝えるという点を常に意識しなければなりません。また,「論理的に話す」というスキルに加え,「短時間で情報を読み取って整理する」,「問いに対する考えをまとめて表現する」といった TOEFL で試されるスキルはすべて Critical Thinking の観点を持っているかが問われています。つまり, TOEFL スピーキングセクションで, 自分が伝えようとしていることを採点者が一度聞いただけで理解できるようなスピーチをするには, Critical Thinking を身につける学習をする必要があるのです。

　そこで, 本書では, 論理マップを用いた学習を提案しています。論理マップにアイディアや情報を整理する練習を繰り返すことで, 自分の意見を論理的にまとめ, それを相手に説得力をもって伝えることができるようになります。また同時に, 見聞きした情報を速く正確に整理する力も身につけることができます。説得力があり筋の通ったスピーチができるよう, 本書を通して Critical Thinking を効果的に鍛えるトレーニングを積みましょう。

各設問の対策と実戦演習

Independent Task

Question 1・2の概要とポイント

■ Independent Task の特徴
スピーキングセクションの Question 1 と Question 2 は，設問で問われていることに対して自分の意見や考えを述べる**「独立型問題 (Independent Task)」**と呼ばれる形式です。

15 秒で解答の準備をし，**45 秒で解答**します。非常に短い時間で解答の構想を練り，定められた解答時間内で，理路整然と話すことが求められるタスクです。

準備時間中に，鉛筆とメモ用紙を使用することができます。アイディアをメモに書きとめておき，そのメモを見ながら解答することができますが，事前に「英作文」をする時間的余裕はありません。なお，準備時間と解答時間の残り時間は，問題指示文の下に表示される時計で確認できます。

■ 設問形式
Question 1 と Question 2 の設問形式は，次の通りです。

Question 1　Personal Preferences
これまでに影響を受けた人や出来事，好きな場所など，**個人的な好みや経験に関する問題に対して自分の意見を解答します**。自分の答えに対する明確な理由，その理由をサポートする詳細や具体例を添えることが求められます。

Question 2　Choices
2つの選択肢のうち1つを選んで，自分の意見を解答します。どちらを選んだからという理由で，評価に差が出ることはないため，どちらを選んで話しても構いません。ただし，自分の選択に対する理由を示し，その理由をサポートする詳細や具体例を添えることが求められます。

■ Independent Task の評価基準
解答は，以下の3つの観点から，0〜4点まで段階的に採点されます。
① 【話し方】(Delivery)：発音，スピード，イントネーションは適切か。
② 【言語使用】(Language Use)：文法や語彙は正確で，多様性があるか。
③ 【話の展開】(Topic Development)：問題に対して完全に解答できているか。内容は一貫しており，論理展開は適切か。

文法や語彙は評価基準の1つですが，文法や語彙を意識し過ぎるあまり無言の時間を作るよりは，多少間違えても話し続けることが大切です。**45 秒の解答時間を無駄なくフルに使い，自分の意見を明瞭な発音で論理的に述べられれば，高得点に結びつきます。**

以下が，ETS の採点者が解答を評価する際に用いる基準の概略です。

評価	評価の基準
4	【話し方】：全体的に流暢で明瞭。ささいな誤りはあるが，聞き手の理解を妨げる発音，イントネーション上の問題がない。 【言語使用】：文法，語彙が効果的に使用でき，多様な構文を織り交ぜている。意味の伝達を阻害する大きな誤りがない。 【話の展開】：問いに的確に答え，内容に一貫性がある。議論が十分に展開され，アイディアとアイディアの間の関係が明確。
3	【話し方】：概して明瞭であるが，発音，イントネーション，ペースに若干の問題があり，聞き手が理解するのに努力を要する箇所がある。 【言語使用】：使用語彙，文法構造に多少不正確な部分があるが，意味の伝達を大きく阻害することはない。 【話の展開】：全体的には議論に一貫性があり，必要なアイディアや情報を含めているが，議論の展開が十分ではなく，詳細や具体性に欠ける部分がある。
2	【話し方】：基本的に理解はできるが，発音が明瞭でなく，イントネーションやリズムがぎこちないため，聞き手の努力が必要。 【言語使用】：うまく使えるのは基本的な文構造のみで，使用する語彙や文法の幅が限られている。そのため，アイディアが十分に伝わらない箇所が多い。 【話の展開】：設問で問われていることに答えているものの，アイディアの数が少なく，展開が不十分。アイディアとアイディアの間の関係が明確でない。
1	【話し方】：発音，イントネーションに問題が多く，聞き手が理解するのにかなりの努力が必要。躊躇したり，無言になったりする部分が多い。 【言語使用】：使用する文法や語彙の幅が限られ，正確でないため，意味の伝達を大きく阻害する。 【話の展開】：設問に対して適切に答えておらず，非常に基本的なアイディア以上の内容に欠ける。あるいは，同じことを繰り返すのみ。
0	無言のまま。あるいは，問われていることとまったく無関係な事柄について話す。

Independent Task　Question 1

解答のエッセンス

出題内容
《設問形式》個人的な好みに対する問題に対して，自分の意見とその理由を述べる。
《ジャンル》日常的でなじみ深い話題。
　　　　　　「人」「場所」「もの」「経験や出来事」などについて問う問題が頻出です。
《制限時間》準備時間：15秒，解答時間：45秒

　Question 1に解答する際に最も重要なことは，「問われていることに対して自分の意見をはっきりと述べているか」という点です。また，「その意見に対する理由と例を示すことができているか」という点も重視されます。基本的な解答構成は次のようになります。

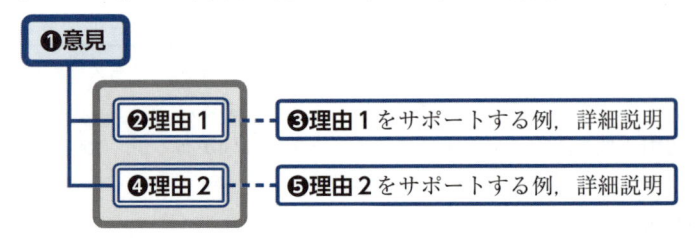

```
❶意見
 ├─ ❷理由1 ---- ❸理由1をサポートする例，詳細説明
 └─ ❹理由2 ---- ❺理由2をサポートする例，詳細説明
```

　「サポート」とは，理由に根拠を持たせるということです。英語の話の展開方法は，「抽象（一般論）→具体」という形が基本ですので，意見に続きその理由を述べ，それをより詳しく説明する具体例や詳細説明が後に続くように構成します。これにより提示した意見に説得力が増します。
　解答作成の際には，まず質問で問われていることを出発点としてキーワードを挙げ，解答の骨組みを作ります。次のページにある「論理マップ」を活用してアイディアを整理しながら考えていきます。そして，情報を加えて肉付けし，スピーチを行います。

　それではまず，Question 1の例題を用いて，設問に答えるための考え方を学びましょう。

例題

Which season of the year do you like best? Give details and examples in your explanation.　　　　　　　　　　　　　　　　　　　　　　🔘 CD 1-01

> Preparation Time: 15 seconds
> Response Time: 45 seconds

【設問訳】
1年のうちでどの季節が最も好きですか。説明には詳細と具体例を含めなさい。

I アイディア・情報を論理マップに整理する

例題について，次の手順に沿って論理マップを使ったアイディア整理のしかたを見てみましょう。

(1) まず図の中央部分に，質問で問われていることを書きます。
(2) 質問に対する意見（❶）を書き出します（例：summer）。
(3) ❶から連想される事柄・出来事などを考え，外に線を伸ばして書きます（例：hot（暑い）と no school（学校が休み））。これが意見に対する理由（❷，❹）となります。
(4) さらに，この理由をより具体化した例や詳細説明（❸，❺）を，その外に派生させて書きます。この「意見→理由→具体例・詳細説明」の流れがスムーズに発想できたものを選び，解答の骨組みとします。

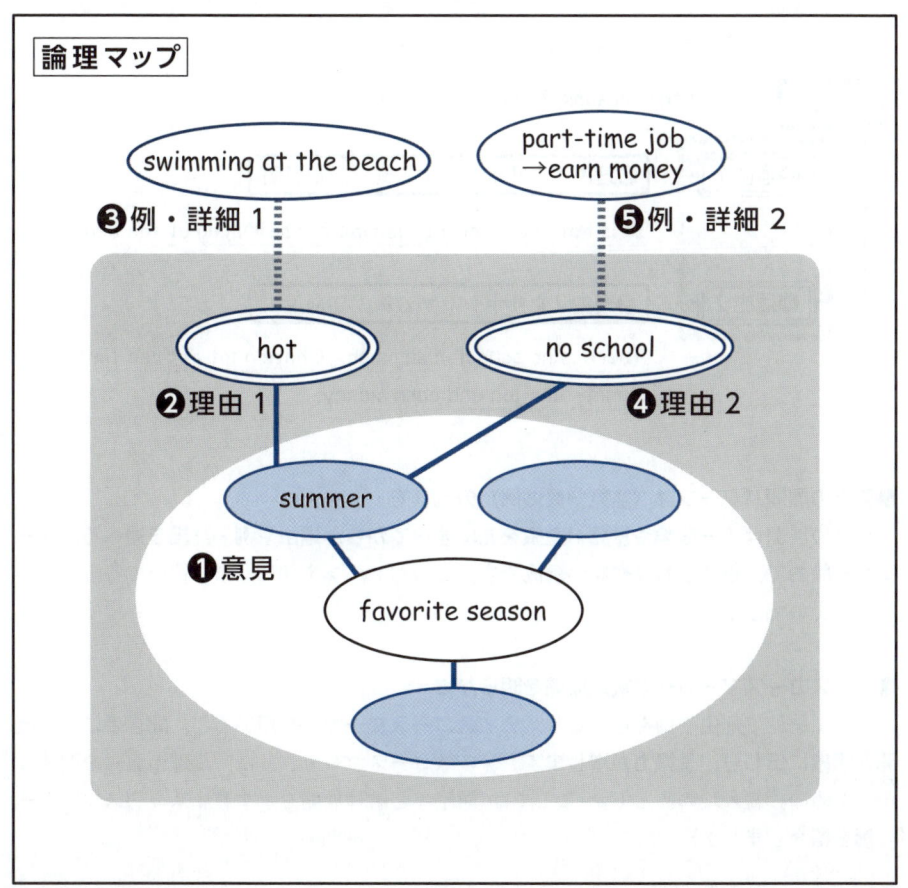

論理マップ

- swimming at the beach（❸例・詳細1）
- part-time job →earn money（❺例・詳細2）
- hot（❷理由1）
- no school（❹理由2）
- summer（❶意見）
- favorite season

> **論理マップのポイント**
>
> ☆意見，理由，例・詳細説明の各要素が違和感なくつながる関係になるようにする
>
> 論理マップでは，質問に対して思いついたアイディアをどんどん書き出してみましょう。その際，論理的な飛躍や矛盾がないように注意します。次の例を見てみましょう。
> [例] ❶夏が好き → ❷暑いから → ❸去年夏バテしてしまった
> 「夏が好き」という意見に対し，「暑いから」という理由を挙げていますが，そこから関連づける話として❸のようにマイナスイメージになる例を挙げてしまうと，意見の「好き」という部分と矛盾が起き，答えとしてまとめた時に論理展開に違和感が生じます。誰もが納得できる展開になるようにしましょう。

▐▶ 解答を組み立てる

解答の構成を意識しながら，論理マップに書いたキーワードを用いて内容をまとめます。まずは以下に骨格となる文を1〜2文簡単に書いてみましょう。

- **❶意見**　Of all the seasons, I like summer best.
  - **❷理由1** --- **❸理由1をサポートする例，詳細説明**
    It is hot. Hot weather is fine for swimming at the beach.
  - **❹理由2** --- **❺理由2をサポートする例，詳細説明**
    There is no school in summer. I have a lot of free time to do a part-time job and earn money.

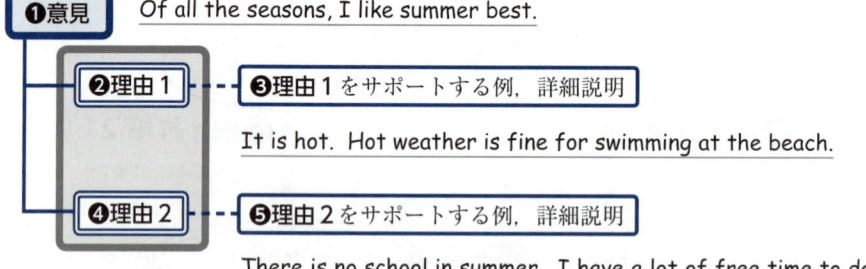

●英文の展開パターンは〈意見→具体例〉の流れで

英文の展開は，<u>一般論や意見・主張を先に述べてから，理由や例・詳細を述べるパターンが一般的で，最も伝わりやすい構成です</u>。このパターンを常に念頭に置いて答えをまとめるとよいでしょう。

●ディスコースマーカーで論理展開を明らかに

意見に続けて理由や例を述べる時，<u>ディスコースマーカーを用いると，聞き手に論理展開が明確に伝わり，説得力が増します</u>。ディスコースマーカーとは，論理の流れを明確にするための接続表現のことです。ここでは，順序など論理展開を示すディスコースマーカーの例を紹介しましょう。

Question 1 | 解答のエッセンス

[役に立つ表現]
* 最初の理由を挙げる：
  - ☐ First（第一に） ☐ First of all（まず初めに） ☐ To begin with（まず初めに）
  - ☐ The primary reason is ～（第一の理由は～）
* 2つ目の理由を挙げる：
  - ☐ Second（第二に） ☐ Next（次に） ☐ Another reason is ～（もう1つの理由は～）
* まとめ，結論を述べる：
  - ☐ Therefore（それゆえ） ☐ In conclusion（結論として）
  - ☐ For these reasons（このような理由から） ☐ As a result（結果として）

なお，実際のテストでは，15秒という短い準備時間で解答内容を考えることになります。まずは上記の要領でアイディアを整理し，解答としてまとめる感覚を身につけ，徐々にそれを頭の中だけで短時間に行うことができるようトレーニングを行いましょう。

【解答例】　　　：ディスコースマーカー　　　　　　　　　　　　🔵 CD 1-02

Of all the seasons, I like summer best. The primary reason is that it is hot. Hot weather is fine for swimming at the beach. I often go to the beach near my house and swim for hours. Swimming makes me tired and thirsty, but it makes watermelon all the more delicious. Nothing can beat nice cool watermelon after swimming. Another reason is that there is no school in summer. That means I have a lot of free time to do a part-time job and earn money. Last summer, for example, I earned enough to buy a new computer. I felt like I had achieved success. For these reasons, my favorite season is summer.　　　　(114 words)

（すべての季節の中で，私は夏が一番好きです。第一の理由は，暑いということです。暑い気候は海で泳ぐのに適しています。私はよく家の近くのビーチに出かけ，何時間も泳ぎます。泳ぐと疲れてのどが渇くのですが，それによってスイカがますますおいしく感じられます。泳いだ後には，十分に冷たいスイカがもってこいなのです。もう1つの理由は，夏には学校の授業がないということです。それにより，私は自由な時間が多くできるので，アルバイトをしてお金を稼ぐことができます。例えば昨年の夏には，私は新しいコンピュータを買えるほどに十分なお金を稼ぎました。うまくやったと感じたものです。これらの理由から，私の最も好きな季節は夏なのです。）

✅ 重要表現チェック
☐ all the more 「いっそう，なおさら」
☐ Nothing can beat ～ 「～に勝るものはない」
☐ achieve success 「成功を収める」

仕上げ

□音声を聞いた後，実際に制限時間 45 秒を計りながら，上の解答例を音読しましょう。音声を聞く際には，発音や音のつながり，抑揚，リズム，強弱のつけ方に注意するとよいでしょう。また，音読する時には，英文の意味を考えながら話し，英語の音と意味とを一体化させることを意識すると効果的です。

□自分自身が思いついた言葉を使って，構成に注意して上記の手順で例題の解答を作成し，時間を計って 45 秒でスピーチをしてみましょう。

演習問題

【1】 準備時間：制限なし　→　解答時間：45 秒

次の設問を読み，下のスペースに情報を整理し，解答を組み立ててください。円や線は自由に書き加えて構いません。

What city would you most like to live in? Choose a place where you want to live and explain why it would be your choice. Give details and examples in your explanation.

● CD 1-03

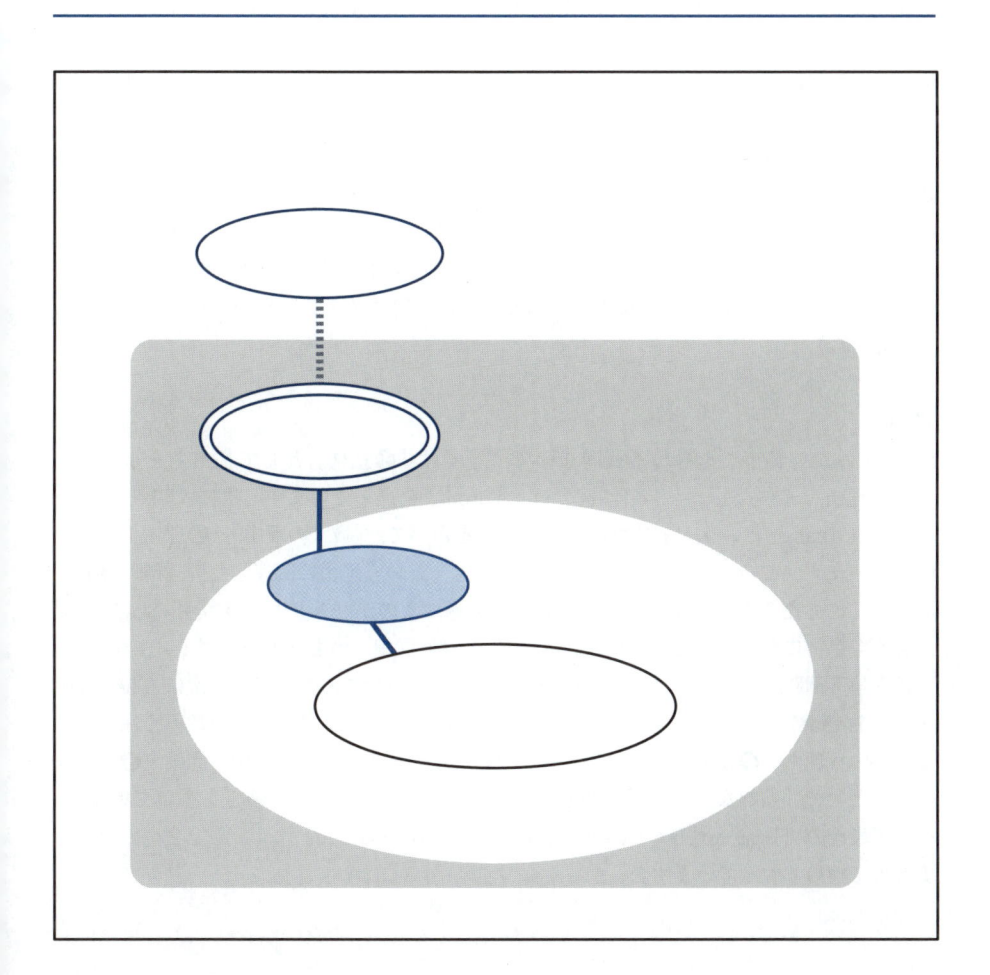

【設問訳】
あなたが最も住みたい都市はどこですか。あなたが住みたい場所を選び，なぜそこを選んだのかを説明しなさい。説明には詳細と具体例を含めなさい。

【解答例】　　　　　　　　　　　　　　　　　　　　　　　　　　　　○ CD 1-04

If I could live in any city in the world, I would live in Toronto. The biggest reason is that I simply like living somewhere cold. I get very sluggish and lazy when it gets hot and enjoy bundling up in the winter. Snow can be inconvenient, but Toronto has a subway and lots of underground walkways so it's not hard to get around. The other reason is that there are a lot of people from all around the world living there. There are a lot of restaurants with all sorts of cuisines to try and lots of cultural festivals. Those are my two biggest reasons for wanting to live in Toronto. 　　　　　　　　　　　　　　　　　　　　　　　　　(112 words)

（世界中のどこに住んでもいいのなら，トロントに住みます。最大の理由は，単にどこか寒いところに住むのが好きということです。私は暑いととてもだるくなって怠けてしまいます。冬に暖かく着込んで過ごすのが好きなのです。雪は不便かもしれませんが，トロントには地下鉄や多くの地下道があるので，出歩くのは難しくありません。もう1つの理由は，トロントには世界中から来た人がたくさん住んでいるということです。あらゆる種類の料理を試せる多くのレストランがあり，また，たくさんの文化のお祭りがあるのです。これらがトロントに住みたい2つの最大の理由です。）

【解説】
「最も住みたい都市」を尋ねる質問なので，まずは「❶意見」として都市名を挙げ，その後で理由を述べましょう。解答例では，Toronto を選んでいます。次に，The biggest reason is that ～というディスコースマーカーを用いて，「最大の理由」（❷理由1）を説明しています。この「寒いところに住むのが好き」という理由に関連した例・詳細（❸例・詳細1）にあたるのが，まず「冬に厚着をして過ごすのが好き」という説明であり，「夏は暑くて怠惰になる」ことと対比されています。例・詳細1のもう1つのポイントが，「地下鉄や地下通路があるため（冬も）移動しやすい」場所であることです。次に The other reason is that ～というディスコースマーカーを用いて，「世界各国の人が数多く住んでいる」という理由（❹理由2）を示します。そしてこの理由のさらなる例・詳細（❺例・詳細2）として「多様な料理が楽しめるレストラン」と「お祭り」の多さを挙げています。そして最後の Those are my two biggest reasons for wanting ～ は，上記2つの理由をまとめて締めくくっています。

論理マップ

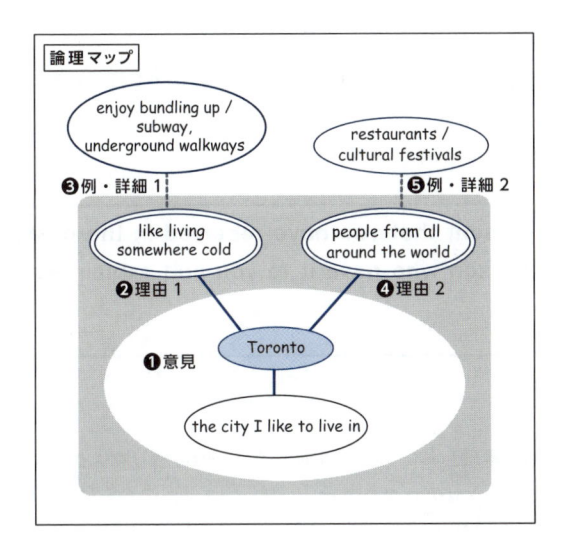

```
        enjoy bundling up /              restaurants /
            subway,                    cultural festivals
     underground walkways
         ❸例・詳細1                      ❺例・詳細2

        like living                   people from all
      somewhere cold                  around the world
         ❷理由1                           ❹理由2

                         Toronto
            ❶意見
                    the city I like to live in
```

✓ 重要表現チェック

- □ sluggish 「不活発な,怠惰な」
- □ lazy 「怠惰な(やる気がない)」
- □ bundle up 「厚着をする,(毛布などに)暖かくくるまる」
- □ underground walkway 「地下通路」
- □ get around 「動き回る,歩き回る」
- □ cuisine 「料理」

【2】 準備時間：30秒　→　解答時間：45秒

次の設問を読んで，今度は頭の中でブレインストーミングを行い，制限時間を守って解答しましょう。準備時間は本番の倍の長さにしてあります。ここまでの学習内容を踏まえて，短い時間でアイディアをまとめる練習をしましょう。

What is a good present that you have received in the past? Describe the present and the person who gave it to you and explain why it was a good present.　　　　　　　　　　　　　　　　　　　　　　　　　🔘 CD 1-05

【設問訳】

あなたが過去にもらった素晴らしい贈り物は何ですか。その贈り物はどんなもので，それをくれた人はどんな人だったか，なぜそれが素晴らしい贈り物だったのかを説明しなさい。

【解答例】　　　　　　　　　　　　　　　　　　　　　　　　　　　🔘 CD 1-06

The best present I have ever received was the piano I was given for my ninth birthday. I was surprised by the present because I had only wanted toys for my birthday, and the piano was very expensive. But my parents, who love music, bought it for me and told me to take piano lessons. I now think it was a good present because it taught me the importance of patience and hard work. I couldn't play the piano well at first, but as a result of years of hard practice, I have become a pretty good player. Also, playing the piano makes me feel happy and relaxed. I have received many presents in the past, but one good present that comes immediately to mind is my piano. 　　　　　　　　　　　　　　　(128 words)

（今までもらった中で最高の贈り物は，9歳の誕生日にもらったピアノです。誕生日にはおもちゃが欲しいとだけ思っていましたし，ピアノはとても高価なものなので，その贈り物に私はとても驚きました。けれど，私の両親は音楽が好きで，私にピアノを買い与えて，ピアノのレッスンを受けるように言いました。今思えば，ピアノによって私は忍耐や努力の大切さを学んだので，素晴らしい贈り物だったと思います。初めはあまり上手にピアノを弾くことができませんでしたが，何年も懸命に練習した結果，とても上手に演奏することができるようになりました。また，ピアノを弾くことで幸せな気持ちになったり，リラックスしたりすることができます。過去にたくさんの贈り物をもらいましたが，すぐに思い浮かぶ素晴らしい贈り物の1つは私のピアノです。）

【解説】

「過去にもらった素晴らしい贈り物」を尋ねる設問ですが，次に <u>Describe</u> the present and the person ～ <u>and explain why</u> ～ という指示がありますので，まず「意見」を述べたら，その贈り物とそれをくれた人について描写し，それから理由を述べるという順番で解答を展開する必要があります。解答例では，「9歳の誕生日にもらったピアノ」が，「意見」です。次に続くピアノの描写として，「音楽が好きな両親からの贈り物」だったこと，さらに「ピアノのレッスンを受けるよう言った」ことが述べられています。この部分に続き，「ピアノによって忍耐や努力の大切さを学んだ」と述べているので，ここが「なぜピアノをもらってよかったか」の「理由」に該当します。初めはなかなかうまく演奏ができなかったけれど，それでも忍耐強く努力を続けた結果乗り越えたエピソードが説明されています。また，もう1つの「理由」として，「ピアノを弾くことで幸せでリラックスした気持ちになる」とも述べられています。最後は，改めて自分の意見を述べて解答を締めくくっています。

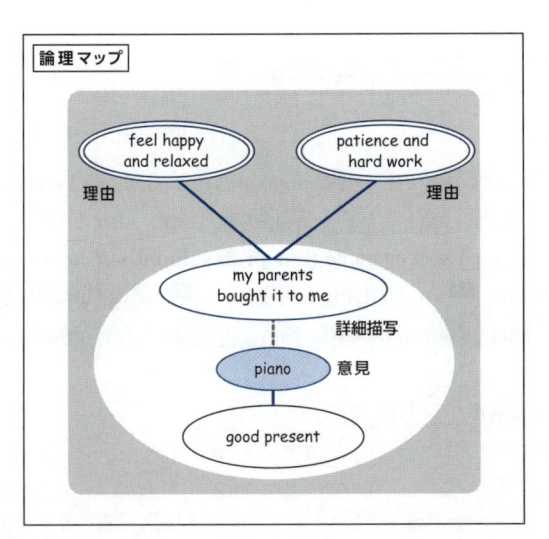

論理マップ

- feel happy and relaxed （理由）
- patience and hard work （理由）
- my parents bought it to me （詳細描写）
- piano （意見）
- good present

✓ 重要表現チェック

☐ patience 「忍耐」
☐ come immediately to mind 「すぐに思い浮かぶ」

Independent Task Question 1

集中トレーニング

　ここまで，Question 1 の解答の組み立て方を見てきました。理解した内容を生かして，次に実戦形式の集中トレーニングにチャレンジしましょう。本番と同じように時間を計りながら行います。できれば自分自身の解答を録音しながら進めましょう。

問題 1

What country would you like to visit? Give details and examples in your explanation.　　　　　　　　　　　　　　　　　　　　　　　　　CD 1-07

　　　　　　　　　　Preparation Time: 15 seconds
　　　　　　　　　　Response Time: 45 seconds

【設問訳】
どの国に行ってみたいですか。説明には詳細と具体例を含めなさい。

解答例　「イタリアに行きたい」と答える場合

不十分な解答例

★1 I like to eat delicious food. I think Italian food is delicious. So I want to go to Italy. ★2 If I could eat delicious Italian food, it will (→**would**) be great. Also, I am a fan of Italian soccer. I want to see professional soccer game (→**a professional soccer game / professional soccer games**) in Italy. ★3 I'm studying Italian now. ★4 By the time I'll be (→**I'm**) ready to go, I'd like to get enough skills in Italian to communication (→**communicate**). ★5

●構成と内容の改善ポイント

★1 最初に理由を述べてから，「イタリアに行きたい」という答えを示す構成になってしまっています。
　➡英語では，「結論→その理由」という順で議論を展開するのが一般的です。スピーチの最初で問いに対する自分の答えを明確にしましょう。

★2 「イタリアに行きたい」理由として，「おいしいイタリア料理が食べたい」ということを挙げていますが，それ以上の議論の展開がなく，具体性に欠けます。
　➡単に「おいしい」イタリア料理というだけでなく，現地だからこそ味わえるものは何かを考え，話をより具体的にします。また，どうすればイタリア旅行をより有意義にできるかを考えて，さらに議論を広げていくとよいでしょう。

★3 「サッカーが観たい」ことと，「現在イタリア語を勉強している」ことの論理的つながりが不明です。
　➡ For this purpose（この目的のために）という表現を加えることで，両者のつな

★4 「イタリアに行く前に何をしたいか」では，問われていることから少し外れてしまうことになります。
➡あくまでも「イタリアに行ってから何をしたいか」という観点で話すと，与えられたトピックとの関連性が強まります。

★5 45秒の制限時間よりもかなり早く解答が終わってしまう可能性があります。
➡時間が5秒以上残っている場合には，無言でいるよりも，最初に述べた「答え」をできるだけ表現を変えて繰り返すとよいでしょう。

《構成の改善例》

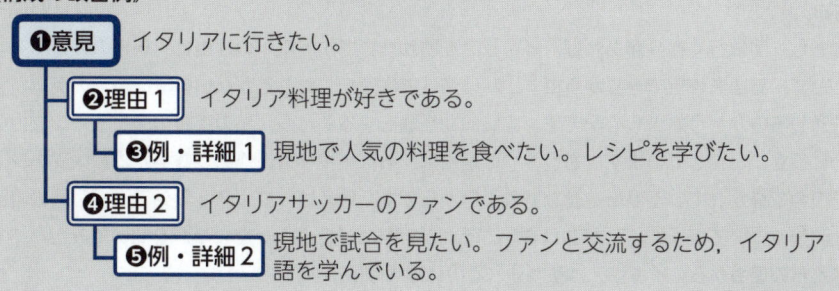

- ❶意見　イタリアに行きたい。
  - ❷理由1　イタリア料理が好きである。
    - ❸例・詳細1　現地で人気の料理を食べたい。レシピを学びたい。
  - ❹理由2　イタリアサッカーのファンである。
    - ❺例・詳細2　現地で試合を見たい。ファンと交流するため，イタリア語を学んでいる。

適切な解答例　　　　　　　　　　　　　　　　　　　🔘 CD 1-08

★1 **If I could go anywhere, I would go to Italy.** The primary reason is that I like Italian food. ★2 **If I could taste Italian dishes popular among local people, it would be great.** If possible, ★2 **I'd like to learn some new recipes for spaghetti sauces, so that I can cook them when I get back home.** Another reason for my choice is that I am a fan of Italian soccer. I want to see a professional soccer game in Italy. ★3 **For this purpose,** I'm studying Italian now. ★4 **I'm anxious to cheer my favorite team with local fans while communicating with them in their language.** ★5 **For these reasons, I would like to go to Italy.**
(114 words)

（もしどこにでも行くことができるのなら，イタリアに行きます。第一の理由は，イタリア料理が好きだからです。現地の人に人気のイタリア料理が味わえたら，素晴らしいです。もし可能であれば，家に帰った時に自分で料理ができるように，スパゲッティソースの新しいレシピを覚えたいです。もう1つの理由は，私はイタリアサッカーのファンだからです。イタリアでプロのサッカーの試合が観たいです。この目的のため，現在私はイタリア語を勉強しています。ぜひ現地のファンと彼らの言葉でコミュニケーションをとりながら，自分のひいきのチームを応援したいです。これらの理由から，私はイタリアに行ってみたいです。）

別解 「イギリスに行きたい」と答える場合　　　　　　　　　　　　　　　DL 1-08-e

If I have an opportunity to go abroad, I'd like to visit Britain. The primary reason is that I could practice English by talking with local people. Since I have never lived abroad, I'm a bit worried whether I can actually make myself understood in English. I believe having practical experiences will help me improve my English speaking skills. Another reason is that I'm a great fan of books written by British authors and anxious to visit places depicted in them. For example, I have read about the Great Bell of the Palace of Westminster's clock. I would like to hear how it actually sounds. For these reasons, Britain is an ideal country for me to visit.　　　　　　　　　　　　　　　　　　　　　　　　　　　　　　　(117 words)

（もし外国に行く機会があれば，イギリスを訪ねたいです。第一の理由は，現地の人と話をすることで，英語を練習できるからです。私は海外で生活をしたことがないので，自分の英語が実際に通じるのかどうか少し心配です。実践的な経験をすることが，私の英語のスピーキング力の向上に役立つと信じています。もう1つの理由は，私はイギリス人作家が書いた本の大ファンで，その中で描かれている場所をぜひ訪れたいからです。例えば，ウェストミンスター宮殿の時計の大時鐘について読んだことがあります。それが実際にどのような音なのかを聞いてみたいです。これらの理由から，イギリスは私が訪れるのに理想の国です。）

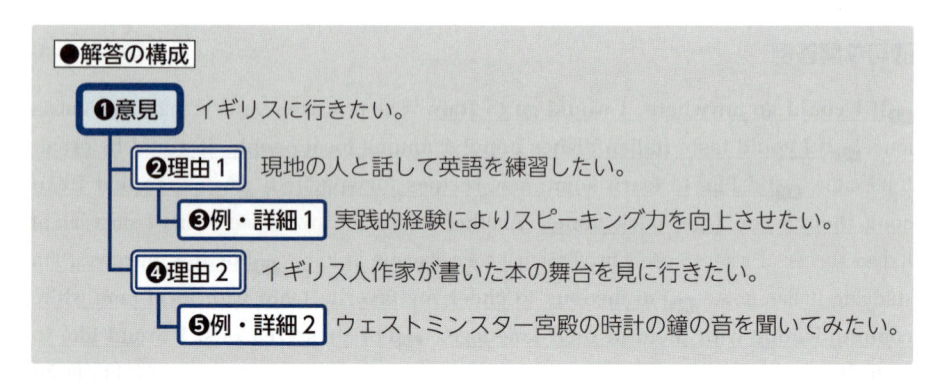

●解答の構成

- ❶意見　イギリスに行きたい。
  - ❷理由1　現地の人と話して英語を練習したい。
    - ❸例・詳細1　実践的経験によりスピーキング力を向上させたい。
  - ❹理由2　イギリス人作家が書いた本の舞台を見に行きたい。
    - ❺例・詳細2　ウェストミンスター宮殿の時計の鐘の音を聞いてみたい。

✓ 重要表現チェック

不十分な解答例	☐ If I could ..., it would be great.「もし…できたら素晴らしいだろう。」
適切な解答例	☐ If possible, I'd like to *do*「可能であれば…したい」
	☐ so that I can ...「…ができるように」（目的を示す）
	☐ be anxious to *do*「ぜひ…したい」
別解	☐ make *oneself* understood in English「自分の英語を理解してもらう，自分の英語が通じる」
	☐ practical「実践上の，実地の」　　☐ depict「～を描く，表現する」
	☐ ideal「理想の」

問題 2

What pet would you most like to have? Give details and examples in your explanation. 　　　　　　　　　　　　　　　　　　　　　　🔵 CD 1-09

Preparation Time: 15 seconds
Response Time: 45 seconds

【設問訳】
最も飼いたいと思うペットは何ですか。説明には詳細と具体例を含めなさい。

解答例　「猫を飼いたい」と答える場合

不十分な解答例

★1 I want a cat. I like cat (→**cats**) because they are cute. ★2 My friend had a cat when I was a child, and it was very cute and I forget (→**forgot**) about unpleasant things after watching it playing. ★3 I went to her house almost every day. ★4 And she is still a good friend. I want to relieve stress because I am busy every day, so my cat helps (→**will help**) me. ★4 And they are also independent and do not need much care. ★3 I have to walk a dog every day and it is tiring. But I do not have to walk a cat. ★4 And dogs bark and they are noisy, but cats are quiet.

●構成と内容の改善ポイント

★1 いきなり「猫を飼いたいです。猫が好きです」と答えています。間違いではありませんが，論理的展開の観点から，改善したほうがよいでしょう。
　➡「ペットの中では」「もし飼えるなら」など前置きをしてから述べるほうが聞きやすくなります。また，ディスコースマーカーを効果的に用いて，順序立てて話すようにしましょう。To begin with（初めに），In addition（さらに）と加えることで議論の流れが予想できるようになります。

★2 具体例から先に話すと，最後まで聞かないと何が言いたいのかイメージできないため，聞き手は話を理解しにくくなります。
　➡先に一般論を述べた後で，具体例，詳細説明へと移りましょう。最初に they would help relieve stress のように概論を述べ，その後で子供の頃の実体験を話すことで，聞き手が状況をイメージしやすくなります。

★3 本筋から離れないようにしましょう。伝えるべきは「なぜ猫が飼いたいか」です。毎日友達と遊んだことや，今でも友達だという情報は解答に必要ありません。また，急に犬の話を出すと，論点がずれてしまいます。

➡下記の構造を意識しましょう。友達に関しての情報は最小限にします。また，犬について言及する場合は，猫との比較だとわかるように述べれば，唐突な印象がなくなります。

★4 必要のない箇所にも And と言いすぎています。

《構成の改善例》

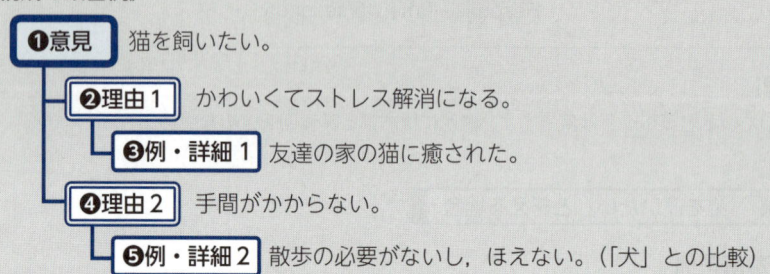

- **❶意見** 猫を飼いたい。
  - **❷理由1** かわいくてストレス解消になる。
    - **❸例・詳細1** 友達の家の猫に癒された。
  - **❹理由2** 手間がかからない。
    - **❺例・詳細2** 散歩の必要がないし，ほえない。(「犬」との比較)

適切な解答例　　　　　　　　　　　　　　　CD 1-10

★1 If I could have any pet, I would want a cat. **★1** To begin with, cats are cute and **★2** they would help relieve stress. When I was a child, one of my friends had a cat and I often went to her house. I forgot about unpleasant things after watching her cat playing. I sometimes feel stress now, so I think my cat would help me get rid of it. In addition, cats are independent and do not need much care. I would not have to take a cat out for a walk. I would not have to be careful not to bother my neighbors either, **★3** because cats do not usually make a loud noise like dogs that bark. Therefore, I want to have a cat as a pet.

(126 words)

(もしもペットを飼うとしたら，私は猫を飼いたいです。まず，猫はかわいくて，ストレスを解消してくれます。子供の頃，友達の1人が猫を飼っていて，私はよく彼女の家に遊びに行っていました。猫が遊んでいるのを見た後は，嫌なことを忘れました。私は今，ときどきストレスを感じることがあるので，猫がいればそれを解消するのを助けてくれると思うのです。さらに，猫は自立しているのであまり世話をする必要がありません。散歩に連れていく必要もありません。犬がほえるように大きな音を出したりすることもあまりないので，近所の人々に迷惑をかけないよう注意する必要もありません。よって，私はペットとして猫を飼いたいのです。)

別解 「犬を飼いたい」と答える場合　　　　　　　DL 1-10-e

Among all other kinds of pets around us, I want a dog. I like all animals, but since I was a child I've always wanted a dog. Dogs are the best pets because they're the pets that truly love their owners. When its owner comes home from somewhere, a dog runs to the door to greet him or her. It's clear that dogs want to stay close to their owners, and that makes owning one more fun. Furthermore, a dog is not much trouble. They are relatively easy to take care of. You have to walk a dog every day, but that's no big deal. For these reasons, I want to have a dog as a pet. (117 words)

（私たちの周りにいるすべてのペットの中では，私は犬を飼いたいです。私は動物なら何でも好きですが，子供の頃からずっと犬が飼いたかったのです。犬は心から飼い主を愛するので，最高のペットです。飼い主がどこかから帰ってくると，犬はドアまで走って迎えに行きます。犬が飼い主のそばにいたがっているのは明らかで，そのことが犬を飼うことをより楽しくしてくれます。その上，犬はあまり手がかかりません。比較的世話をするのが簡単です。毎日散歩に連れて行かなければなりませんが，それほど大変ではありません。これらの理由から，私はペットとして犬を飼いたいと思います。）

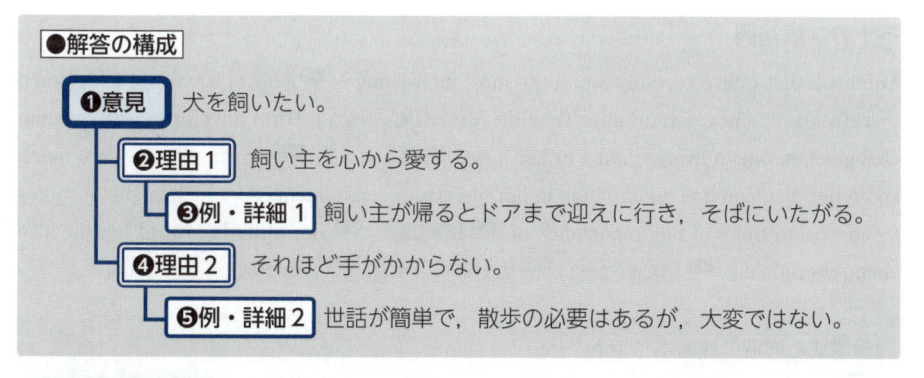

●解答の構成

- ❶意見　犬を飼いたい。
  - ❷理由1　飼い主を心から愛する。
    - ❸例・詳細1　飼い主が帰るとドアまで迎えに行き，そばにいたがる。
  - ❹理由2　それほど手がかからない。
    - ❺例・詳細2　世話が簡単で，散歩の必要はあるが，大変ではない。

✓ 重要表現チェック

不十分な解答例	□ relieve stress「ストレスを解消する」	
適切な解答例	□ unpleasant「不快な」	□ get rid of ～「～を取り除く」
別解	□ greet「～を出迎える」	□ furthermore「その上」
	□ relatively「比較的」	□ no big deal「大したことではない」

問題 3

Which of the books you have read did you find the most interesting? Give details and examples in your explanation. ● CD 1-11

Preparation Time: 15 seconds
Response Time: 45 seconds

【設問訳】
これまでに読んだ中で最も興味深いと思った本は何ですか。説明には詳細と具体例を含めなさい。

解答例 「食事の重要性について書かれた小説」と答える場合

不十分な解答例

The book that I have recently found the most interesting is ★1 a novel because I felt refresh (→refreshed) and cheerful after reading it (→追加). In a (→the) novel, the (→a) woman changes her way of living thanks to her boss. Until she met ★2 her, she did not care much about her diet, and had no ambition in her life. However, influenced by ★2 her, she becomes (→comes) to think of the importance of ★3 her diet. ★4 Her attitude toward her life also changes gradually. ★5 In the same way, the book has changed my way of living too.

●構成と内容の改善ポイント

★1 ただ「小説です」とだけ答えるのでは情報不足なので、もう少し具体化したいところです。
　➡ どんな内容の小説なのかという情報を最初に示しておくと聞きやすくなります。あまり詳細に話す必要はありませんので、a novel about ~ などと簡単に説明しましょう。

★2 話題に出てくる人物が2人とも女性の場合は、どちらを指しているのかすぐにわかるように、呼び方を工夫しましょう。
　➡ 2人とも she ではなく、上司は the boss と呼びましょう。主人公の女性は名前を示すとわかりやすいですね。

★3 何度も同じ単語を使わず、別の表現に言い換えられないか考えてみましょう。
　➡ diet を meal / what she eats などとして表現を工夫すると、「言語使用」(Language Use) の面での評価が高くなります。

★4 食事と人生を同列に並べるのではなく、人生も変わったということを強調するような表現があると、この小説のよさが伝わりやすくなります。
　➡ What's more / Not only that などの表現を加えましょう。

★5 「自分の生き方も変えてくれた」という点に関する説明が不十分な印象を受けます。
→ この点をサポートする詳細説明を加えることで，説得力が増します。その本を読んでどのようなことを得たのか，具体的に説明しましょう。

《構成の改善例》

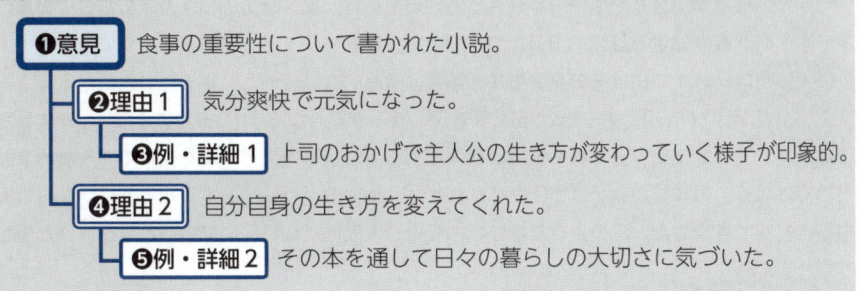

- ❶意見　食事の重要性について書かれた小説。
  - ❷理由1　気分爽快で元気になった。
    - ❸例・詳細1　上司のおかげで主人公の生き方が変わっていく様子が印象的。
  - ❹理由2　自分自身の生き方を変えてくれた。
    - ❺例・詳細2　その本を通して日々の暮らしの大切さに気づいた。

適切な解答例　CD 1-12

The book that I have recently found the most interesting is ★1 **a novel about the importance of a well-balanced diet**. I like the book mainly because I felt refreshed and cheerful after reading it. In the novel, a woman changes her way of life thanks to her boss. Until she met ★2 **the boss**, the woman did not care much about her diet, and had no ambition in life. However, influenced by ★2 **the boss**, she comes to think about the importance of ★3 **what she eats** every day. ★4 **What's more,** her attitude toward her life also changes gradually. In the same way, the book has changed my way of life, too. ★5 **The book has made me realize how important day-to-day life is!** (120 words)

（私が最近読んだ中で一番おもしろいと思った本は，バランスの取れた食事の重要性について書かれた小説です。私がその本が好きな主な理由は，読後気分爽快で元気になったからです。小説の中で，上司のおかげで1人の女性の生き方が変わります。その上司に会うまでその女性は食事にあまり関心がなく，人生に何の野心も抱いていませんでした。けれども，上司に影響され，毎日食べる物の重要性について考え始めます。それだけではなく，人生に対する態度も徐々に変わっていきます。同じように，その本は私の生き方も変えました。その本が私に日々の暮らしの大切さについて気づかせてくれたのです！）

別解　「南北戦争についての本」と答える場合　DL 1-12-e

The most interesting book that I have read in the past few years is a book about the U.S. Civil War. The Civil War is one of the most fascinating times in the history of one of the world's most powerful nations. One thing I liked about the book was its length. The authors did a lot of research and had a lot to write about, but they worked very hard to keep the book short, interesting and readable. I also liked it for the breadth of information it included. It gave a general history, but also lesser-known facts, like the fact that the oldest soldier was 80 years old. Books like this make me want to learn more about history and about human behavior. (125 words)

（私がこの数年間で読んだ中で一番おもしろかったのは，アメリカの南北戦争について書かれた本です。南北戦争は世界最強の国の1つの歴史上，最も興味をそそる時代の1つです。その本が気に入ったのは，1つにはその長さです。筆者は徹底的な調査をし，書きたいことがたくさんありましたが，その本を短くするため，また興味深く読みやすくなるよう，一生懸命取り組みました。私はまた，その本に盛り込まれた幅広い情報も気に入りました。その本を読んで，一般的な歴史だけではなく，最年長の兵士は80歳だったという事実のように，あまり知られていない事実も知ることができました。このような本は私に歴史や人間の行動についてもっと学びたいと思わせてくれます。）

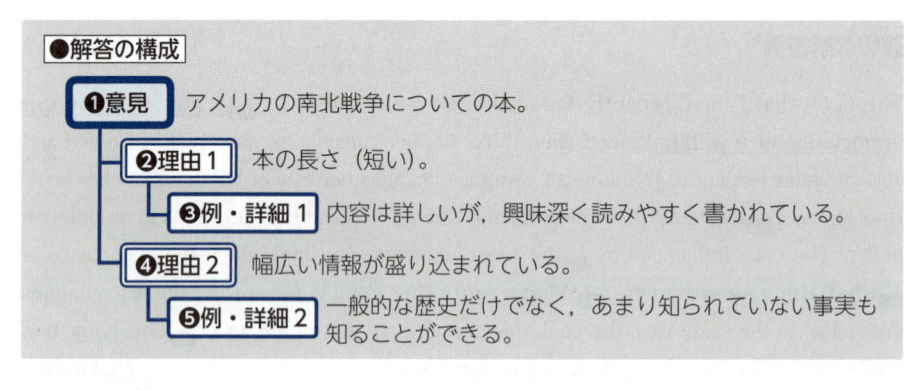

●解答の構成

- ❶意見　アメリカの南北戦争についての本。
  - ❷理由1　本の長さ（短い）。
    - ❸例・詳細1　内容は詳しいが，興味深く読みやすく書かれている。
  - ❹理由2　幅広い情報が盛り込まれている。
    - ❺例・詳細2　一般的な歴史だけでなく，あまり知られていない事実も知ることができる。

✓ 重要表現チェック

不十分な解答例
- □ refreshed「気分が爽快になって」
- □ diet「食事」
- □ ambition「野心」
- □ gradually「徐々に」

別解
- □ in the past few years「この数年間に」
- □ the U.S. Civil War「アメリカ南北戦争」
- □ length「長さ」
- □ readable「読みやすい」
- □ breadth「幅広さ」
- □ general「一般的な」

問題 4

Who would you most like to meet? Why would you like to meet him or her?
Give details and examples in your explanation. ◯ CD 1-13

Preparation Time: 15 seconds
Response Time: 45 seconds

【設問訳】
最も会いたいと思う人は誰ですか。その人に会いたいのはなぜですか。説明には詳細と具体例を含めなさい。

| 解答例 | 「英語に興味を持つきっかけをくれた先生に会いたい」と答える場合 |

不十分な解答例

★1 I owe it to a woman that I am good at English now. So I want to meet her and extend my gratitude in person. She had taught (→taught) English in educational programs of (→ on) TV and radio for a long time. ★2 I thought how nice it would be to speak English well. Second, ★3 I'm interested in working in TV industries in the future, so I'd like to hear the inside story from her. ★4

●構成と内容の改善ポイント

★1 答えの冒頭を聞いただけで，答えの中心意見が把握できるのが理想ですが，ここではその先まで聞かないとわからない構成になっています。
  ➡ I would like to meet a woman who ...という形を用いて，会いたい人がどんな人なのかをまず伝え，それから詳しい情報を付け加えて説明するようにしましょう。

★2 「英語を上手に話せたらどんなに素敵だろうかと思った」ということと，彼女に会いたいことがどのようにつながっているのかがわかりにくくなっています。
  ➡ 「彼女のように」あるいは「彼女の番組に出てくる人のように」上手に英語を話せたらいいなと思ったということがわかるようにしましょう。また，「なぜその人に会いたいと思うのか」という明確な説明になっていないので，その点を改善すると説得力が増します。

★3 先に詳細説明を述べてから，「裏話を聞いてみたい」という理由を示す形になってしまっています。また，詳細説明の内容が不十分でやや具体性に欠けます。
  ➡ まずは設問に対する自分の答え（「テレビの先生に会いたい」）をサポートする理由として I'd like to hear ～（「裏話を聞いてみたい」）を先に示し，詳細説明にあたる内容はその後に続けるようにします。なお，詳細説明はもう一歩踏み込ん

だ一言を加えると厚みが出ます。

★4 解答が短く，与えられた時間を十分に使えない可能性があります。
➡ 最後にもう一文，まとめとなる文を述べるようにすると，解答が引き締まるという意味でも効果的です。なぜその人に会いたいのか，会ったらどうなるか，などをまとめて述べましょう。

《構成の改善例》

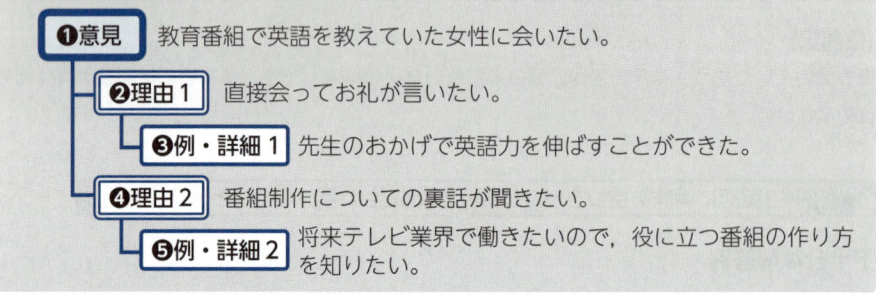

- **❶意見** 教育番組で英語を教えていた女性に会いたい。
  - **❷理由1** 直接会ってお礼が言いたい。
    - **❸例・詳細1** 先生のおかげで英語力を伸ばすことができた。
  - **❹理由2** 番組制作についての裏話が聞きたい。
    - **❺例・詳細2** 将来テレビ業界で働きたいので，役に立つ番組の作り方を知りたい。

適切な解答例　　　　　　　　　　　　　　　　　　　CD 1-14

★1 I'd like to meet a woman who for a long time taught English in educational programs on TV and radio. The primary reason is that I'd like to extend my gratitude in person because her programs helped me improve my English. **★2 She provided a comprehensible explanation as well as gave me a strong motivation to study English hard, because I thought how nice it would be to have a good command of English like her.** Second, **★3 I'd like to hear the inside story about making TV programs. I'm interested in working in the TV industry in the future. I'd like to know how to make programs that are helpful, like hers.** **★4 I have a lot of things to learn from her.**
(121 words)

（私は長い間テレビやラジオの教育番組で英語を教えていた女性に会いたいです。最初の理由は，彼女の番組のおかげで私は英語力を伸ばすことができたので，直接会ってお礼が言いたいからです。彼女はわかりやすく説明してくれただけでなく，私に一生懸命英語を勉強しようという強いやる気を起こさせてくれました。彼女のように英語が上手に使いこなせたら，どんなに素敵だろうと思ったからです。次に，テレビ番組を作る上での裏話を聞いてみたいです。私は将来テレビ業界で働くことに興味があり，彼女の番組のように役に立つ番組の作り方を知りたいのです。私は彼女から学ぶべきことがたくさんあります。）

別解　「プロのダンサーに会いたい」と答える場合　　　　DL 1-14-e

I would like to meet a professional ballet dancer. I'd especially like to meet someone who is close to my age and dances for a living. One reason is that now I'm thinking about becoming a professional dancer, so I want to ask somebody who does it as a job lots of questions about it. How hard do they practice every day? Can they earn enough money to support themselves? Their answers will help me decide whether or not becoming a professional dancer is right for me. I'd also like to hear their stories about dancing. Dancing is so fascinating to me, and I want to learn more. If I could meet a professional ballet dancer, that person might be able to guide me in making a decision about my future career.　(132 words)

（私はプロのバレエダンサーに会いたいです。特に，私の年齢に近くて，踊ることを職業としている人に会いたいです。その理由の1つは，今プロのダンサーになることを考えているからです。だから自分の仕事として踊っている誰かに，いろいろと質問してみたいのです。毎日どのくらい一生懸命練習していますか。生計を立てるのに十分なお金を稼げていますか。その答えが，プロのダンサーになることが私にとって正しいかどうかを決める助けになってくれるでしょう。それから，ダンスに関する話も聞いてみたいです。踊ることは私にとってとても魅力的なので，もっと学びたいのです。もしもプロのバレエダンサーに会うことができたら，その人は私が将来の人生を決める指針を与えてくれるかもしれません。）

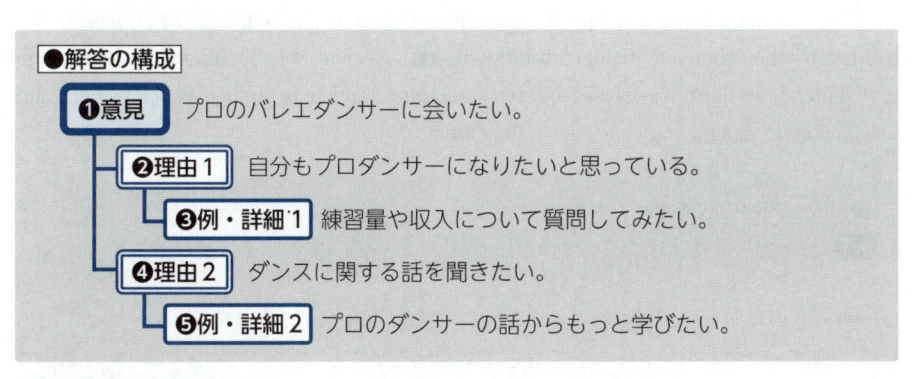

●解答の構成

- ❶意見　プロのバレエダンサーに会いたい。
  - ❷理由1　自分もプロダンサーになりたいと思っている。
    - ❸例・詳細1　練習量や収入について質問してみたい。
  - ❹理由2　ダンスに関する話を聞きたい。
    - ❺例・詳細2　プロのダンサーの話からもっと学びたい。

✓重要表現チェック

不十分な解答例
- □ owe A to B「A なのは B のおかげである」
- □ extend *one's* gratitude「感謝する」
- □ in person「じかに，直接」

適切な解答例
- □ comprehensible「わかりやすい」
- □ have a good command of English「英語が堪能である」

別解
- □ for a living「生活のために」　□ support *oneself*「生計を立てる」
- □ fascinating「魅力的な」

問題 5

What would you like to achieve in the future? Give details and examples in your explanation.　　　　　　　　　　　　　　　　　　　　　　　CD 1-15

Preparation Time: 15 seconds
Response Time: 45 seconds

【設問訳】
将来成し遂げたいことは何ですか。説明には詳細と具体例を含めなさい。

解答例　「専門分野で役に立ちたい」と答える場合

不十分な解答例

I want to be helpful for someone in the field of ★1 my specialty in the future. I might encourage someone is (→who is) depressed or teach for (→不要) someone better ways of thinking. First, ★2 I will be happy. I heard all of us have desire to please other people. We feel happy when someone thank (→thanks) us ★3 . Second, we should use our knowledge in real life. If we don't, it's useless to learn something. I'd like to study psychology hard and use the knowledge for someone else in the future.

●構成と内容の改善ポイント

★1 specialty とはどんなものかが明示されておらず、具体性に欠ける答えになってしまっています。
　➡自分の専門分野が何であるかを具体的に示し、聞き手に対してそれがどのように役に立つのかをイメージしてもらうよう促します。

★2 ただいきなり I will be happy.（うれしく感じると思うから）とだけ述べているのが唐突で、次の文とのつながりもよくないため、聞き手に意図が伝わりにくくなっています。
　➡一般論を先に述べた後で具体的な例、結果を述べるほうが、流れとして自然です。まず「一般的に〜と言われている」という情報を示した上で、「自分もうれしく感じると思う」と身近な例を挙げる展開にしましょう。

★3 一般論だけで話が終わってしまっており、例示が中途半端な印象を受けます。
　➡I'm no exception.（私も例外ではありません）のような一言を加えるだけでも、一般論と「自分」を結び付ける効果があります。さらに、続けて具体例をあわせて示すことができればベストです。

《構成の改善例》

- **❶意見** 専門分野の心理学で役に立ちたい。
  - **❷理由1** 誰でも人の役に立てるとうれしい。
    - **❸例・詳細1** 大学で学んだ心理学で人の役に立ちたい。
  - **❹理由2** 学んだ知識を使うべき。
    - **❺例・詳細2** 学ぶだけで活用しないのは無駄だ。他の人のために知識を使いたい。

適切な解答例　　　　　　　　　　　　　　　　　　　CD 1-16

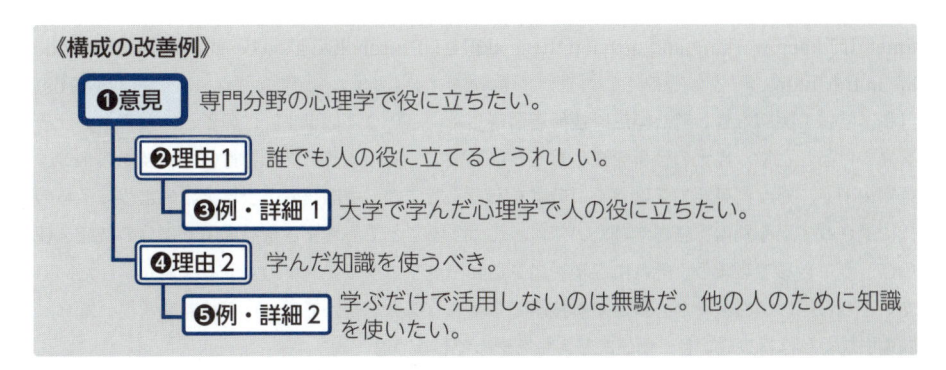

In the future I want to be helpful to people through ★1 **my field of specialty, which is psychology.** I might encourage someone who is depressed or teach others better ways of thinking. First, ★2 **I heard all of us have the desire to help and please other people.** We feel happy when someone thanks us, and ★3 **I'm no exception. I'm studying psychology at university and I will be happy if my special knowledge can be of any help to other people.** Second, I think we should use our knowledge in real life in some way. It's a waste to just learn something and not to use the knowledge at all. I'd like to study hard to learn more about the human mind and use the knowledge for someone else's benefit in the future. (133 words)

（私は将来自分の専門分野である心理学で，誰かの役に立ちたいです。落ち込んでいる人を元気づけるかもしれないし，よりよい考え方を誰かに教えるかもしれません。まず，私達は皆，他の人を助け，そして喜ばせたいと思っているそうです。私たちは誰かが感謝してくれるとうれしくなりますが，私も例外ではありません。私は大学で心理学を学んでいます。そして私の専門知識が他の人の何らかの役に立てるなら，幸せな気分になるでしょう。第二に，私達は実生活において何らかの方法で知識を使うべきだと思うのです。ただ何かを学ぶだけで，その知識をまったく使わないのは，もったいないと思います。私は人々の心についてもっと知るために，一生懸命勉強して，将来誰か他の人のためにその知識を使いたいです。）

別解 「幅広い技能を習得したい」と答える場合　　　　DL 1-16-e

Through learning and practice, I'd like to develop a wide range of skills. This will help me to find a good job in the future and also to enjoy the work that I do. One skill I'd particularly like to develop is my language skills. Of course I want to get better at English, but I'd also like to learn another language spoken by many people, such as Chinese or Arabic. This way I could use my skills in many different places. I'd also like to learn a skill such as engineering or computer programming. These are the kinds of skills that people need all the time. If I keep working and develop these skills, I'll surely live a successful and worthwhile life in the future. (132 words)

（私は学習や実践を通して，幅広い技能を習得したいと思っています。このことは将来よい仕事を見つけることや，自分の仕事を楽しむことにも役立つでしょう。特に習得したい技能の1つは語学力です。もっと英語力を磨きたいのはもちろんですが，中国語やアラビア語のように多くの人に話されている別の言語も学びたいです。こうすることで，さまざまな場所で自分の技能を使うことができるでしょう。それに工学やコンピュータプログラミングのような技能も学びたいです。これらはいつも人々が必要とする技能です。もし努力を続けてこれらの技能を習得したら，間違いなく私は将来成功し，価値ある人生を送るでしょう。）

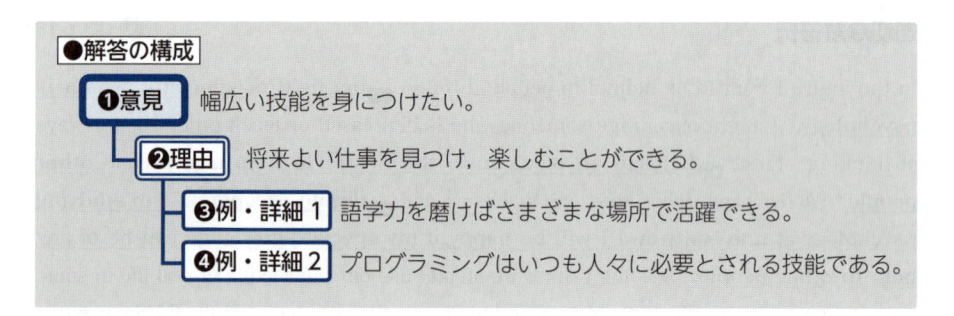

●解答の構成
❶意見 　幅広い技能を身につけたい。
　❷理由 　将来よい仕事を見つけ，楽しむことができる。
　　❸例・詳細1 　語学力を磨けばさまざまな場所で活躍できる。
　　❹例・詳細2 　プログラミングはいつも人々に必要とされる技能である。

✓ 重要表現チェック
不十分な解答例　□ psychology「心理学」
別解　　　　　　□ a wide range of ～「幅広い～」　　□ particularly「とりわけ」
　　　　　　　　□ surely「間違いなく」　　　　　　　□ worthwhile「価値のある」

問題 6

Who is someone you know that you think will be very successful in the future? Name a person you know and explain why you think so. Give details and examples in your explanation.

● CD 1-17

Preparation Time: 15 seconds
Response Time: 45 seconds

【設問訳】
あなたが知っている人の中で，将来最も成功しそうだと思うのは誰ですか。その名前を挙げ，なぜそう思うのか理由を説明しなさい。説明には詳細と具体例を含めなさい。

| 解答例 | 「自分の姉」と答える場合 |

不十分な解答例

I think sister (→**my sister**) will be very successful in the future. ★1 First, she always does her best in everything. She always works very hard. She never gives up and she never leaves things unfinish (→**unfinished**). Second, ★1 she is good at remember (→**remembering**) things about people, ★2 and so they feel good. ★3 In my opinion, people feel at ease around her. So I think she'll be successful in the future.

●構成と内容の改善ポイント

★1 She ... という同じ主語の文が続いており，単調に聞こえます。また，短い文が細切れで単純に並べられています。
  ➡ 文の形式を工夫することにより，表現に多様性のあるスピーチにしましょう。She ... という文ばかり続けるのではなく，同じことを伝えるのにも I have never seen her do ～ のように主語を変えると印象が変わります。

★2 情報が不十分で，漠然としています。具体性がないため，意見をサポートする理由としては弱いものになってしまっています。
  ➡ 設問では「なぜ成功しそうだと思うのか」という理由をはっきり述べることが求められているので，聞き手がイメージしやすいように，できるだけ具体的に伝えることが大切です。ここでは例えば some little detail they told her などを加えるとよいでしょう。

★3 In my opinion という表現は，相手の意見に対して反論する場合や，自分の意見を強調したい場合などによく使われます。
  ➡ 日本語を直訳すると，意図するものとは違うニュアンスをもつ場合もあるので，

45

注意しましょう。ここでは，単刀直入に考えていることを伝えるか，または I think ～などと加えることで，自分の意見であることを伝えることができます。

《構成の改善例》

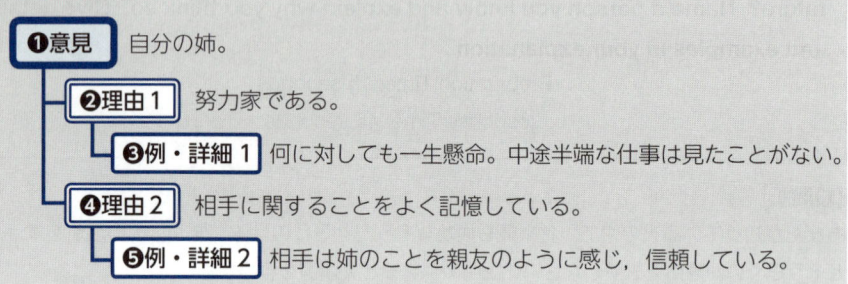

- **❶意見** 自分の姉。
  - **❷理由1** 努力家である。
    - **❸例・詳細1** 何に対しても一生懸命。中途半端な仕事は見たことがない。
  - **❹理由2** 相手に関することをよく記憶している。
    - **❺例・詳細2** 相手は姉のことを親友のように感じ，信頼している。

適切な解答例

CD 1-18

Of all the people I know, I think my sister is the most likely to be successful in the future. **[★1] I say that primarily because of how hard she works. She is always putting in extra effort in everything she does. I have never seen her do any sort of work halfheartedly.** Another reason is how good she is at remembering things about people. **[★2] She always makes people feel like trusted friends since she's always asking about their families or coming up with some little detail they told her. [★3] People always feel at ease around her and trust her.** There are other reasons I could name, but those stand out as the most significant for why I think she'll be successful. (121 words)

（私の知るすべての人の中では，私の姉が将来最も成功しそうだと思います。そう思うのは，第一に彼女が非常に努力家だからです。彼女は何をするにも格別に努力をつぎ込みます。彼女が中途半端な気持ちで仕事をするのは見たことがありません。もう1つの理由は彼女が人のことを記憶するのが非常に得意だということです。いつも家族の様子を尋ねてくれ，前に話したどんな些細なことも覚えていてくれるので，皆，彼女を親友のように感じるのです。そばにいるとくつろげるし，彼女を信頼する気持ちになります。他にも理由はありますが，彼女が成功するだろうと思う最も重要な理由は，今挙げたようなことです。）

別解 「友人の Bill」と答える場合

DL 1-18-e

My friend Bill just started a job as a salesperson and I think he is going to be very successful in his new field. First of all, he is very persistent. He almost never gives up. Even if he has to try over and over again, he always gets what he wants eventually. I have a feeling he's going to wear down a lot of clients into buying from him. He's also very persuasive. I can't count the number of times he's succeeded in convincing me of something. Every time we have an argument, I end up on his side in the end. Considering how important those two

attributes are to being a salesperson, I think he's going to be very successful.　　(122 words)
（私の友人のビルは営業の仕事を始めたばかりですが，彼は新しいこの分野で大成功するだろうと思われます。第一に彼は粘り強く，決して物事をあきらめません。何度もやり直さなくてはならないとしても，最後にはいつもやり遂げてみせます。多くの客は根負けして品物を彼から買うだろうと思います。彼はまた非常に説得力があるのです。私が彼の説得に負けたことは数知れません。議論をするたびに，最後には私が彼と同じことを言っているのです。これら２つの資質が営業担当者としていかに大事かを考えると，彼は必ず大きな成功を収めるだろうと思います。）

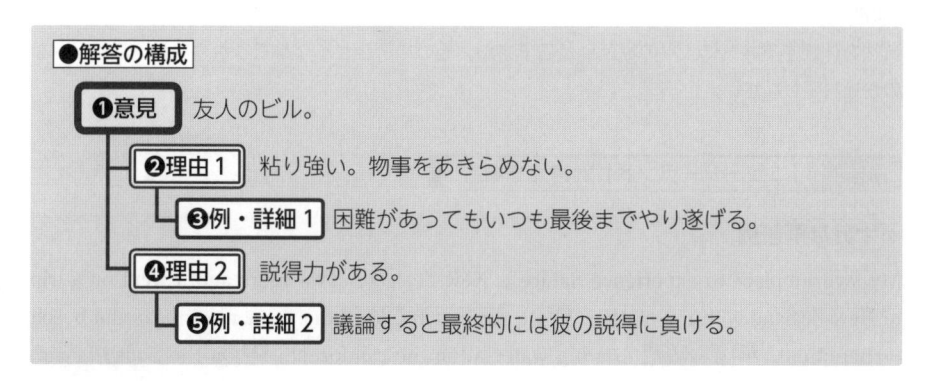

● 解答の構成

- ❶意見　友人のビル。
  - ❷理由1　粘り強い。物事をあきらめない。
    - ❸例・詳細1　困難があってもいつも最後までやり遂げる。
  - ❹理由2　説得力がある。
    - ❺例・詳細2　議論すると最終的には彼の説得に負ける。

✓ 重要表現チェック

適切な解答　□ halfheartedly「気乗りせずに，本腰を入れずに」
別解　　　　□ eventually「最終的には」
　　　　　　□ wear down ～ into ...「～を説き伏せて…させる」
　　　　　　□ persuasive「説得力のある」　　□ on *one's* side「～に味方して」
　　　　　　□ attribute「特性」

問題 7

What is your favorite place to experience nature? Describe the place and explain why you like it. 　　　　　　　　　　　　　　　🔘 CD 1-19

Preparation Time: 15 seconds
Response Time: 45 seconds

【設問訳】
自然を体験するお気に入りの場所はどこですか。その場所がどんなところか，なぜそこが好きなのかを説明しなさい。

> 解答例 　「ニュージーランド」と答える場合

⚠ 不十分な解答例

My favorite place to experience nature is New Zealand. Two years ago, I went on a trip to New Zealand with my mother. ★1 On the North Island, there are many beautiful beach (→**beaches**). ★2 We went to a big waterfall in the rainforest. ★1 On the South Island, ★2 we went to a famous place calling (→**called**) Milford Sound. There are lots of beautiful place (→**places**) in New Zealand. So I like New Zealand very much.

> ●構成と内容の改善ポイント
>
> ★1 いきなり on the North Island と話し始めると，背景知識のない相手には唐突な印象を与えます。
> 　➡ 設問に Describe the place（どんな場所か述べなさい）とあるので，そこがどんな場所だったのかという描写を含める必要があります。旧情報→新情報の順に，順を追って伝えるようにします。New Zealand has two islands—the North Island and the South Island. のように最初に説明し，後からその2つの島について具体的に説明するとよいでしょう。
> ★2 どこへ行ったかだけではなく，そこがどうだったのか，どう思ったのかを伝えましょう。このままでは，なぜそこが好きなのかという説明が不十分です。
> 　➡ 設問の explain why you like it（なぜそこが好きなのか説明しなさい）という指示に答えるためにも，I had never seen so many beautiful places before. / They were truly amazing. など，なぜそこが好きなのかがわかるように話しましょう。

《構成の改善例》

- **意見** ニュージーランド。
  - **描写** 2つの島(北島と南島)があり,美しい浜辺や熱帯雨林などがある。
  - **理由・詳細** 特に南島がよく,ミルフォード・サウンドはこれまでに見たことがないほど美しい場所だった。

適切な解答例

CD 1-20

My favorite place to experience nature is New Zealand. Two years ago, I went on a trip to New Zealand with my mother. ★1 New Zealand has two islands — the North Island and the South Island. On the North Island, we saw many beautiful beaches, and we even hiked to a big waterfall in the rainforest. The South Island was definitely my favorite, though. We went to a famous place called Milford Sound, and we hiked for three days. There were large mountains with beautiful ocean water between them. ★2 I had never seen so many beautiful places before. They were truly amazing. For these reasons, New Zealand is my favorite place to experience nature. I cannot wait to go there again someday. (121 words)

(私が自然を体験するのに気に入っている場所はニュージーランドです。2年前,私は母とニュージーランドへ旅行に行きました。ニュージーランドには北島と南島という2つの島があります。北島では,たくさんの美しい浜辺を見て,熱帯雨林にある大きな滝までハイキングもしました。しかし,南島が断然私のお気に入りです。私たちはミルフォード・サウンドと呼ばれる有名な場所に行き,3日間ハイキングをしました。そこには大きな山脈があり,山々の間にはきれいな海水が流れていました。私はそれまで,それほどたくさんの美しい場所を見たことがありませんでした。本当に素晴らしかったです。こうした理由から,ニュージーランドが自然を体験する私のお気に入りの場所です。いつかまた行ける日が待ち遠しいです。)

別解 「自分が住んでいる街」と答える場合

DL 1-20-e

My favorite place to experience nature is where I live. I live near the sea and there are several beautiful rivers flowing through my city. That is why my city is called the City of Water. I often cross several bridges over rivers. To see flows of water makes me calm and relaxed. Also, on my way to and from school, my train runs along the sea coast, and the scenery from the window is excellent. Especially at sunset, I can see the sun going below the horizon. It is beyond description. I can enjoy such beautiful scenery almost every day in my city. Therefore, I like where I live the best. (112 words)

(私が自然を体験するのに気に入っている場所は,自分が住んでいるところです。私は海の近くに住んでいて,市内をいくつかの美しい川が流れています。そのため私の住んでいる市は「水の都」と呼ばれています。私はよく川に架かる橋を通ります。水の流れを見ると,気持ちが落ち着きリ

ラックスします。また，学校への行き帰りに私の乗る電車は海沿いを走るため，車窓からの景色は最高です。特に夕暮れ時には太陽が地平線へ沈んでいくのを見ることができます。それは言葉では言い表せません。私は自分の住んでいる街でそのような美しい景色をほぼ毎日楽しむことができます。だから私は自分の住んでいるところが一番好きです。）

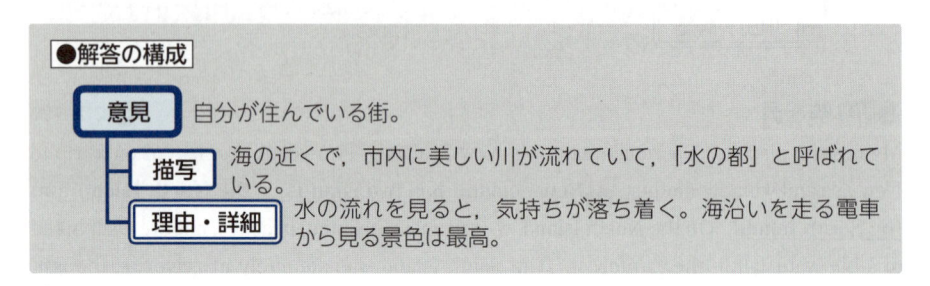

●解答の構成

- **意見**：自分が住んでいる街。
- **描写**：海の近くで，市内に美しい川が流れていて，「水の都」と呼ばれている。
- **理由・詳細**：水の流れを見ると，気持ちが落ち着く。海沿いを走る電車から見る景色は最高。

✓ 重要表現チェック

不十分な解答	□ waterfall「滝」 □ rainforest「熱帯雨林」
適切な解答	□ definitely「疑いなく，確かに」
別解	□ horizon「地平線」
	□ beyond description「言葉では言い表せないほどの」

問題 8

What is a memory that you will never forget? Describe the memory and why it is special.

🔘 CD 1-21

Preparation Time: 15 seconds
Response Time: 45 seconds

【設問訳】
あなたの忘れられない思い出は何ですか。その思い出とそれがなぜ特別なものなのかを説明しなさい。

解答例　「初めてハワイに行った時のこと」と答える場合

不十分な解答例

I will never forget <u>first time</u> (→**the first time**) when I went to Hawaii. I was eight years old ★1 when I first went to Hawaii. ★2 It was <u>first time</u> (→**my first time**) visiting another country and boarding a plane. Many years later, I realized my parents had to work hard so that we could go to Hawaii because we were not very rich in those days. ★3 So I will never forget <u>first trip</u> (→**my first trip**) to Hawaii.

●構成と内容の改善ポイント

★1 1文目とほぼ同じ言い方を用いています。同じ言葉を繰り返すと、語彙が少なく、表現力が乏しいという印象を与えてしまいます。
➡ なるべく同じ単語や表現の繰り返しを避け、別の表現で言い換えましょう。例えば when my parents took me to Hawaii など、同じ内容を表す別の表現を用いるとよいでしょう。

★2 事実だけを淡々と繰り返しており、それがなぜ特別な出来事なのかがはっきりしません。
➡ この問題では「その思い出が特別である理由を説明すること」が求められています。事実を述べるだけでなく、それについてどう思ったのか、自分の意見を述べることで、なぜ特別な思い出になっているのかが伝わりやすくなります。ここでは、気持ちや状況などを伝えるとよいでしょう。

★3 理由と意見が論理的につながっていません。「あまり裕福ではなかったので、ハワイに行くために両親が熱心に働いたこと」と、「旅行が忘れられない思い出になっていること」は直接的にはつながりません。
➡ 特別な思い出になっている理由が誰にも納得できるような、説得力のあるコメン

トを加えましょう。例えば it shows how much my parents do for me など。

《構成の改善例》

- **意見** 初めてハワイに行った時のこと。
  - **描写** 8歳の時で，初めての海外旅行だった。飛行機に乗るのも初めてで興奮した。
  - **理由・詳細** 旅行のために両親が懸命に働いていたのが後になってわかった。両親が自分のためにしてくれていることの大きさを実感した。

適切な解答例　　　　　　　　　　　　　　　　　　　　　CD 1-22

I will never forget the first time I went to Hawaii. I was eight years old ★1**when my parents took me to Hawaii.** It was my first time visiting another country. Also, ★2**I was really excited, because I had never been on a plane before.** This memory is particularly special to me, because many years later I realized how hard my parents had to work so that we could go to Hawaii. My family did not have a lot of money, and taking me to Hawaii was probably a huge financial burden for them. I will never forget this memory, ★3**because it shows how much my parents do for me.**　　　　　　　　　　　　　　(110 words)

（私は初めてハワイに行った時のことを忘れることはないでしょう。両親が私をハワイに連れて行ってくれたのは，私が8歳の時でした。それは私の初めての海外旅行でした。それに，私はそれ以前に飛行機に乗ったことがなかったので，とても興奮しました。この思い出が私にとって特別なのは，私たちがハワイに行くために両親がどれだけ大変な思いをして働かなければならなかったが，何年も後になってわかったからです。我が家はそれほど裕福でなかったので，私をハワイに連れて行くのは，両親にとっておそらく非常に大きな経済的負担だったのです。私はこの思い出を決して忘れません。それはこの思い出が，両親が私のためにどれだけたくさんのことをしてくれているかを示すものだからです。）

別解　「自分のサッカーチームが優勝したこと」と答える場合　　　DL 1-22-e

I will never forget when my soccer team won the championship final last year. Last year, my high school soccer team won the final game of the local tournament. It was a close game, and I thought we were going to lose, but one of our star players scored a goal in the final seconds. It was so exciting. This memory is special to me, because it taught me the value of hard work. My soccer team practiced for hours every morning and evening all year, and there were many times that we complained, because our coach was so strict. Winning the championship finally taught me that our hard work was worthwhile. I am sure that I will never forget the day my soccer team won the championship game.　　(129 words)

（私は，去年私のサッカーチームが優勝した時のことを決して忘れません。去年，私の高校のサッカーチームが地方トーナメントの決勝戦で勝利しました。接戦で負けるかもしれないと思いましたが，私のチームのスター選手の1人が土壇場で得点したのです。それはとてもエキサイティングでした。この思い出が私にとって特別なのは，それが一生懸命練習することの大切さを教えてくれたからです。私のサッカーチームは1年中，朝も夜も何時間も練習しました。そしてコーチが非常に厳しかったので，私たちは何度も不満を言いました。決勝戦に勝利したことは，私たちの努力が価値のあるものだったことをとうとう教えてくれました。私はチームが決勝戦に勝利した日のことを忘れることはないでしょう。）

● 解答の構成

- 意見：サッカーチームが優勝した時のこと。
  - 描写：地元のトーナメント試合で，接戦を制して優勝することができた。
  - 理由・詳細：一生懸命練習することの大切さを学べた。長時間の練習は大変だったが，その努力は価値あるものだった。

✓ 重要表現チェック

不十分な解答　□ board a plane「飛行機に乗る」
適切な解答　　□ particularly「とりわけ」　　□ financial burden「経済的負担」
別解　　　　　□ championship「決勝戦」　　□ close game「接戦」
　　　　　　　□ value「真意，ありがたみ」　□ worthwhile「価値のある」

問題 9

Describe what you do when you have free time on the weekend or during a vacation. Give details and examples in your explanation. 🔘 CD 1-23

Preparation Time: 15 seconds
Response Time: 45 seconds

【設問訳】
週末や長い休みの自由な時間に何をするか述べなさい。説明には詳細と具体例を含めなさい。

解答例 「自宅でのんびり過ごす」と答える場合

不十分な解答例

I usually stay home and read magazines or watch DVDs when I have free time ★1 because I am busy every day. ★2 I have to read lot of (→ **a lot of**) academic books for my research and they are very difficult and challenging. So ★3 I want to read something easy and watch entertaining movies just for fun. Also I need time to be by myself without talk (→ **talking**) to anybody once in a while. ★4

●構成と内容の改善ポイント

★1 行動とそれに対する理由の説明が論理的につながっていません。「毎日忙しいから,自宅で過ごしたい」では,途中の説明が抜け落ちており,論理が飛躍しているように聞こえます。例えば「毎日忙しい」→「ストレスを解消したい」→「体を動かしたい」と考える人もいるはずです。

➡ 「自宅で過ごしたい」←なぜなら「たまにはゆっくり休みたいから」←その原因は「毎日忙しいから」のように段階を踏んで話すとわかりやすくなります。論理立てて説明をするよう心がけましょう。

★2 遠まわしな言い方になっており,自分の状況がはっきり伝わりません。

➡ for my research という表現から,何となく状況は伝わりますが,自分が大学生で研究に忙しいことを明確に述べるとよいでしょう。

★3 いつそうしたいのかが曖昧なため,このままでは,学術書を読むのが嫌で,常に簡単な本を読みたがっているとも解釈できます。

➡ 「たまには」「時間があれば」などの副詞(句)を加えましょう。

★4 時間に余裕があれば,最後に意見をまとめてもう一度述べましょう。

《構成の改善例》

意見　自宅で雑誌を読んだり，DVD を見たりする。
　├─ 描写　ただ楽しみのために軽い読み物を読み，娯楽映画を見る。
　└─ 理由　リラックスできる。時には 1 人で過ごす時間も必要。

適切な解答例　　　　　　　　　　　　　　　　　　　　　CD 1-24

I usually stay home and read magazines or watch DVDs when I have free time ★1**because I like to feel at ease.** ★2**I'm busy with my studies at university every day.** I have to read a lot of academic books for my research. It is challenging to read such difficult books and I feel fulfilled when I read them. However, ★3**I sometimes feel like reading something light and watching entertaining movies just for fun.** They really make me relax. Also I need time to be by myself. Of course it is stimulating to see and talk to a lot of people, but I want to spend time alone without talking to anybody once in a while. ★4**Therefore, I usually stay home and relax in my free time.**　　　　(127 words)

（私はのんびりしたいので，暇な時間がある時はたいてい自宅で雑誌を読んだり DVD を見たりしています。私は毎日大学での勉強で忙しく，研究のためにたくさんの学術書を読まなくてはなりません。そのような難しい本を読むのはやりがいがあり，充実していますが，時にはただ楽しむ目的で簡単な内容の物が読みたくなるし，娯楽映画が見たくなります。そうすることでとても気持ちが落ち着きます。それに 1 人になる時間も必要です。もちろん，たくさんの人に会って話をすることは刺激的なのですが，たまには誰とも話さず 1 人で過ごしたいのです。だから私は時間がある時はたいてい自宅でくつろいでいます。）

別解　「ハイキングに行く」と答える場合　　　　　　　DL 1-24-e

I like hiking. I hike in city parks, along rivers, on beaches or in the mountains whenever I have the time. One reason is that I love to look at nature. Hiking gives me a chance to enjoy the different scenery of each season. Sometimes, I see flowers, and at other times, the fresh greenery of the trees catches my fancy. Trees with deep green leaves in late spring or bright red leaves in autumn are great, too. Hiking is also a great way to spend time with other people. Often when my family or friends get together, we'll find a park or a mountain we have never been to before, and hit the hiking trails. It feels great!　　(119 words)

（私はハイキングが好きです。市内の公園や川沿い，ビーチや山で，時間がある時はいつでもハイキングをします。その理由の一つは自然を眺めるのが好きだからです。ハイキングは，四季折々の景色を楽しむ機会を私に与えてくれます。花々を目にすることもあれば，新緑が私の心をとら

えることもあります。春の終わり頃の深い緑の葉をつけた木々や秋の鮮やかな紅葉も素晴らしいものです。ハイキングは他の人と一緒に時間を過ごすのにもうってつけの方法です。家族や友達が集まると，行ったことがない公園や山を見つけては，よくハイキングに出かけます。爽快な気分です！）

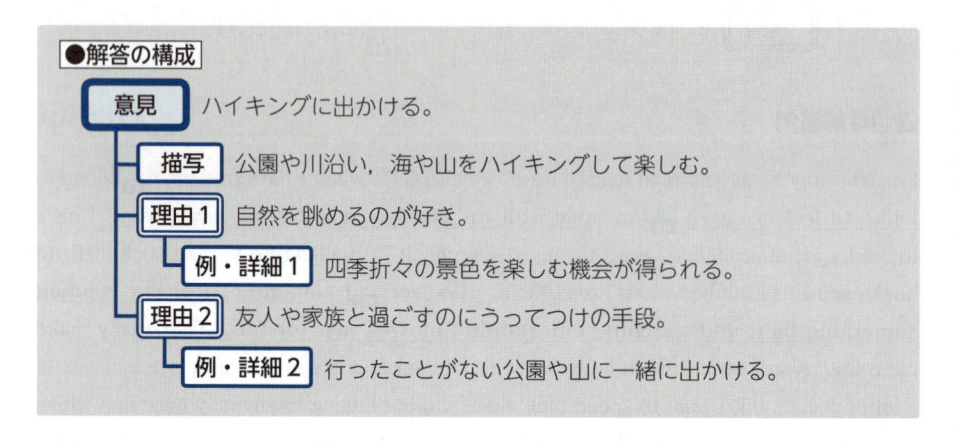

●解答の構成

- **意見** ハイキングに出かける。
  - **描写** 公園や川沿い，海や山をハイキングして楽しむ。
  - **理由1** 自然を眺めるのが好き。
    - **例・詳細1** 四季折々の景色を楽しむ機会が得られる。
  - **理由2** 友人や家族と過ごすのにうってつけの手段。
    - **例・詳細2** 行ったことがない公園や山に一緒に出かける。

✓ 重要表現チェック

不十分な解答例　□ academic books「学術書」
適切な解答例　　□ challenging「やりがいのある」
　　　　　　　　□ stimulating「刺激的な」
別解　　　　　　□ catch *one's* fancy「気に入る」
　　　　　　　　□ get together「集まる」
　　　　　　　　□ hit the trail「出かける」

問題 10

Talk about a time when you experienced failure. Describe the experience and say what you learned from it. ● CD 1-25

Preparation Time: 15 seconds
Response Time: 45 seconds

【設問訳】
あなたが失敗した時のことについて話してください。その経験について説明し，あなたがその失敗から何を学んだか教えてください。

解答例 「美術コンテストで優勝できなかったこと」と答える場合

不十分な解答例

★1 In January of last year, I decided that I am (→**was**) going to win my school's art contest in December. I practiced to paint (→**painting**) almost every day, and I took painting classes every weekend. I spent a lot of time painting. I really wanted to win the contest and tried so hard, but **★1** I did not win the contest. **★2** I was very disappointed and cried a lot every day. I thought I would never paint again. However, **★3** I began to feel like painting again after a while.

●構成と内容の改善ポイント

★1 まず時系列に沿って事実を述べることから解答が始まっています。
  ➡ 事実の説明の後で最後に結論を言うのではなく，まず第1文で結論を言いましょう。今回のテーマは「失敗した時のこと」なので，最初に「〜で失敗した」と述べた後で経緯や詳細を説明しましょう。

★2 述べるべき本筋から離れてしまっています。この問題で求められているのは「失敗から何を学んだか」であり，「どう感じたか」ではありません。
  ➡ 求められている情報をしっかり述べることを常に意識しましょう。ここでは，This experience taught me that 〜 / I did become a much better painter. のように，失敗から学んだことをまとめて話します。

★3 設問に明確に答えていません。「失敗から何を学んだか」について述べるべきですが，この文は「結果」だけが述べられています。
  ➡ 何を学んだかを最後に再度伝えるとよいでしょう。第1文と同様に，最後の文もとても重要です。一貫性のあるスピーチだと印象づけられるようにまとめましょう。

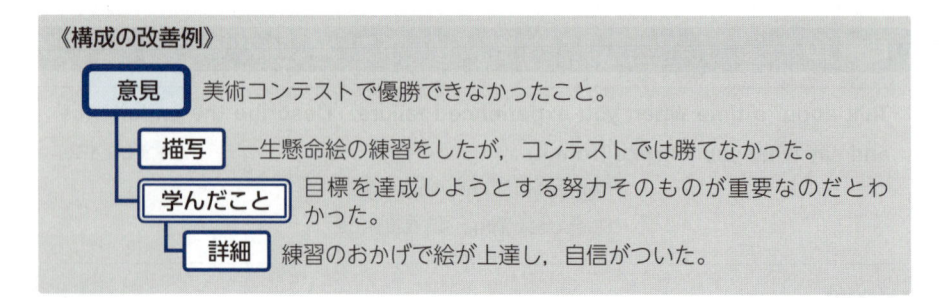

《構成の改善例》

- 意見　美術コンテストで優勝できなかったこと。
  - 描写　一生懸命絵の練習をしたが，コンテストでは勝てなかった。
  - 学んだこと　目標を達成しようとする努力そのものが重要なのだとわかった。
    - 詳細　練習のおかげで絵が上達し，自信がついた。

適切な解答例　　　　　　　　　　　　　　　　　　　　　　CD 1-26

★1 Last December, I failed to achieve my goal of winning my school's annual art contest. In January of last year, I decided that I was going to win my school's art contest. I practiced painting almost every day, and I took painting classes every weekend. I tried so hard to improve my painting skills, but I did not win the contest. **★2 This experience taught me that working to achieve a goal is more important than actually succeeding.** Although I did not win the contest, **★2 I did become a much better painter.** I feel confident that I can paint beautiful paintings someday, as long as I keep working hard. **★3 I have learned through this experience that the journey is more important than arriving at the destination.** (125 words)

（昨年の12月，私は学校の年次美術大会で優勝することができませんでした。昨年の1月，私は学校の美術大会で優勝しようと決めました。私はほとんど毎日絵を練習し，毎週末美術教室にも通いました。私は一生懸命絵画の力を伸ばそうと努力しましたが，コンテストでは勝てませんでした。この経験は，目標を達成しようと努力することは，実際にその目標に達することよりも重要であることを教えてくれました。私はコンテストに勝てませんでしたが，私の絵の力は大きく上達したのです。このまま一生懸命努力を続ける限り，いつの日か美しい絵を描けるという自信を感じています。この経験から私は，目的地に到達することよりも，そこまでの道のりのほうが大切なのだと学びました。）

別解　「所属する弓道部が決勝戦で敗れたこと」と答える場合　　　DL 1-26-e

Two months ago, my Japanese archery team lost the final game in a big tournament. This year was the first time that my team has reached the final round of the annual archery tournament. Our team trained very hard for this, and we were all so disappointed when we lost the final match. This experience taught me that winning is not always the most important thing. One of the most important aims of Japanese archery is controlling your emotions. Although everyone on my team was so disappointed, we all controlled our emotions and tried to look calm. I was so proud of my teammates then, and it was a great experience. Japanese archery taught me that failing can be a good thing. (120 words)

（2 カ月前，私の属する弓道部は大きなトーナメント大会の決勝戦で敗れました。年に一度の弓道大会の決勝に我がチームが進んだのは今年が初めてでした。我がチームはこの大会のためにとても一生懸命トレーニングを積んできたので，決勝戦に敗れて私たちは皆がっかりしました。この経験は私に，勝つことは必ずしも最も重要なことではないということを教えてくれました。弓道の最も重要な目的の一つは，自らの感情をコントロールすることです。チームの誰もががっかりしていましたが，私たちは皆自らの感情をコントロールし，平静を装いました。私はその時，チームメイトを大変誇りに思い，それがとても素晴らしい経験になりました。弓道を通して私は，失敗はよいものにもなり得るのだということを学んだのです。）

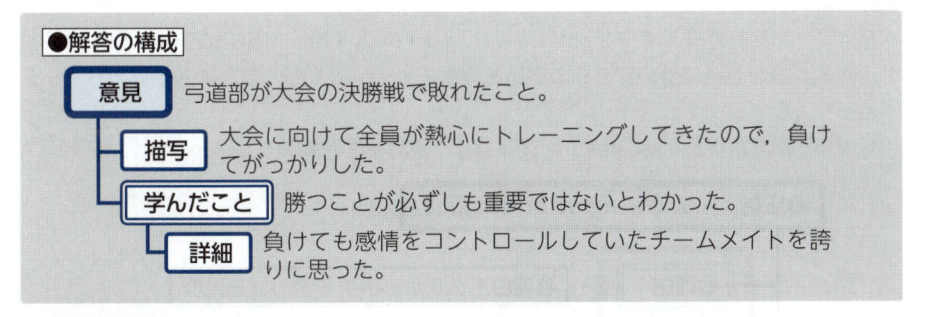

●解答の構成

- **意見**：弓道部が大会の決勝戦で敗れたこと。
- **描写**：大会に向けて全員が熱心にトレーニングしてきたので，負けてがっかりした。
- **学んだこと**：勝つことが必ずしも重要ではないとわかった。
- **詳細**：負けても感情をコントロールしていたチームメイトを誇りに思った。

✓重要表現チェック

不十分な解答例	☐ disappointed「落胆した」
適切な解答例	☐ annual「年次の，1年に一度の」
	☐ achieve a goal「目標を達成する」
	☐ confident「確信している」
	☐ as long as ～「～である限り」
別解	☐ tournament「トーナメント」

Independent Task　Question 2

解答のエッセンス

出題内容

《設問形式》 2つの選択肢から1つを選び，自分の意見とその理由を述べる。
《ジャンル》 日常的でなじみ深い話題。「AとBのどちらを好むか」「AとBのどちらがよいと考えられるか」「賛成か反対か」などを問うもの。
《制限時間》 準備時間：15秒，解答時間：45秒

　Question 2 も，Question 1 と同様に，「問われていることに対して，理由を明確に示しつつ，自分の意見をはっきりと述べる」ということが求められます。

　取り上げられる質問は，学生の日常に起こるような身近なことが多いので，出題されそうなトピックを自分でリストアップしておくとよいでしょう。日頃から多くの問いに接して，さまざまな話題について自分の立場と理由を考えておくと，自分の考え方のパターンがわかり素早く対応できます。

　基本的な解答構成は Question 1 と似ており，次のような形が一般的です。

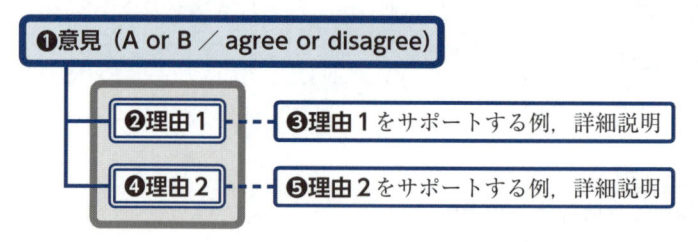

- ❶意見（A or B／agree or disagree）
  - ❷理由1 --- ❸理由1をサポートする例，詳細説明
  - ❹理由2 --- ❺理由2をサポートする例，詳細説明

　それでは，Question 2 の例題を用いて，設問に答えるための考え方を学びましょう。

例題

Is it a good idea for a university student to have a part-time job? Choose whether you think they should or they should not. Include specific reasons in your explanation.　　🔘 CD 1-27

　　　　Preparation Time: 15 seconds
　　　　Response Time: 45 seconds

【設問訳】
　大学生がアルバイトをするのはよい考えでしょうか。アルバイトをするべきだと思うか，あるいはするべきではないと思うかを選びなさい。説明には具体的な理由を含めなさい。

I アイディア・情報を論理マップに整理する

例題について，次の手順に沿って論理マップを使ったアイディア整理のしかたを見てみましょう。

(1) まず図の中央部分に，設問で問われていることを書きます。
(2) 2つの選択肢を上下に書き，意見（❶）はその2つの選択肢のうちどちらかを自分の意見（❶）として選びます。
(3) ❶で選んだ選択肢について，「なぜそう思うのか」を外側に線を伸ばして書きます。これが意見に対する理由（❷，❹）となります。
(4) さらに，この理由の根拠として，具体的な例や詳細説明（❸，❺）を示します。外側に線を伸ばして書きましょう。

❶意見から❷理由，❸詳細説明までの一連の流れが無理なくつながったものを解答の骨格とします。

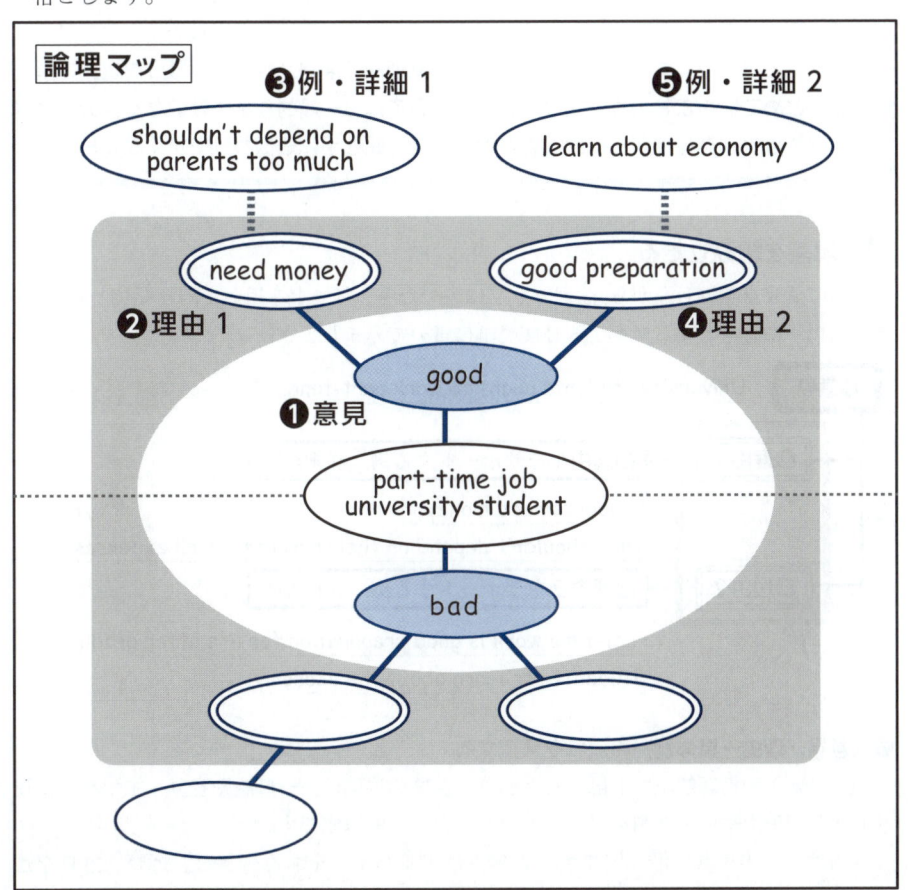

論理マップ

❸例・詳細1: shouldn't depend on parents too much
❺例・詳細2: learn about economy

❷理由1: need money
❹理由2: good preparation

❶意見: good

part-time job university student

bad

論理マップのポイント

テスト本番では解答準備時間が 15 秒と短いので，じっくりメモを書いて考えている時間はありませんが，ここではまずアイディアの広げ方を身につけるために，論理マップを活用してイメージを頭に定着させ，思考回路を作っておきましょう。

☆**意見に対する理由や例・詳細を無理なく思いつくほうを選択する**

Question 1 と同様，まずは可能な限り，思いつくことを書き出してみましょう。この例題で考えてみると，次のようなものが考えられますね。

- ・賛成の理由の例：お金を稼げる・社会経験や常識が身につく・将来の仕事に結び付けられる・さまざまな年齢の人とコミュニケーションがとれるなど
- ・反対の理由の例：勉強時間が少なくなる・生活時間が不規則になる・疲れるなど

実際に両方を考えてみると，どちらか一方のほうがアイディアを出しやすいと感じる場合があると思います。そのように，考えを無理なく展開させやすいほうを選んで解答をまとめていきましょう。なお，身近な話題では，一般的な話だけでなく自分の経験を含めると，具体性があり説得力が増すので，聞き手にも伝わりやすくなります。

▶ Ⅱ 解答を組み立てる

解答の構成を意識しながら，論理マップに書いたキーワードを用いて内容をまとめます。まずは以下に骨格となる文を 1〜2 文簡単に書いてみましょう。

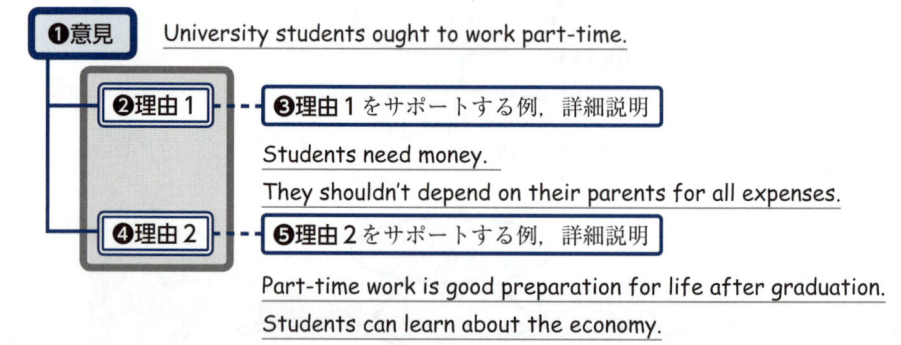

❶意見　University students ought to work part-time.

❷理由1 --- **❸理由1をサポートする例，詳細説明**
Students need money.
They shouldn't depend on their parents for all expenses.

❹理由2 --- **❺理由2をサポートする例，詳細説明**
Part-time work is good preparation for life after graduation.
Students can learn about the economy.

● 〈意見→理由→具体例〉の流れを意識する

Question 1 の例題解説でも触れたとおり，英文の展開は，一般論や意見・主張を先に述べてから，理由や例・詳細を述べるというのが典型的構成です。

今回は，この流れに沿ってまず「大学生はアルバイトをするべきだ」という意見を述べた後，理由を続ける形で英文を組み立てます。理由を述べる前には，There are two reasons. などと先に示してもよいでしょう。英語ではこのような語句やディスコースマーカーを使って、枠組みを先に示すことが好まれます。理由の1つとして「学生はお金がかかるから」と挙げる場合、もう少し具体的な例・詳細として、論理的な飛躍のないよう気をつけながら、「親に頼ってばかりではいけない」などと示していきます。

● 「結論」部分でもう一度自分の意見を振り返る

　時間に余裕があれば、最後に「結論」を述べます。初めに述べた「意見」と食い違わないように注意しましょう。できれば単語などは少し言い換えるとより印象がよくなりますが、誤りを避けるために同じ表現を繰り返しても構いません。結論部分のディスコースマーカーは Question 1 でも紹介しましたが、Therefore, In conclusion, For these reasons などを使います。

【解答例】　　　：ディスコースマーカー　　　　　　　　　　　　　　🔘 CD 1-28

I think university students ought to work part-time. First, students need money, not only for books and entertainment but also for essential things like food and clothing. They shouldn't depend on their parents for all these expenses. In addition, part-time work is good preparation for life after graduation. Many students enter university without having worked a job in their lives. By working at a part-time job, a student can learn about the economy and society. They can better understand the value of money and can develop the ability to manage their money better. These are important skills that you can only learn through experience. Therefore, a part-time job is an invaluable experience for a university student.

(116 words)

（私は大学生はアルバイトをするべきだと思います。第一に、学生は本代や娯楽費だけでなく、食べ物や衣服のような必要不可欠なものにもお金がかかります。学生はこのすべての出費を親に頼るべきではないでしょう。さらに、アルバイトは、卒業後の生活の準備にも役立ちます。多くの学生は、大学に入る時、それまで仕事をしたことがありません。アルバイトで仕事をすることで、学生は経済や社会について学ぶことができます。お金の価値についてより理解することができますし、自分のお金をよりうまく管理する能力も向上するでしょう。これらは、経験を通してしか身につけられない重要な力です。したがって、アルバイトは大学生にとって計り知れないほど貴重な経験です。）

✅ 重要表現チェック

- [ ] essential「不可欠の，必要な」
- [ ] in addition「さらに，その上」
- [ ] invaluable「計り知れないほど貴重な」
- [ ] part-time work「アルバイトの仕事」
- [ ] preparation「用意，準備」

仕上げ

☐ 音声を聞いた後，実際に制限時間45秒を計りながら，上の解答例を音読しましょう。音声を聞く際には，発音や音のつながり，抑揚，リズム，強弱のつけ方に注意するとよいでしょう。また，音読する時には，英文の意味を考えながら話し，英語の音と意味とを一体化させることを意識すると効果的です。

☐ 自分自身が思いついた言葉を使って，上記の手順で構成に注意して例題の解答を作成し，時間を計って45秒でスピーチをしてみましょう。

演習問題

【1】 準備時間：制限なし　→　解答時間：45 秒

次の設問を読み，下のスペースに情報を整理し，解答を組み立ててください。円や線は自由に書き加えて構いません。

Some people like to live in big apartment buildings. Other people like to live in their own separate house. Which do you prefer? Give details and examples in your explanation.

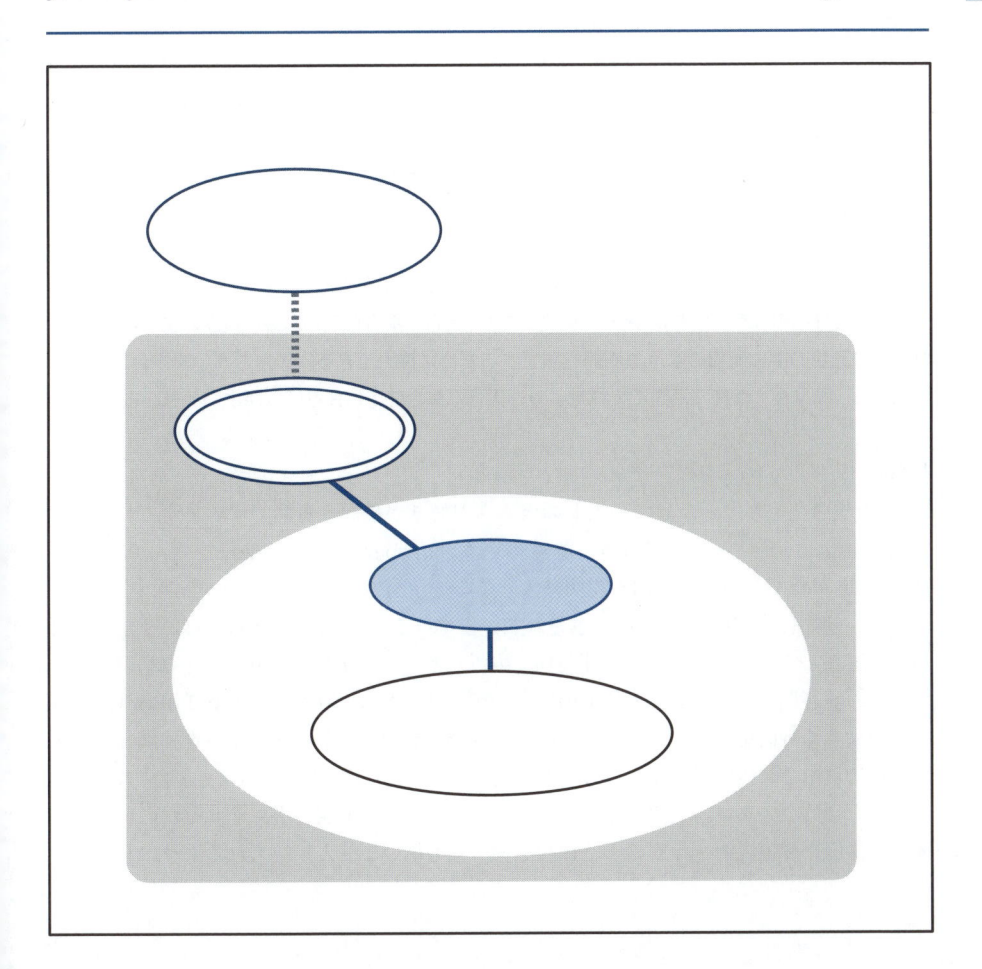

● CD 1-29

【設問訳】

大きな集合住宅に住むのが好きな人もいれば、戸建ての住宅に住むのが好きな人もいます。あなたはどちらを好みますか。説明には詳細と具体例を含めなさい。

【解答例】

● CD 1-30

I prefer to live in a big apartment building. The main reason is that it is more convenient. Big apartment buildings usually have employees that clean and manage the building. In a separate house, the owner is responsible for managing everything. I think that this is stressful and takes a lot of time. Also, usually big apartment buildings are in convenient locations. Another reason is that big apartment buildings are safer. Usually big apartment buildings have security staff. Also, there are always neighbors in the same building that can work together to prevent crimes like theft. For these reasons, I prefer to live in a big apartment building rather than my own separate house.　　　　　(114 words)

（私は、大きな集合住宅に住むほうがよいです。主な理由は、こちらのほうが便利だからです。大きな集合住宅にはたいてい、建物を清掃して管理してくれる従業員がいます。戸建ての住宅では、所有者にすべてを管理する責任があります。これはストレスが大きく、たくさんの時間をとると思います。それに、大きな集合住宅はたいてい便利な場所にあります。もう1つの理由は、大きな集合住宅のほうが安全だからです。たいてい、大きな集合住宅には警備員がいます。それに、常に同じ建物の中に泥棒のような犯罪を防止するために協力できる隣人たちがいます。こうした理由から、私は個人が持つ戸建ての住宅よりも大きな集合住宅に住むほうがよいと思います。）

【解説】

「大きな集合住宅」と「戸建ての家」のどちらが好きかを問う質問です。まずこれに対する意見（main idea）を示しますが、解答例では、big apartment building を選んでいます。次は main idea の具体的な理由や説明に入りましょう。ここでは more convenient（理由1）と safer（理由2）の2つの理由が示されています。そして理由1については、「建物を清掃して管理してくれる従業員」と「便利な場所」という、便利さの説明を2点挙げています。なお解答例では、戸建ての住宅の場合のデメリット（所有者に管理責任があり、ストレスが大きく時間をとる）に言及し、前述の従業員がいることのメリットを強調しています。次に理由2について、安全性の詳しい説明として、「警備員がいること」「隣人がいること」を挙げています。このように、理由を2つ以上挙げる場合も、それぞれの理由に対する具体例や詳細説明（今回のように複数あっても構いません）を入れるようにしましょう。

論理マップ

- security staff / neighbors ❺例・詳細2
- employees / convenient locations ❸例・詳細1
- more convenient ❷理由1
- safer ❹理由2
- big apartment building ❶意見
- prefer to live in

✓ 重要表現チェック

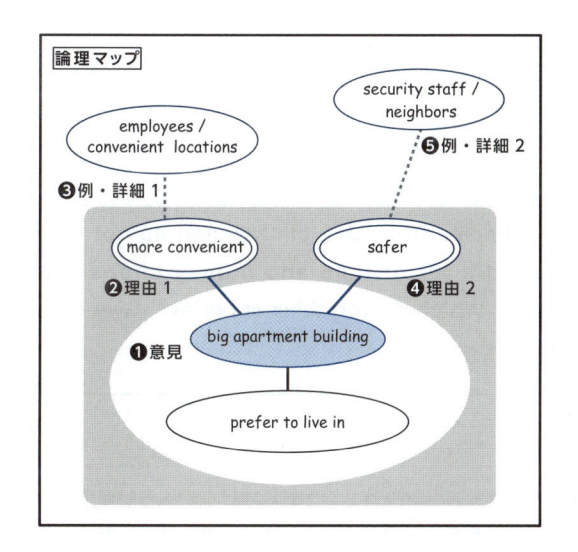

- □ prefer to *do*「…するほうが好きだ」
- □ manage「〜を管理する」
- □ responsible for 〜「〜の責任がある」
- □ crime「犯罪」
- □ theft「窃盗, 泥棒」

【2】 準備時間：30秒　→　解答時間：45秒

次の設問を読んで，今度は頭の中でブレインストーミングを行い，制限時間を守って解答しましょう。準備時間は本番の倍の長さにしてあります。ここまでの学習内容を踏まえて，短い時間でアイディアをまとめる練習をしましょう。

Some people buy simple, affordable clothes and do not worry about fashion. Other people spend a lot of time and money choosing and purchasing fashionable clothing. Which do you think is better? Give details and examples in your explanation.　　　　　　　　　　　　　　　　　　　🔘 CD 1-31

【設問訳】
シンプルで手頃な服を買って，ファッションを気にかけない人もいますが，おしゃれな服を選んで買うのにたくさんの時間とお金をかける人もいます。あなたはどちらがよいと思いますか。説明には詳細と具体例を含めなさい。

【解答例】　　　　　　　　　　　　　　　　　　　　　　　　　🔘 CD 1-32

I think that it is better to wear nice, fashionable clothing. The main reason is that clothing is very important in modern society. When meeting someone, the first thing a person notices is clothing and style. For example, in an interview, it is very important to look clean and professional. It is also important to look good and stylish when attending business meetings or even dates. Another reason is that trying to be fashionable is fun. I enjoy shopping for new clothes. Also, whenever I buy new clothes that I like, I feel excited to wear them. When I wear nice clothes, I feel more confident, and this helps me to relax. As a result, I can enjoy myself more. For these reasons, I think it is important to buy nice clothes and be fashionable.　　　　　　　　　　　　　　　　　　　　　　　　　　　(135 words)

（私は，おしゃれで素敵な服を着るほうがよいと思います。主な理由は，現代社会で服装はとても重要だからです。誰かに会う時，人がまず気づくのは服装とスタイルです。例えば，面接では，清潔感があってプロフェッショナルに見えることはとても重要です。仕事の会議に出席する時や，デートの時でさえも，かっこよくてスタイリッシュに見えることは大切です。もう1つの理由は，おしゃれでいようと努めることは楽しいからです。私は，新しい服を探してショッピングするのが好きです。また，気に入った新しい服を買った時にはいつも，それを着るとわくわくします。いい服を着ているほうが自信が持てるので，このことがリラックスするのに役立ちます。その結果，もっと楽しく過ごすことができるのです。こうした理由から，私はよい服を買って，おしゃれでいることは重要だと思います。）

Question 2 | 解答のエッセンス

【解説】

「シンプルで手頃な服」と「おしゃれな服」のどちらがいいかを尋ねる設問なので，まず自分がどちらの意見であるかを述べましょう。解答例は，「おしゃれな服」を選んだ場合の例です。そして主な理由（The main reason）として「現代社会では服装が重要」であること（理由1）と，もう1つの理由（Another reason）として「おしゃれは楽しい」こと（理由2）を挙げています。このように複数の理由を挙げたら，それぞれの理由の直後にその例と詳細説明を続けましょう。理由1に対しては，服装が重要な要素となる，人に会う機会の例として，「面接」「仕事の会議」「デート」が列挙されています。理由2については，「楽しさ」の例として，ショッピング，新しい服を着る時，よい服を着る時の自信とリラックス感という3つのポイントを挙げています。こうしたそれぞれの例や詳細を，単調に並べるのではなく，解答例のように文中の要素としてうまく織り交ぜる工夫をしてみましょう。

論理マップ

- ❶意見: fashionable clothing
  - do not worry about fashion vs. wear fashionable clothing
- ❷理由1: very important in modern society
  - ❸例・詳細1: the first thing a person notices
    - interview
    - business meeting
    - dates
- ❹理由2: fun
  - ❺例・詳細2:
    - shopping
    - wear new clothes
    - feel confident and relax
    → enjoy myself more

✓ 重要表現チェック

- □ affordable「手頃な（価格の）」
- □ fashionable「おしゃれな」
- □ interview「面接」
- □ shop for ～「～の買い物に行く」（for は「～を求めて」の意味）
- □ confident「自信があって」

Independent Task　Question 2

集中トレーニング

問題 1

> Some single people have roommates. For other people, having one's own apartment is best. Which do you prefer and why? Include specific reasons in your explanation.　　　◯ CD 1-33
>
> 　　　　　　Preparation Time: 15 seconds
> 　　　　　　Response Time: 45 seconds

【設問訳】

独身の人々の中にはルームメイトがいる人がいます。自分のアパートに住むのが最もよいと言う人もいます。あなたはどちらをより好みますか。また，それはなぜですか。説明には具体的な理由を含めなさい。

解答例　「自分だけのアパートに住むのがよい」と答える場合

⚠ 不十分な解答例

I'd rather have an apartment to myself than to live (→**live**) with a roommate. I have two reasons for this. ★1 First, it is quiet. I need to study hard. I have to get good grade (→**grades**) to win a scholarship to attend graduate school. ★2 I want to major in management and study public administration. Second, ★3 I don't want nobody (→**anybody**) to hear me when I call my mother, because I often ask her for advice on problems I have. ★4 I prefer to living (→**living / to live**) in an apartment on my own.

●構成と内容の改善ポイント

★1 いずれの文も非常に短い上に，つながりがぎこちなく，唐突に聞こえます。
　➡「勉強に集中するための静かな環境が必要」という１つの文にまとめるとスムーズです。

★2 大学院で何をしたいかという話は，本筋とは無関係です。
　➡代わりに，自分がルームメイトと暮らしてみて不利益を被った実体験に触れることで，１人で暮らしたいという自分の主張を裏付ける展開にするとよいでしょう。

★3 ２つ目の理由としては一文で議論が終わってしまっており，「一般論」→「関連する具体例」という流れになっていません。
　➡「母親に電話をしているところを聞かれたくない」というのはかなり具体的な主張なので，これは具体例として触れることにし，その前に「プライバシーを保ちたい」という一般論を加えるとよいでしょう。

★4 まとめの文と前の文とのつながりが不明瞭で，ぎこちなく聞こえます。

Question 2　集中トレーニング

問題 2

Some people prefer to do their shopping online and have goods delivered to their homes. Others want to go to shops and stores to make their purchases. Which method of shopping do you prefer and why? Include specific reasons in your explanation.　🔵 CD 1-35

　　　　　　Preparation Time: 15 seconds
　　　　　　Response Time: 45 seconds

【設問訳】
インターネットで買い物をして家に品物を届けてもらうほうが好きな人がいます。また店へ出かけて買い物をしたい人もいます。あなたはどちらの買い物のしかたを好みますか。またそれはなぜですか。説明には具体的な理由を含めなさい。

| 解答例　「インターネットで買うほうが好き」と答える場合 |

不十分な解答例

★1 Online shopping is much easier than going to shops and stores. ★2 I choose items first, and then click the button. ★3 I do not have to carry home what I bought. Also, I can read the (→不要) other people's comments beforehand about a product I want to buy. They are very helpful to (→in) deciding whether I should buy it. ★3 If I shop in stores, in many cases, I cannot get negative information and might buy unnecessary thing (→things). For these reasons, ★4 I usually do shopping online.

| ●構成と内容の改善ポイント |

★1 「どちらの買い物のしかたを好むか」についての意見ではなく、客観的に「オンラインショッピングは便利である」ということを述べる内容で解答が始まっています。
　➡ これは理由にあたる内容です。最初に「オンラインショッピングのほうが好きだ」という答えを、I prefer ～ と明確に述べましょう。

★2 前の文とのつながりがスムーズでなく、意図が伝わりにくくなってしまっています。
　➡ つながりがよりわかりやすくなるよう、表現を工夫しましょう。The only thing I have to do is ～（～するだけでよいのです）など、簡単であることを強調する表現を用いると、理由としての説得力も増します。

★3 前後関係がやや読み取りにくくなっています。

73

➡ 論理展開をわかりやすくするため，接続表現を工夫しましょう。他にも利点があることや，もう一方と比較していることが明確になり，流れがつかみやすくなります。「追加」の意味を表すには What is more や Besides,「対比」の意味を表すには In contrast や On the other hand などが適切です。

★4 質問に対するはっきりとした答えが示されておらず，事実を述べただけの文になっています。

➡ 最後に締めくくりの一文として意見を述べる場合も，「オンラインショッピングのほうが好きだ」と直接的に伝えるようにしましょう。

《構成の改善例》

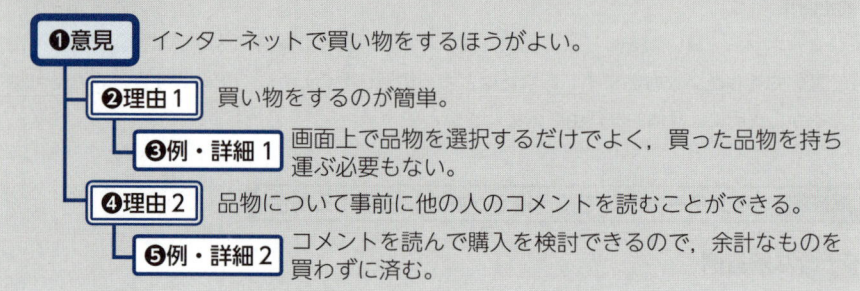

- **❶意見** インターネットで買い物をするほうがよい。
  - **❷理由 1** 買い物をするのが簡単。
    - **❸例・詳細 1** 画面上で品物を選択するだけでよく，買った品物を持ち運ぶ必要もない。
  - **❹理由 2** 品物について事前に他の人のコメントを読むことができる。
    - **❺例・詳細 2** コメントを読んで購入を検討できるので，余計なものを買わずに済む。

適切な解答例　　　　　　　　　　　　　　　CD 1-36

★1 I prefer to do my shopping online rather than go to shops and stores. The primary reason is that it is much easier. **★2** The only thing I have to do is just choose items on the screen, and click the button. **★3** What is more, I do not have to carry home what I bought. Another reason is that I can read other people's comments beforehand about a product I want to buy. They are very helpful in deciding whether I should buy it or not. **★3** In contrast, if I shop in stores, in many cases, I cannot get negative information and might buy unnecessary things. For these reasons, **★4** I like shopping online rather than in stores. (115 words)

（私は店に行くよりもインターネットで買い物をするほうが好きです。第一の理由はそのほうがずっと簡単だからです。私は画面上で品物を選択し，ボタンをクリックするだけでよいのです。しかも，買ったものを持ち運ぶ必要もありません。もう 1 つの理由は，事前に自分が買いたい品物についての他の人のコメントを読むことができるということです。その品物を買うかどうか決めるのに，それらはとても役に立ちます。それに対し，もし店頭で買い物をしたら，多くの場合否定的な情報は得られないので，必要のないものを買ってしまうかもしれません。これらの理由から，私は店よりもインターネットで買い物をするほうが好きです。）

別解 「店に行って買うほうが好き」と答える場合　　　　　　　　(　▶ DL 1-36-e

I prefer buying things in stores rather than ordering through the Internet. First, I do not have the patience to wait for a delivery. Sometimes, it can take a couple of weeks for the order to be delivered. When I want something, I want to have it now. Second, I want to see an expensive item like a TV set or a piece of furniture for myself before I decide to buy it. If I just look at a little picture on a website, it might be quite different when I receive it. In such a case, sending it back would be very troublesome. For these two reasons, I much prefer shopping in stores to shopping online.　　　　　　　　　　　　　　　　　　(117 words)

（私はインターネットを通して注文するより，店頭で買い物をするほうが好きです。まず，私は配達を待つほど辛抱強くありません。ときどき，注文した物が届くまでに２〜３週間かかることがあるのです。何かが欲しい時は，すぐに手に入れたいのです。第二に，私はテレビや家具などの高価なものは，買おうと決心する前に自分で見たいのです。ウェブサイトの小さな画像を見ただけでは，受け取った時に全然違う可能性があります。そのような場合，送り返すのはとても面倒なことです。これら２つの理由から，私はインターネットで買い物をするより店で買い物をするほうが断然好きです。）

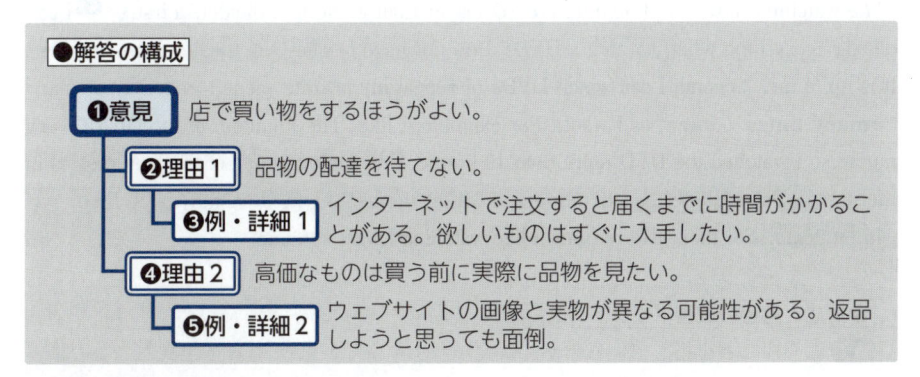

●解答の構成

- **❶意見**　店で買い物をするほうがよい。
  - **❷理由１**　品物の配達を待てない。
    - **❸例・詳細１**　インターネットで注文すると届くまでに時間がかかることがある。欲しいものはすぐに入手したい。
  - **❹理由２**　高価なものは買う前に実際に品物を見たい。
    - **❺例・詳細２**　ウェブサイトの画像と実物が異なる可能性がある。返品しようと思っても面倒。

✓ 重要表現チェック

不十分な解答例　□ item「商品」
適切な解答例　　□ primary「第一の」
　　　　　　　　□ in contrast「その一方で」
別解　　　　　　□ have the patience to *do*「辛抱強く…する」
　　　　　　　　□ in such a case「そのような場合」
　　　　　　　　□ troublesome「厄介な」

> **問題 3**
>
> How do you like to watch movies? Do you go to a movie theater or do you watch them at home on a DVD player? Include specific reasons in your explanation.　　🔴 CD 1-37
>
> Preparation Time: 15 seconds
> Response Time: 45 seconds

【設問訳】
映画はどのようにして見るのが好きですか。映画館へ行きますか，それとも，家で DVD プレーヤーで見ますか。説明には具体的な理由を含めなさい。

| 解答例 | 「家で DVD プレーヤーで見るほうが好き」と答える場合 |

不十分な解答例

I like watching movies at home on a DVD player than going to a theater. First, ★1 I can decide everything when I watch a DVD. I do not have to obey the theater rule (→**rules**). It is up to me. Second, I can watch DVDs or repeat my favorite scene (→**scenes**) as many (→**many times / often**) as I want. For example, I like "The Phantom of the Opera" very much, so I watched the DVD more than 10 times. ★2 I think it is one of the best movies in the world. Especially I like (→**I especially like**) the last scene. I cannot watch the movie without tears. For these two reasons, I like watching DVDs at home.

●構成と内容の改善ポイント

★1 どんなことを指しているのか，状況がわかりにくいため，DVD を見ることのよさがうまく伝わっていません。
　➡ 誰にとっても状況がイメージしやすいよう，具体例を挙げて述べます。ここでは，「DVD ならいつでも好きな時間に見ることができて，映画館のルールに従わなくてよい」ということについて，どんな状況を示しているのかを具体的に説明しましょう。

★2 映画の感想を述べており，本筋から外れてしまっています。
　➡ 今回問われているのは「どの映画が好きですか」ではなく，「どのように映画を見るのが好きですか」です。アイディアを挙げ，キーワードをつなげて答えを組み立てる過程で脱線することのないよう，常に設問を意識しながら話すようにしましょう。ここでは 2 つ目の理由として「気に入ったシーンを何度も見ることができる」という点を挙げているので，ここと関連づけて説明を加えましょう。

《構成の改善例》

- **❶意見** 家で DVD プレーヤーで見るほうが好き。
  - **❷理由 1** 好きな時に見ることができ，疲れたら見るのを中断することもできる。
    - **❸例・詳細 1** 映画館だと開始時間までに行かなければならず，休憩もとれない。
  - **❹理由 2** 気に入った場面を何度でも繰り返し見ることができる。
    - **❺例・詳細 2** 幸せな気持ちになり，ストレスも発散できる。

適切な解答例 　　　　　　　　　　　　　　　　　　　CD 1-38

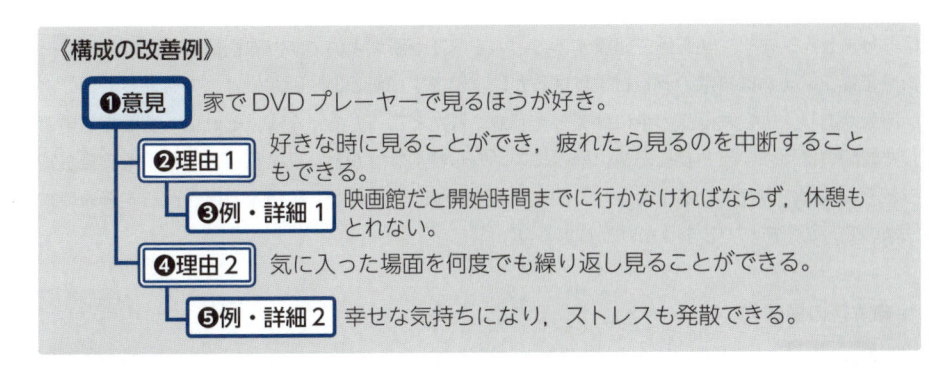

I prefer to watch movies at home on a DVD player. First, **★1 I can watch DVDs whenever I want, even late at night or early in the morning.** Also, if I feel tired, **★1 I can stop watching and start again after a while. It is up to me.** However, to see a movie in a theater, I have to be in time for the start of the show and stay there during the movie without a break. I want more freedom. Second, I can watch a DVD or repeat my favorite scenes as often as I want. **★2 After laughing or crying as much as I want, I feel happier and can release my stress.** For these two reasons, I like watching DVDs at home.　　　　　　　　　　　　　　　　　　　　　　　　　　　　(128 words)

（私は家で DVD プレーヤーで映画を見るほうが好きです。まず，いつでも見たい時に DVD を見ることができます。たとえ夜遅くても，または朝早くてもです。また，もし疲れたら見るのを中断し，しばらくしてまた見始めることもできます。自分次第なのです。ところが，映画館で映画を見るためには，開始時間に間に合わなくてはなりませんし，映画の上映中は休憩なしでそこにいなければなりません。私はもっと自由が欲しいです。次に，私は何度でも DVD やお気に入りの場面を繰り返して見ることができます。心ゆくまで笑ったり泣いたりした後は，幸せな気持ちになりストレスも発散できます。これらの２つの理由から，私は家で DVD を見るほうが好きです。）

＋別解 「映画館へ行くほうが好き」と答える場合 　　　　DL 1-38-e

I prefer to watch movies at a movie theater. Watching a DVD at home is not as good as going to a movie theater. First, the whole experience at a theater is so much better. The big screen and sound system in a theater are far better than the TV at home. Newer theaters have very comfortable seats, and some older theaters are beautifully decorated. Also, the time spent at a movie theater is much more memorable. If I go to see a movie with someone special, I remember the movie for a long time after that. If it's a DVD, I'll just forget it because that's just the ordinary way I spend an evening at home. 　　　　　　　　　　(117 words)

（私は映画館で映画を見るほうが好きです。家で DVD を見るのは，映画館へ行くことほどよく

はありません。まず，映画館で経験することのすべてが断然よいです。映画館の大きなスクリーンや音響システムは自宅のテレビよりはるかによいです。新しい映画館にはとても座り心地のよい座席があり，古い映画館の中には美しく装飾されたところもあります。それに，映画館で過ごした時間のほうがずっと長く記憶に残ります。もし特別な誰かと映画に行ったなら，その後もずっとその映画を覚えているでしょう。もしそれが DVD であれば，私が家で夜を過ごす普通の方法なので，ただ忘れてしまうだけでしょう。)

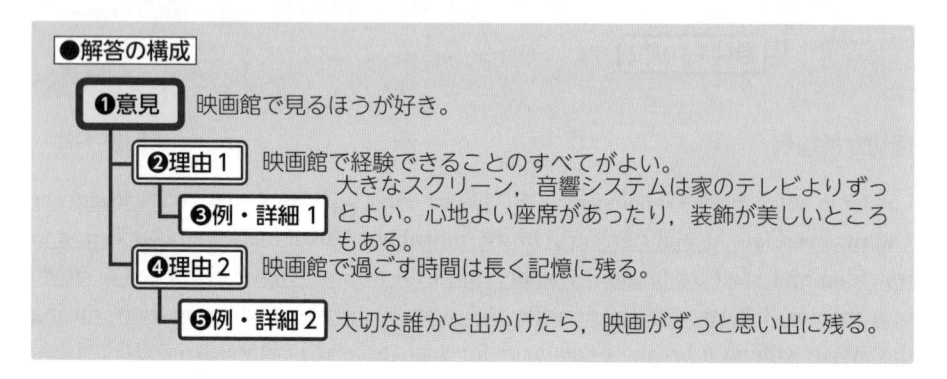

●解答の構成

- **❶意見** 映画館で見るほうが好き。
  - **❷理由1** 映画館で経験できることのすべてがよい。
    - **❸例・詳細1** 大きなスクリーン，音響システムは家のテレビよりずっとよい。心地よい座席があったり，装飾が美しいところもある。
  - **❹理由2** 映画館で過ごす時間は長く記憶に残る。
    - **❺例・詳細2** 大切な誰かと出かけたら，映画がずっと思い出に残る。

✓ 重要表現チェック

不十分な解答例
- □ obey the rules「規則に従う」
- □ up to 〜「〜次第で」

適切な解答例
- □ in time for 〜「〜に間に合うように」

別解
- □ comfortable「心地よい」
- □ decorated「装飾された」
- □ memorable「記憶しやすい」

問題 4

Do you prefer cooking for yourself or someone, or do you prefer to have someone cooking for you? Include specific reasons in your explanation.

CD 1-39

Preparation Time: 15 seconds
Response Time: 45 seconds

【設問訳】
あなたは自分もしくは誰かのために料理をするのが好きですか，それとも誰かがあなたのために料理をしてくれるほうが好きですか。説明には具体的な理由を含めなさい。

解答例　「誰かに料理をしてもらうほうが好き」と答える場合

不十分な解答例

I want someone to cook for me. One of the reasons is that it takes a lot of time to cook. I'm busy every day and do not have time (→**the time**). ★1 So I often buy lunch boxes, because it's easy. ★2 But I get tired of the taste after eating them every day. But I don't want to cook by myself so I cannot help it. Another reason is that ★3 I'm not a good cook, so I get tired of eating what I cook every day. So, it is much better for me to eat what someone cooked (→**has cooked / cooks**).

●構成と内容の改善ポイント

★1 理由をサポートする具体例として，必要な情報が足りず，不必要な情報が加えられている印象を受けます。
　➡「忙しいからどうするか」よりも「なぜ忙しいのか」という直接的な情報をもう少し詳しく説明するとよいでしょう。例えば，I have to study 〜 / I have a lot of homework 〜のように，理由を裏付けるような具体例を挙げると，説得力が増します。

★2 詳細説明の内容が，理由をサポートする一連のつながりから外れています。「忙しいので弁当を買い，時間を節約する」という説明内容であればつじつまが合いますが，「買った弁当の味に飽きてしまう」という否定的なことが述べられていると，一貫性が崩れてしまいます。★1 とも関連しますが，加えるべき説明の内容を整理し，誰もが納得できるよう論じなければなりません。

★3 2つ目の理由に対する詳細説明がやや不足しています。
　➡ 1つ目の理由に対する説明と比べ，2つ目の理由に関しては詳細説明がなく情報

不足に聞こえるので，もう少し丁寧に状況を述べるとよいでしょう。

《構成の改善例》

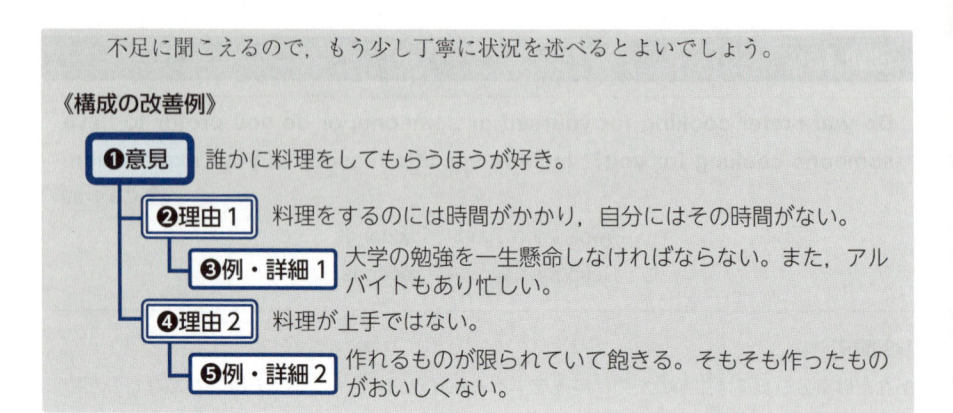

- **❶意見** 誰かに料理をしてもらうほうが好き。
  - **❷理由1** 料理をするのには時間がかかり，自分にはその時間がない。
    - **❸例・詳細1** 大学の勉強を一生懸命しなければならない。また，アルバイトもあり忙しい。
  - **❹理由2** 料理が上手ではない。
    - **❺例・詳細2** 作れるものが限られていて飽きる。そもそも作ったものがおいしくない。

適切な解答例　　　　　　　　　　　　　　　　　　　CD 1-40

I prefer to have someone cook for me. One of the reasons is that it takes a lot of time to cook and I don't have the time. As a university student, I'm very busy every day. **★1 To keep up with my classes, I have to study very hard. I have a lot of homework too. I also have a part-time job a few times a week.** Therefore, I don't have time to cook. Another reason is that **★2 I'm not a good cook. There are limits to what I can cook, so I would get tired of eating the same food every day. What is worse, what I cook does not taste very good.** So it's much better for me to eat what someone else has cooked.

(126 words)

（私は誰かに料理してもらうほうが好きです。理由の1つは，料理をするのには時間がかかりますが，私にはその時間がないからです。大学生として私は毎日忙しく過ごしています。授業についていくために，一生懸命勉強しなければいけません。宿題もたくさん出るし，週に数回アルバイトもあります。だから私には料理をする時間がありません。もう1つの理由は，私はあまり料理が上手ではないからです。私が作れる料理は限られているので，毎日同じものばかり食べていると飽きてしまうでしょう。おまけに，その料理はあまりおいしくありません。だから私にとっては，誰かが作ってくれたものを食べるほうがずっとよいのです。）

別解 「自分や誰かのために料理をするほうが好き」と答える場合　　DL 1-40-e

I prefer cooking for myself or someone. I enjoy cooking very much, and I think I am a very good cook. I have had a lot of experience cooking. Ever since I was a child, I have made many great dishes from recipes. Also, even when I was young, I would think up my own recipes. My family and relatives say they like the dishes that I cook. When people say my dishes are delicious, I feel great. Also, when I cook food myself, I know the ingredients that are in the food. I am careful about what I eat. I like to use vegetables that have been grown without chemicals. Therefore, I prefer cooking for myself and someone else, too.

(121 words)

（私は自分や誰かのために料理をするのが好きです。料理するのがとても楽しいですし，料理上手だと思います。私は料理の経験が豊富です。子供の頃から，私はレシピを見ておいしい料理をたくさん作ってきました。それに，まだ小さい頃でさえ，独自のレシピを考え出したりもしていました。私の家族や親戚は，私の作る料理を好きだと言います。自分の料理をおいしいと言ってもらうと，うれしく思います。また，自分で料理をすれば，その食べ物に入っている材料がわかります。私は自分が食べるものに気を遣っていて，化学薬品を使わずに育った野菜を使うのが好きです。ですから，私は自分自身のためにも誰かのためにも料理をするほうが好きです。）

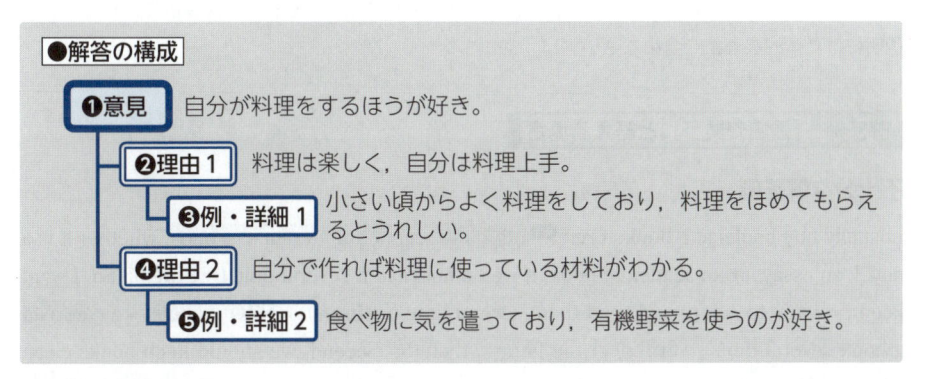

●解答の構成

- **❶意見** 自分が料理をするほうが好き。
  - **❷理由1** 料理は楽しく，自分は料理上手。
    - **❸例・詳細1** 小さい頃からよく料理をしており，料理をほめてもらえるとうれしい。
  - **❹理由2** 自分で作れば料理に使っている材料がわかる。
    - **❺例・詳細2** 食べ物に気を遣っており，有機野菜を使うのが好き。

✓重要表現チェック

不十分な解答例
- ☐ get tired of ～「～に飽きる」
- ☐ cannot help it「仕方がない」

適切な解答例
- ☐ keep up with ～「～に遅れずについていく」
- ☐ there are limits to ～「～に限りがある」
- ☐ what is worse「さらに悪いことに」

別解
- ☐ think up ～「～を考え出す」
- ☐ ingredient「材料」
- ☐ chemicals「化学薬品」

問題5

If you want to get a book, what do you do? Do you buy it at a bookstore or borrow it from a library? Include specific reasons in your explanation.

CD 1-41

Preparation Time: 15 seconds
Response Time: 45 seconds

【設問訳】
本を手に入れたい時，あなたはどうしますか。書店で買いますか，それとも図書館で借りますか。説明には具体的な理由を含めなさい。

解答例　「書店で買う」と答える場合

不十分な解答例

I usually buy books at a bookstore. ★1 I think we cannot understand a book, whether it is a novel, an essay, or an academic book, if we do not read it several time (→times). So, I want keep (→want to keep) and read them several time (→times). ★2 Of course, we can read a book several time (→times) at the library, though. Second, we should keep books clean when we borrow them from the library. Of course, we should take good care of everything. ★3 But I do not want to worry about small things. So I often buy books.

●構成と内容の改善ポイント

★1 英語として不自然な文になっています。
→日本語では「…できないと思う」という言い方は自然なものですが，それをそのまま英語に置き換えると不自然です。英語では I do not think we can understand a book. のように，最初に否定し，think の内容は肯定文で伝えます。英語として自然な表現を覚えましょう。

★2 書店で買ったほうがよい理由を述べている中で，図書館でも同じことが可能だと言っているので，理由に説得力がなくなってしまっています。
→結局どちらの意見を支持しているのかわからなくなることがないよう，気をつけましょう。It might be troublesome ～ (～するのは面倒だ) など，比較対象に関しては否定的な意見を述べると効果的です。

★3 具体例がないので，イメージが伝わりにくく，理由に説得力がありません。
→ small things such as ～のように，図書館で借りた場合の短所をもっと具体的に述べ，本を買うことのよさを伝えましょう。

《構成の改善例》

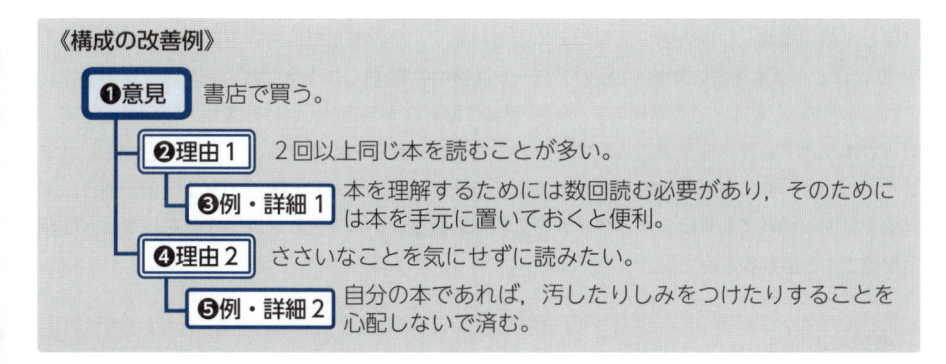

- **❶意見** 書店で買う。
  - **❷理由1** 2回以上同じ本を読むことが多い。
    - **❸例・詳細1** 本を理解するためには数回読む必要があり、そのためには本を手元に置いておくと便利。
  - **❹理由2** ささいなことを気にせずに読みたい。
    - **❺例・詳細2** 自分の本であれば、汚したりしみをつけたりすることを心配しないで済む。

適切な解答例

CD 1-42

I usually buy a book at a bookstore. First, I often read a book more than once. ★1**I do not think we can understand a book**, whether it is a novel, an essay, or an academic book, unless we read it several times. To do so, it is convenient to keep books. ★2**It might be troublesome to go to the library each time I want to read a book again.** Second, ★3**I'd like to read books without worrying about small things, such as not getting them dirty or not leaving stains**. However, we have to keep books clean when we borrow them from the library. So, it is much better for me to buy books. I would like to read them as many times as I want without any worries. (128 words)

（私はたいてい書店で本を買います。まず，私は2回以上同じ本を読むことが多いです。小説であれ，エッセイであれ，学術書であれ，何度か読まなければその本を理解することはできないと思います。そのためには本を置いておくと便利です。もう一度読みたいと思うたびに図書館へ行くのは面倒だと思います。次に，私は本を読む時には，汚さないとかしみを残さないなどの小さなことを気にせず読みたいのです。しかしながら，図書館から借りた本はきれいにしておかなければなりません。だから，私にとっては本を買うほうがずっとよいのです。あれこれ気にすることなく，何度でも本を読みたいです。）

➕別解 「図書館で借りる」と答える場合

DL 1-42-e

Most of the time, I borrow books from the university library. I hardly ever buy books because I don't want to keep books after I'm finished with them. My apartment is too small to keep all the books I read. And of course, books are quite expensive. Also, most of the books I need for my classes are available at the library. If secondhand books were sold at a very cheap price, I would consider buying them. However, the books sold in bookstores are not so cheap, and the secondhand books for popular classes usually sell out quickly. Therefore, I never buy unnecessary books. That's why I borrow books from libraries.

(111 words)

（ほとんどの場合，私は大学の図書館で本を借ります。読み終えた後も本を持っていたくないので，私はほとんど本を買いません。私のアパートは狭いので，読む本を全部置いておけないのです。それにもちろん，本はとても高価です。また，授業に必要な本のほとんどは図書館で利用可能です。万一古本がとても安い値段で売られていたとしたら，それらの本を買うことを考えるかもしれません。しかし実際に書店で売られている本はそう安くありませんし，人気のある授業で使う古本はすぐに売り切れてしまいます。ですから，私は必要でない本を決して買いません。それが私が図書館で本を借りる理由です。）

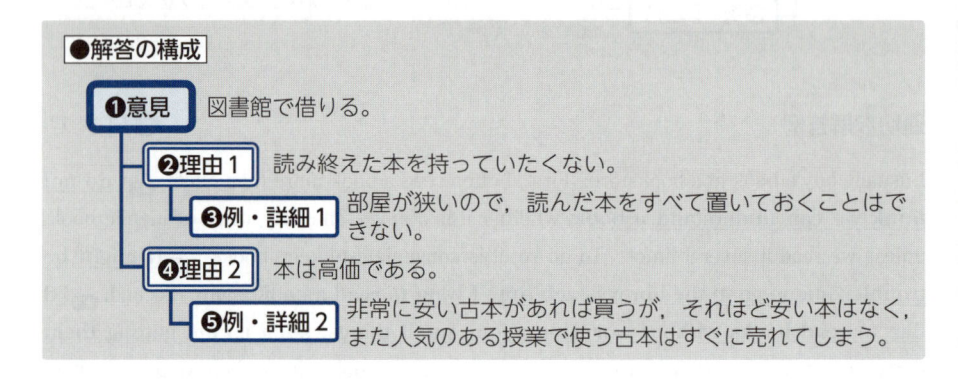

●解答の構成

- **❶意見** 図書館で借りる。
  - **❷理由1** 読み終えた本を持っていたくない。
    - **❸例・詳細1** 部屋が狭いので，読んだ本をすべて置いておくことはできない。
  - **❹理由2** 本は高価である。
    - **❺例・詳細2** 非常に安い古本があれば買うが，それほど安い本はなく，また人気のある授業で使う古本はすぐに売れてしまう。

✓ 重要表現チェック

不十分な解答例
- □ academic book「学術書」
- □ take good care of ～「～を大事に扱う」

適切な解答例
- □ troublesome「面倒な」
- □ stain「しみ」

別解
- □ hardly ever「めったに…しない」
- □ secondhand book「古本」

問題 6

When you need to get current information, do you prefer to read a newspaper or use the Internet? Include specific reasons in your explanation.

🔊 CD 1-43

Preparation Time: 15 seconds
Response Time: 45 seconds

【設問訳】
最新情報を得る必要がある時，新聞を読むのとインターネットを使うのとではどちらが好きですか。説明には具体的な理由を含めなさい。

解答例 「新聞を読むほうが好き」と答える場合

不十分な解答例

I prefer to read a newspaper. First, in many case (→**cases**), ★1 we can trust what is in newspapers, which are usually written based on correct information which writers get by themselves. We cannot read an article soon after something has happened, but it is no problem because they need time to confirm information (→**the information**). On the other hand, we often don't know ★2 how an article is written, so there might be wrong information on the Internet. Second, I like the feel of a paper newspaper and like to turn over the page (→**pages**). I don't feel like reading news on the ★3 Internet. That's because (→**why**) I like a newspaper better.

●構成と内容の改善ポイント

★1 情報を一文に盛り込んで話そうとして，文が長く複雑になってしまっています。聞き手にとっては一度で理解するのが難しく，わかりにくいスピーチだという印象を与えてしまいます。
➡ 何度も関係代名詞を使って説明するよりも，一文を短くし，接続詞や代名詞をうまく用いて述べるほうが伝わりやすいでしょう。

★2 反論の理由として強調したい箇所ですが，やや漠然としており，説得力に欠けます。
➡「どのようにして記事が書かれているか」という大まかなとらえ方ではなく，より掘り下げて説明に具体性を出すと，根拠が明確になり効果的です。聞き手がイメージしやすいよう表現を工夫しましょう。

★3 比較対象として適切な単語が使われていないため，前の文とのつながりがぎこ

ちなくなってしまっています。

→新聞の「紙」(paper)と比較すべき対象は「インターネット」(Internet)ではなく，パソコンなどの「画面」(screen)です。文脈に合わせて正しい語彙を選択しないと，文と文の関係が不明瞭になってしまうので注意しましょう。

《構成の改善例》

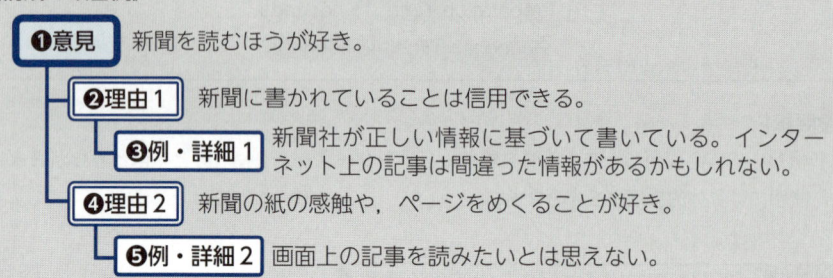

- **❶意見** 新聞を読むほうが好き。
  - **❷理由1** 新聞に書かれていることは信用できる。
    - **❸例・詳細1** 新聞社が正しい情報に基づいて書いている。インターネット上の記事は間違った情報があるかもしれない。
  - **❹理由2** 新聞の紙の感触や，ページをめくることが好き。
    - **❺例・詳細2** 画面上の記事を読みたいとは思えない。

適切な解答例　　　　　　　　　　　　　　　　　　CD 1-44

I prefer to read a newspaper. First, in many cases, ★1 we can trust what it says. Newspaper companies usually get correct information and they write on that basis. It's true that unlike the Internet, we cannot read an article immediately after something has happened. But that's no problem because they need time to confirm the information. On the Internet, on the other hand, we often don't know ★2 who wrote an article and from where they got the information. We cannot deny there might be incorrect information on the Internet. Second, I like the feel of a paper newspaper and like to turn over the pages. I don't feel like reading news on a ★3 screen. That's why I prefer a newspaper. (120 words)

（私は新聞を読むほうが好きです。まず，多くの場合，新聞に書かれていることは信用できます。新聞社はたいていの場合正しい情報を得ていて，それに基づいて書いているからです。インターネットと違い，何かが起こった後すぐに記事を読むことはできませんが，情報が正しいかどうか確認するために時間がかかるので，それは問題ありません。一方，インターネット上の記事は誰が書いたのか，どこからその情報を得たのかわからないことが多いです。インターネット上には間違った情報があるかもしれないということを否定できません。次に，私は紙の新聞の感触や，ページをめくるのが好きなのです。画面上のニュースを読む気になれません。だから私は新聞のほうが好きです。）

別解　「インターネットから情報を得るほうが好き」と答える場合　　　DL 1-44-e

I usually get my information from the Internet. First, there are lots of free websites that have news stories. No newspaper can compare with the content. You have to spend money to buy one newspaper, but you can read dozens of websites for nothing. Also, information on the Internet is much more up to date. That means you can get the news soon after something has happened. Newspapers usually do not print the news from a day's events until the next morning. Internet news is not only more current, but it includes audio and video content as well, which makes it more interesting and informative. That's why I prefer getting information from the Internet. (114 words)

（私はたいてい情報をインターネットから入手しています。まず，ニュース記事を扱う無料ウェブサイトがたくさんあります。どの新聞もその内容に匹敵しません。新聞を一紙買うためには，お金を支払わなければなりませんが，ウェブサイトなら無料でいくらでも読むことができます。また，インターネット上の情報は新聞よりもずっと新しいです。つまり，何かが起こった後すぐにそのニュースを知ることができるのです。新聞がその日の出来事を記事にするのは，通常翌日の朝です。インターネットのニュースは最新であるだけでなく，音声や動画も含まれていて，それがそのニュースをより興味深くより有益にしています。そういうわけで，私はインターネットから情報を得るのが好きです。）

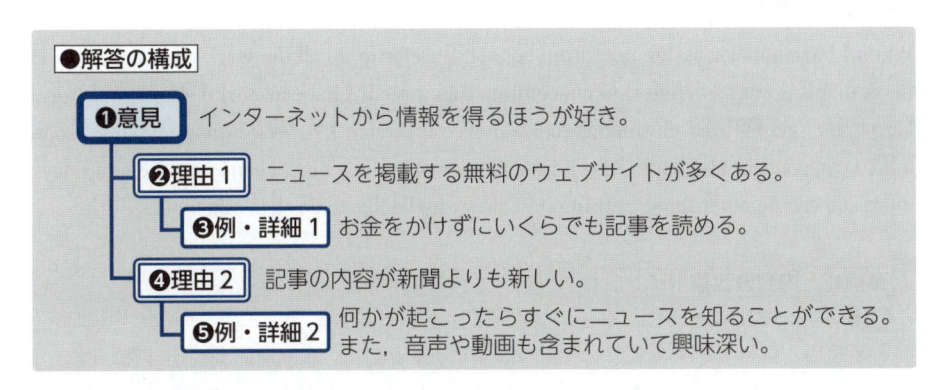

●解答の構成

- **❶意見** インターネットから情報を得るほうが好き。
  - **❷理由1** ニュースを掲載する無料のウェブサイトが多くある。
    - **❸例・詳細1** お金をかけずにいくらでも記事を読める。
  - **❹理由2** 記事の内容が新聞よりも新しい。
    - **❺例・詳細2** 何かが起こったらすぐにニュースを知ることができる。また，音声や動画も含まれていて興味深い。

✓ 重要表現チェック

不十分な解答例
- □ based on ～「～に基づいて」
- □ confirm「（真実であることを）確認する」
- □ turn over the pages「ページをめくる」

別解
- □ compare with ～「～に匹敵する」
- □ for nothing「無料で」
- □ up to date「最新の」
- □ informative「有益な，参考になる」

問題 7

When you have a major assignment from school, which do you prefer: spreading out your work over a long period of time or doing a lot of work all at one time? Include specific reasons in your explanation. 　　●CD 1-45

> Preparation Time: 15 seconds
> Response Time: 45 seconds

【設問訳】

学校で大きな課題が出た時，その課題に長い期間にわたって取り組むか，または多くの課題を同時に一度に片づけるか，どちらを好みますか。説明には具体的な理由を含めなさい。

|解答例|「一度に片づけるほうがよい」と答える場合|

⚠ 不十分な解答例

When I have a major assignment from school, I prefer to do all the work all at one time. I think that it is easy (→**easier**) to concentrate this way. If I have to work ★1 every day for a long time, I get ★2 tired. I wouldn't feel bad even if I watch TV. ★3 If I do everything at one time, I can concentrate more. Also if I finish my work at one time, I can enjoy the other days more and can do other thing (→**things**). That's why I'd like to do all at one time.

|●構成と内容の改善ポイント|

★1 「長い時間」とはどのくらいなのか漠然としています。
　➡曖昧な言い方をするよりは，an hour a day over a couple of weeks のように，具体的な値を述べたほうがよいでしょう。そのほうが聞き手も状況をイメージしやすく，説得力が増します。

★2 最適な単語が使われておらず，直前で述べた内容との対比が効果的にできていません。
　➡2つの状況を比べたいのですから，cannot focus あるいは get distracted などのように，前文で述べた concentrate の反意語を用いるのが適切です。

★3 接続表現が用いられていないため，前後の文のつながりがわかりにくくなっています。
　➡前文までが「まとめて片づける」場合についての説明，ここからは「分けて取り組む」場合についての説明を述べることになるので，On the other hand などの対比を表す接続表現を用いましょう。そうすることで，次の文で逆の意見について述べられることが前もってわかるため，聞きやすくなります。

《構成の改善例》

- ❶意見　2，3日ですべて片づけるほうがよい。
  - ❷理由1　集中して取り組むほうが楽である。
    - ❸例・詳細1　長期間だと気が散る。まとめてやるほうが自分を統制しやすい。
  - ❹理由2　2，3日で課題が片づけば，その後の時間を楽しむことができる。
    - ❺例・詳細2　課題のために予定を空ける必要がなくなり，他のことができる。

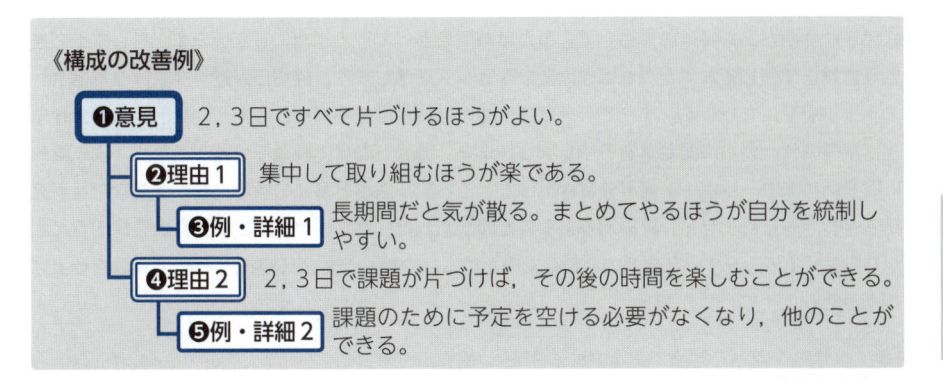

適切な解答例

CD 1-46

Whenever I have a major assignment I do all the work over a couple days. Mostly I find it easier to concentrate this way. If I do ★1**an hour a day over a couple of weeks**, I get ★2**distracted**. I wouldn't feel bad even if I watch TV for the last 10 minutes. ★3**On the other hand, when I do everything at once**, I'm more disciplined about focusing. Also, if I set aside a couple days for the project, I can enjoy the other days more. I don't have to set that hour aside for working on the project and can do other things instead. All of this makes me do a lot of work all at once.　　　　　　　　　　　　　　　　　　　　　(115 words)

（大きな課題が出るといつも，私はすべてを2，3日でやってしまいます。このように集中して片づけるほうが楽だというのが主な理由です。もしも1日1時間数週間にわたって取り組むとなると気が散ってしまうでしょう。たったの1時間だということだと，最後の10分間テレビを見てしまってもそれほど気がとがめないでしょう。逆に，すべてを一度に片づける時には，集中して自分を統制できます。また，もしその課題のために2，3日をとっておけば，他の日はもっと楽しめるでしょう。その1時間を課題のためにと予定を空けておいたりする必要なく，他のことができるのです。これらすべての理由から，私はすべての課題を一度で済ませるようにしています。）

別解　「時間をかけて取り組むほうがよい」と答える場合

DL 1-46-e

I always make sure to spread out my work when I have a major assignment. If I leave everything to the last minute, I get very stressed. The closer I get to a deadline, the more worried I become. If I did all my work at once, I would be too stressed and the quality of my work would suffer. Also, if I spread out my work, I can be more flexible. I may get halfway through writing a paper and discover I need more reference material. If the due date is still far away, I don't have to run around in a panic trying to find the books I'm missing. For my own peace of mind, I always make sure to do assignments over at least a few weeks.

(130 words)

（大きな課題が出た時はいつも，できるだけ時間をかけてやるようにしています。もしすべてをぎりぎりまで残しておくとなれば，大変なストレスを感じます。締切日が近くなればなるほど，ますます心配になります。すべてを一度に片づけなければならないとしたら，ストレスが大きすぎて課題の仕上がりの質が落ちるでしょう。また，時間をかけて課題をやれるのなら，より柔軟に取り組めます。レポートを半分書き上げたところで，もっと多くの参考文献が必要なことが発見できるかもしれません。締め切りまでまだ間があれば，パニック状態で必要な本を探そうとしたりしなくて済みます。私自身の心の平安のために，少なくとも２，３週間はかけて課題を仕上げるように心がけています。）

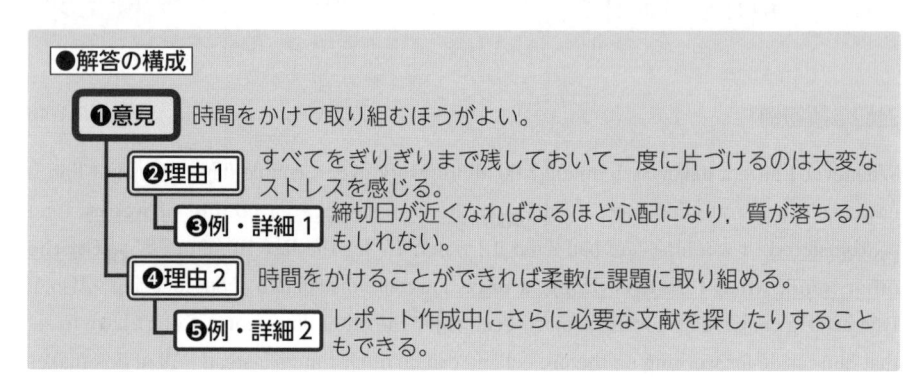

●解答の構成

- **❶意見** 時間をかけて取り組むほうがよい。
  - **❷理由1** すべてをぎりぎりまで残しておいて一度に片づけるのは大変なストレスを感じる。
    - **❸例・詳細1** 締切日が近くなればなるほど心配になり，質が落ちるかもしれない。
  - **❹理由2** 時間をかけることができれば柔軟に課題に取り組める。
    - **❺例・詳細2** レポート作成中にさらに必要な文献を探したりすることもできる。

✓ 重要表現チェック

適切な解答例
- ☐ distracted「気を散らされた」
- ☐ disciplined「自制心がある」
- ☐ set aside「(時間など) を残しておく」

別解
- ☐ make sure to *do*「必ず…する」
- ☐ suffer「質が落ちる」
- ☐ flexible「柔軟な，適応性のある」

問題 8

When traveling, some people go on tours where everything is organized for them. Others plan their own trips themselves. Which method of traveling do you prefer? Give details and examples in your explanation. ● CD 1-47

Preparation Time: 15 seconds
Response Time: 45 seconds

【設問訳】
旅行に行く時，何もかもがきちんと準備されたツアーを好む人もいれば，自分で旅行を計画するのが好きな人もいます。このどちらの旅行のしかたが好きですか。説明には詳細と具体例を含めなさい。

解答例　「準備されたツアーが好き」と答える場合

不十分な解答例

When I travel <u>to abroad</u> (→**abroad**), I always join an <u>organize</u> (→**organized**) tour. ★1 Surely, if I plan my own trips myself, I do not have to go to places which are not so attractive for me. Instead, I can go only where I'd like to go. I do not have to wait for someone else, so I can spend time just for myself. However, it takes time to plan <u>tour</u> (→**tours**). <u>My work is always busy</u> (→**I'm always busy with my work**), so I don't have such time. ★2 I think it's very ★3 stressful too. So I want someone else to do that for me.

●構成と内容の改善ポイント

★1 自分が選択しなかった意見の長所についての説明が長すぎます。
　➡軽く触れる程度なら問題ありませんが，長すぎると結局どちらの意見を支持しているのかが紛らわしくなってしまいます。反対の意見の長所については，触れるとしても一文程度で短く抑えましょう。

★2 文と文の間をつなぐ言葉がないため，2つ目の理由の説明に移ることがわからず，話の流れがとらえにくくなっています。
　➡ディスコースマーカーはスピーチにおける道しるべのような役割を果たします。話し手がこれからどのようなこと話すのかがわかると，聞き手は聞きやすく，理解しやすくなるので，上手に使いこなしたいところです。ここでは Also, Second, Another reason is that ～などを加えるとよいでしょう。

★3 なぜそのように感じるのか，具体的な理由が述べられていません。
　➡自分の考えを述べたら，その後に必ずそれを支える具体例や，詳細説明を加える

ことを意識しましょう。根拠を示すことにより，説得力が増します。

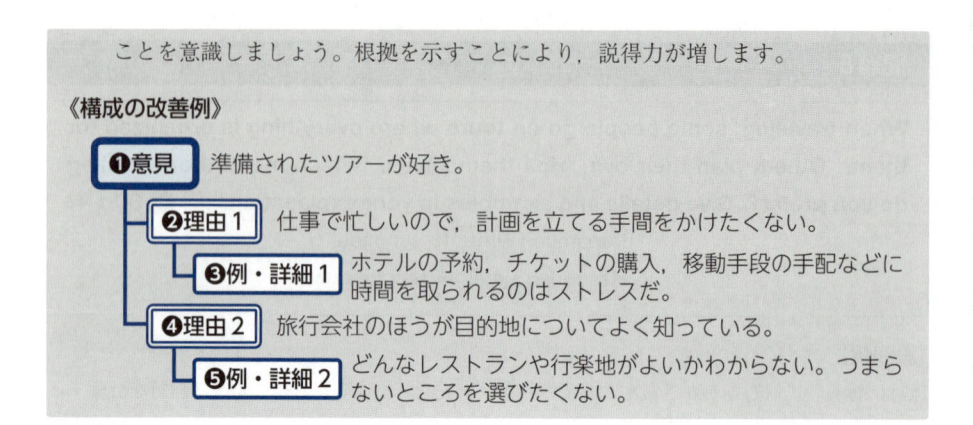

《構成の改善例》

- **❶意見** 準備されたツアーが好き。
  - **❷理由1** 仕事で忙しいので，計画を立てる手間をかけたくない。
    - **❸例・詳細1** ホテルの予約，チケットの購入，移動手段の手配などに時間を取られるのはストレスだ。
  - **❹理由2** 旅行会社のほうが目的地についてよく知っている。
    - **❺例・詳細2** どんなレストランや行楽地がよいかわからない。つまらないところを選びたくない。

適切な解答例　　　　　　　　　　　　　　　　　CD 1-48

Whenever I travel overseas, I always join an organized tour. I'm very busy with my work and when I travel, I don't want to take the effort to plan things. ★3 <u>Taking all the time to book hotels and buy tickets and arrange transportation is too stressful for me</u>. I go on vacation to relax and it's harder to do that when thinking about all those things. ★2 <u>Also</u>, I trust the tour company to know more about my destination than I do. I don't know what restaurants and attractions are good. I'd be very disappointed in myself if I ended up choosing boring activities. Those are the reasons I prefer to have a tour company take care of everything when I travel.　　　　　　　　　　　　　　　　　　　　　(119 words)

（海外旅行に行く時は，いつもきちんと準備されたツアーに参加します。仕事でとても忙しくしているので，旅行する時は物事を計画するのに手間がかかるのが嫌なのです。ホテルに予約を入れたり，切符を買ったり，移動の交通手段を計画したりするのに時間をとられるのは，私には大変なストレスです。私はくつろぐために休暇を取るのであり，そういった旅行のあれこれを考えるとくつろぐことは難しくなります。それに，旅行会社のほうが私より目的地についてよく知っていると思います。私にはどんなレストランや行楽地がよいかわかりません。つまらないところを選んでしまったら自分に失望してしまいます。そのような理由から，旅行に行く時は旅行会社がすべて面倒を見てくれるツアーが好ましいのです。）

別解 「自分で旅行の計画をするのが好き」と答える場合　　　DL 1-48-e

I really love traveling and I love planning trips almost as much. Researching different places to go and things to see is almost a hobby for me. I love reading different travel guides and searching through restaurant review sites. I try to look for opinions from locals so I can see what the people living there like to do. In contrast, I find organized tours too inflexible. For example, if I arrive at my destination and learn there's a big event or hear from a local about something new, I want the freedom to change my plans. If I were on a tour, I'd be stuck following the set itinerary. Tours might be good for some people but I always prefer to travel independently. (124 words)

（私は本当に旅行が好きですし，旅行の計画を立てるのも同じくらい好きです。これから行くいろいろなところや見るべきものについて調べるのは，ほとんど趣味のようなものです。いろいろな旅行ガイドの本を読み，レストランの客の感想サイトを見たりするのも大好きです。そこに住んでいる人たちが何をするのが好きか知るために，地元の人の意見を聞こうとします。それに対し，準備されたツアーは融通がきかないと思います。例えば，目的地に着いてから大きな催し物があることがわかったり，何か新しいことを地元の人から聞いたりしたら，自由に予定を変更したいと思います。ツアーに参加していると，旅程表に従わなければならないので窮屈です。ツアーがよいという人もいるでしょうが，私はいつも自主的に旅行するほうが好きです。）

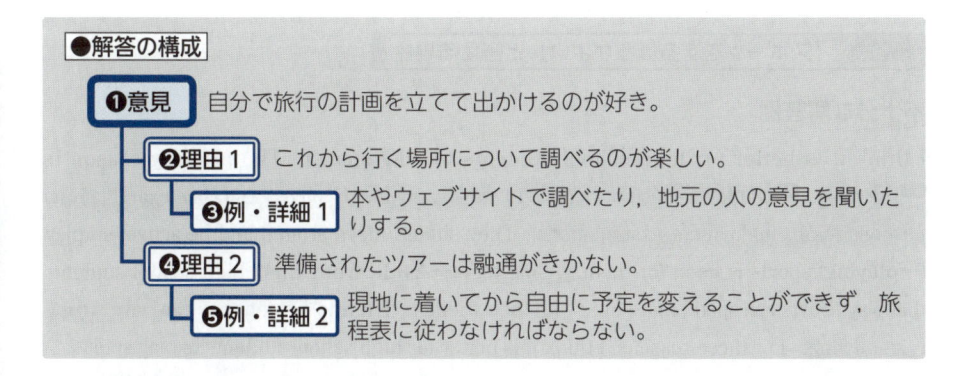

●解答の構成

- **❶意見** 自分で旅行の計画を立てて出かけるのが好き。
  - **❷理由1** これから行く場所について調べるのが楽しい。
    - **❸例・詳細1** 本やウェブサイトで調べたり，地元の人の意見を聞いたりする。
  - **❹理由2** 準備されたツアーは融通がきかない。
    - **❺例・詳細2** 現地に着いてから自由に予定を変えることができず，旅程表に従わなければならない。

✓重要表現チェック

不十分な解答例	□ attractive「魅力的な」
適切な解答例	□ destination「目的地」
別解	□ inflexible「柔軟性を欠く」
	□ stuck「動きがとれない」
	□ itinerary「旅程」

問題9

Some high school students play sports after school. Other high school students work part-time jobs. Which do you think is better? Give details and examples in your explanation.   ● CD 1-49

Preparation Time: 15 seconds
Response Time: 45 seconds

【設問訳】
放課後スポーツをする高校生もいれば，アルバイトをする高校生もいます。あなたはどちらがよいと思いますか。説明には詳細と具体例を含めなさい。

解答例 「スポーツをするほうがよい」と答える場合

不十分な解答例

I think it is better for high school students to play sports. The primary reason is ★1 exercise. ★2 Students these days have to study very much to pass entrance examinations for college or employment examinations. They should move around and be active, so play (→playing) sports is good for them. Aside this (→Aside from this), high school students that play sports can spend more time with their friend (→friends) ★3 and they can have strong relationships. For these reasons, I think it is better for high school students to play sports.

●構成と内容の改善ポイント

★1 exercise という単語一言では説明不足で，意味が不明瞭です。
　➡ 理由を述べるには，単語だけでは意図が正確に伝わりません。it is good exercise for them（彼らにとってよい運動になる）のようにし，情報を省略しすぎず文の形で説明しましょう。

★2 詳細説明として，この事実とスポーツをすることのよさが，直接的につながっていません。
　➡ 直前に挙げた1つ目の理由である exercise に対する詳細説明を述べるべき部分なので，ここでは「なぜ勉強するか」ではなく，「なぜスポーツをすることが大切なのか」という根拠を説明します。Students these days spend most of their time sitting at desks（近頃の高校生は長時間机のところに座って時間を過ごす）のように具体的な状況を根拠として伝えると，スポーツをすることの大切さが，より明確に伝わります。

★3 理由の説明が大雑把で，論理が飛躍している印象を受けます。

➡ 一緒に時間を過ごすだけなら，スポーツに関係のない普段のクラスメイトについても同じことが言えるので，やや説得力に欠けます。By working hard ～ on a sports team together（スポーツチームで一緒に～することによって）のように，一緒にスポーツをするからこそ友情が深まるのだということを，省略せず丁寧に説明しましょう。

《構成の改善例》

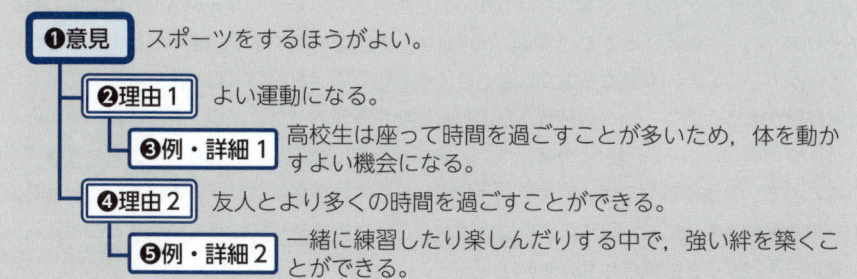

- ❶意見　スポーツをするほうがよい。
  - ❷理由1　よい運動になる。
    - ❸例・詳細1　高校生は座って時間を過ごすことが多いため，体を動かすよい機会になる。
  - ❹理由2　友人とより多くの時間を過ごすことができる。
    - ❺例・詳細2　一緒に練習したり楽しんだりする中で，強い絆を築くことができる。

適切な解答例　　　　　　　　　　　　　　　　　　　🅒 CD 1-50

I think it is better for high school students to play sports. The primary reason is that ★1 it is good exercise for them. ★2 Students these days spend most of their time sitting at desks, because they have to study so much. Playing sports is a great opportunity to move around and be active. Aside from this, high school students that play sports can spend more time with their friends. ★3 By working hard and having fun on a sports team together, friends can develop stronger relationships. For these reasons, I think it is better for high school students to play sports after school.　　　　　(99 words)

（私は，高校生はスポーツをしたほうがよいと思います。第一に，それは彼らにとってよい運動になるからです。近頃の高校生はたくさん勉強をしなければならないため，長時間机の前に座って時間を過ごします。スポーツをすることは，動き回ったり，活動的になったりするよい機会になります。またそれ以外にも，スポーツをする高校生は友人とより多くの時間を過ごすことができます。スポーツチームで共に一生懸命汗を流したり楽しんだりすることによって，友人同士でより強い絆を築くことができます。以上のような理由から，私は，高校生は放課後にはスポーツをするほうがよいと思います。）

別解　「アルバイトをするほうがよい」と答える場合　　　🅓 DL 1-50-e

I think it is better for high school students to have part-time jobs. First, part-time jobs can improve students' future careers. When my older sister graduated from college, she was able to get a great job immediately, because she had started working at a young age. She

95

was more skilled than other job applicants, because she already had many years of work experience. Another benefit of having a job in high school is that it is an opportunity to learn about the value of money. By earning and saving money, students can learn about how to manage their personal finances. This is a valuable skill for the future. For these reasons, I think getting work experience in high school is more important than playing sports.

(125 words)

（私は，高校生はアルバイトをしたほうがよいと思います。第一に，アルバイトは学生の将来のキャリアを向上させることができます。私の姉は，大学を卒業すると，すぐにとてもよい職に就くことができました。なぜなら彼女は若い時に働き始めていたからです。彼女にはすでに長年の就業経験があったので，他の応募者たちよりも技能が優れていたのです。高校時代に仕事をするもう１つの利点は，それがお金の価値について学ぶ機会になるということです。お金を稼ぎ，貯めることで，学生は自分の個人資産をどう管理したらよいか学ぶことができます。これは将来のための貴重なスキルです。以上のような理由から，私は高校時代に仕事を経験することはスポーツをすることよりも重要だと思います。）

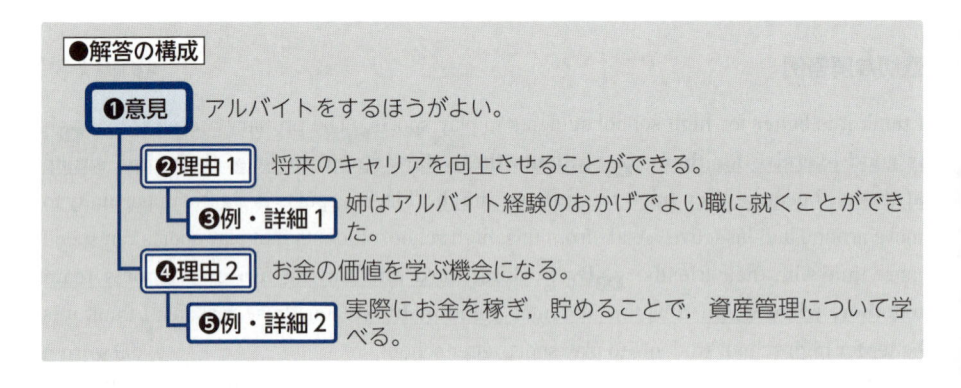

●解答の構成

- **❶意見** アルバイトをするほうがよい。
  - **❷理由1** 将来のキャリアを向上させることができる。
    - **❸例・詳細1** 姉はアルバイト経験のおかげでよい職に就くことができた。
  - **❹理由2** お金の価値を学ぶ機会になる。
    - **❺例・詳細2** 実際にお金を稼ぎ，貯めることで，資産管理について学べる。

✓重要表現チェック

不十分な解答例
- □ move around「あちこち動き回る」
- □ aside from ~「~の他に，~とは別に」

適切な解答例
- □ have fun on ~「~を楽しむ」
- □ develop relationships「関係を築く」

別解
- □ job applicant「就職希望者」
- □ valuable「有益な，重要な」

Question 2　集中トレーニング

問題 10

Some people like to have a lot of friends. Other people prefer to have only a few close friends. Which do you think is better? Give details and examples in your explanation.

　　　　　　　　　　　　　　　　　　　　　　　　　● CD 1-51

　　　　　　　　Preparation Time: 15 seconds
　　　　　　　　Response Time: 45 seconds

【設問訳】
たくさんの友人を持つことを好む人もいれば，ごく数人の親友を持つことを好む人もいます。あなたはどちらがよいと思いますか。説明には詳細と具体例を含めなさい。

| 解答例　「ごく数人の親友を持つほうがよい」と答える場合 |

不十分な解答例

★1 There are some people who like to have a lot of friends. However, I think it is better to have only few (→a few) close friends. The main reason is that I can form very good relationships with a few friends. My best friends' names are Daisuke and Toshi. We are (→have been) close friends ever since we were in elementary school, and I'm sure that we are (→will be) friends for our entire lives. They are family (→like family) to me. ★2 And close friends are reliable. If something bad happen (→happens), it is easy to ask close friends for help, but it is difficult ★3 to ask friends who are not close for help. For these reasons, I think it is better to have only few (→a few) close friends.

| ●構成と内容の改善ポイント |

★1 自分が選択した意見ではなく，もう一方の意見からスピーチを始めています。
　➡解答の際にはまず，I think it is better ～のように第1文で自分の意見を明確にしましょう。逆の意見を最初に述べてしまうと，聞き手の混乱を招きます。

★2 ここで And を用いると，次の文も1つ目の理由についての詳細を述べると誤解される可能性があります。
　➡ Another reason is that ... / The second reason is that ... のように，2つ目の理由であることが明確に伝わるようなディスコースマーカーを使うことで，スピーチ全体の流れがよくなります。

★3 同じような表現を繰り返しているため，ややくどく聞こえます。
　➡類似した内容を別の表現で言い換えることができれば，語彙の豊富さや表現の多様性をアピールでき，好印象を与えることができます。

《構成の改善例》

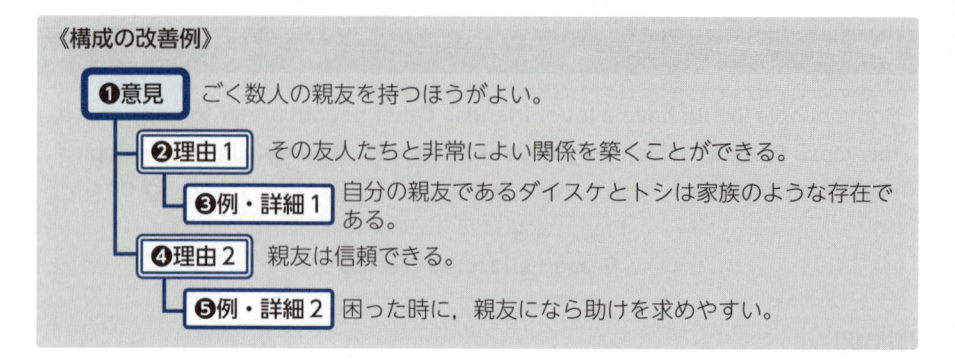

- **❶意見** ごく数人の親友を持つほうがよい。
  - **❷理由1** その友人たちと非常によい関係を築くことができる。
    - **❸例・詳細1** 自分の親友であるダイスケとトシは家族のような存在である。
  - **❹理由2** 親友は信頼できる。
    - **❺例・詳細2** 困った時に、親友になら助けを求めやすい。

適切な解答例

CD 1-52

★1 <u>I think it is better to have only a few close friends.</u> The main reason is that it is possible to form very good relationships with a few friends. My two best friends' names are Daisuke and Toshi. We have been close friends ever since we were in elementary school, and I am sure that we will stay friends for our entire lives. They are like family to me. ★2 <u>Another reason is that</u> close friends are reliable. If something bad happens unexpectedly, then it is easy to ask close friends for help, but it is difficult ★3 <u>to share personal problems with friends that are not very close</u>. For these reasons, I prefer to have only a few close friends. (116 words)

（私は，ごく数人の親友を持つほうがよいと思います。一番大きな理由は，数人の友人と非常によい関係を築くことができるからです。私の2人の親友の名前はダイスケとトシです。私たちは小学校の頃からの親友で，きっと生涯友人であり続けると思います。彼らは私にとって家族のような存在です。もう1つの理由は，親友は信頼できるということです。突然何か困ったことが起きた場合，親友になら助けを求めやすいですが，あまり親しくない人に個人的な問題を打ち明けるのは容易なことではありません。以上のような理由から，私はごく数人の親友を持つほうがよいと思います。）

＋別解 「たくさんの友人を持つほうがよい」と答える場合　　　DL 1-52-e

I think it is better to have a lot of friends. The primary reason is that with a lot of friends, there is always someone to spend time with. If you only have a few friends, then they might be busy when you want to go out and do something. Another reason is that small groups of friends often rely on each other too much. When I was in junior high school, I had a friend named Takashi. Takashi only had a few friends, and he often got jealous when I had plans with my other friends. This made me feel uncomfortable. These are just a couple of reasons that I like to have a lot of friends. (118 words)

（私はたくさんの友人を持つほうがよいと思います。第一の理由は，たくさんの友人がいれば，

常に誰か一緒に過ごせる人がいるということです。もし数人の友人しかいなかったら，出かけたり何かをしたりしたい時に友人たちが忙しいということもあるでしょう。もう1つの理由は，少人数の友人はしばしば過度に互いを頼りすぎてしまうということです。中学生の時，私にはタカシという名前の友人がいました。タカシには数人の友人しかおらず，私が別の友人と計画を立てると，彼はよく嫉妬しました。このため私は気まずい思いをしました。これらが，たくさんの友人を持ったほうがよいと私が考える理由のうちの2つです。）

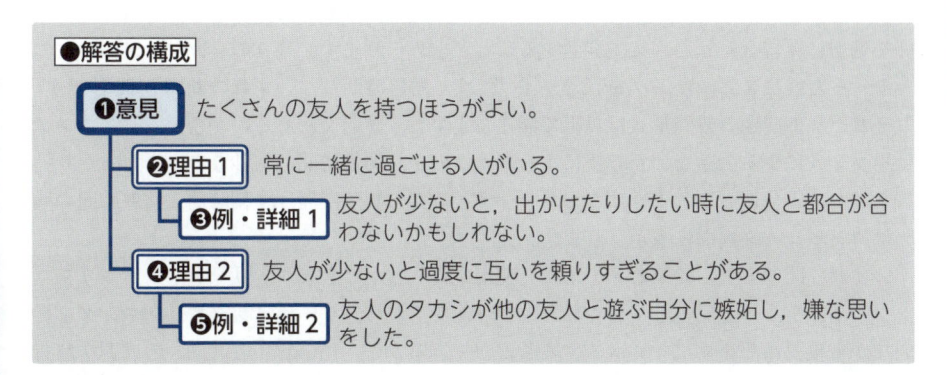

● 解答の構成

- **❶意見**　たくさんの友人を持つほうがよい。
  - **❷理由1**　常に一緒に過ごせる人がいる。
    - **❸例・詳細1**　友人が少ないと，出かけたりしたい時に友人と都合が合わないかもしれない。
  - **❹理由2**　友人が少ないと過度に互いを頼りすぎることがある。
    - **❺例・詳細2**　友人のタカシが他の友人と遊ぶ自分に嫉妬し，嫌な思いをした。

✓ 重要表現チェック

不十分な解答例	□ form relationships「関係を築く」
適切な解答例	□ stay friends「友人関係が続く」
	□ unexpectedly「思いがけなく，突然に」
	□ share problems「問題を（人に）打ち明ける，問題について話す」
別解	□ rely on 〜「〜を頼りにする」
	□ jealous「嫉妬して，うらやんで」

Integrated Task

Question 3 〜 6 の概要とポイント

■ Integrated Task の特徴

　スピーキングセクションの Question 3 から Question 6 は，スピーキング力だけでなく，リーディング力やリスニング力も同時に求められる**「統合型問題（Integrated Task）」**と呼ばれる形式です。このうちの２問はリーディングとリスニングを行ったのちにスピーキングを行うタイプで，リーディングとリスニングの内容を正しく理解し，それぞれの情報を適切に「統合」したうえで発話することが求められます。残りの２問はリスニングのみを行った後にスピーキングを行うタイプです。解答時間は，いずれの問題も **60 秒**です。
　それぞれの問題の設問形式は以下で詳述しますが，課題文があるのか否か，リスニングは男女２人による会話なのか教授による講義なのか，準備時間は何秒なのかをしっかり把握しておくようにしましょう。なお，リーディングの制限時間，準備時間，解答時間の残りはコンピュータ画面に表示されます。
　いずれの問題でも，鉛筆とメモ用紙を使用することができます。リーディングやリスニングの情報をすべて記憶しておくことは不可能ですから，リーディングやリスニングを行いながら重要情報をすばやくメモすることができるかが，Integrated Task の成否を左右すると言っても過言ではありません。解答は，そのメモを見ながら行うことができます。なお，メモ用紙は試験終了後に回収されますが，それが採点対象となることはありません。

■設問形式

　Question 3 から Question 6 までのそれぞれの設問形式は，次の通りです。

Question 3　Campus Situation（Topic: Fit and Explain）
《全体の流れ》①リーディング ⇒ ②リスニング（会話） ⇒ ③ 解答準備⇒ ④スピーキング
①課題文の内容は**学校生活に関連するもの**で，長さは **75 〜 100 語**程度。タイトルがついています。この課題文を読む制限時間は **45 秒**の場合と，**50 秒**の場合があります。制限時間が過ぎると，課題文は画面から消え，再表示されることはありません。
②リスニングは**２人の男女による会話**で，**課題文の内容の是非**について話し合います。長さは **60 〜 80 秒**程度（**150 〜 180 語**）です。
③問題指示文が表示され，**30 秒**の準備時間が与えられます。
④ **60 秒**で，課題文の内容に対して，**会話の中の男性もしくは女性がどのような意見を持っているか**を要約して述べます。

Question 4　Academic Course（Topic: General / Specific）
《全体の流れ》①リーディング ⇒ ②リスニング（講義） ⇒ ③解答準備 ⇒ ④スピーキング
① **75 〜 100 語**程度の長さの課題文を **45 秒**か **50 秒**の制限時間で読みます。課題文は**ある**

学問分野の用語，プロセス，考えなどの定義を示したもので，タイトルがついています。制限時間が過ぎると，課題文は画面から消え，再表示されることはありません。
②リスニングは**教授による講義**です。**課題文で取り上げられた用語，プロセス，考えなどを説明するための具体例や情報を挙げる内容**で，長さは**60～90秒**程度（150～220語）です。
③問題指示文が表示され，**30秒**の準備時間が与えられます。
④**60秒**で，①**課題文**と②**講義の内容を要約**して話します。両者の情報をうまく組み合わせられるかがポイントになります。

Question 5　Campus Situation（Topic: Problem / Solution）
《全体の流れ》①リスニング（会話）⇒ ②解答準備 ⇒ ③スピーキング
①**2人の男女**による**60～90秒**（180～220語）の長さの**会話**を聞きます。会話の内容は，**キャンパス内で起きる問題とその2つの解決策**です。
②問題指示文が表示され，**20秒**の準備時間が与えられます。
③**60秒**で，会話の中で話し合われた問題を要約し，2つの解決策のうちのどちらを支持するかを理由とともに述べます。Integrated task のうち，**自分の意見を述べるように求められるのは，このタスクのみ**です。

Question 6　Academic Course（Topic: Summary）
《全体の流れ》リスニング（講義）⇒ ②解答準備 ⇒ ③スピーキング
①教授による**90～120秒**（230～280語）の長さの**講義**を聞きます。講義は，**用語やコンセプトの説明**に続き，**その用語やコンセプトを詳しく説明するための具体例**が挙げられる構成です。
②問題指示文が表示され，**20秒**の準備時間が与えられます。
③**60秒**で，**講義の内容を要約**します。講義で挙げられた具体例が講義のトピック全体とどう関連しているかを明確にします。

■ Integrated Task の評価基準

　解答は，Independent Task と同様，以下の３つの観点から，０～４点まで段階的に採点されます。
　①【話し方】(Delivery)：発音，スピード，イントネーションは適切か。
　②【言語使用】(Language Use)：語彙や文法は正確，適切で，多様性があるか。
　③【話の展開】(Topic Development)：問題に対して完全に解答できているか。適切な論理の展開になっているか。

　いずれの問題についても，高得点を取るためには，リスニング終了後に表示される**問題指示文をしっかり読んで何が求められているかを把握し，求められた情報をすべて解答に盛り込むことが必要不可欠**です。必要な情報のいずれかが解答に含まれていない場合には，減点の対象となります。なお，Question 3 と Question 4 では，**課題文の情報ばかりに言及し，リスニングの内容にほとんど触れなかった場合，スコアは低くなります**。

　また，Question 5 を除いて，リーディングやリスニングに対する「自分の意見」を差し挟んではいけません。**Question 3，4，6 ではあくまでも，読み聞きした内容の要約に徹することが重要**です。

　解答する際には，**制限時間を多く（５秒以上）残してスピーチを終えると，減点の対象となり得るため，時間をフルに使うことが大切**です。なお，センテンスの途中で時間切れになっても，ただちに減点につながることはないため，焦らず，採点者が聞き取れないほど早口で話すことがないよう気をつけましょう。

　そして，文法や語彙は採点対象の１つですが，正確さを気にするあまり，無言の時間を作るよりは，**多少間違えても話し続けることが重要**です。また，意味の伝達を妨げない程度のささいな発音，語彙，文法の誤りについては，言い直しをするよりは，先に進み，新しい情報を盛り込むようにしましょう。

　次の表は，ETS の採点者が解答を評価する際に用いる基準の概略です。

評価	評価の基準
4	【話し方】：全体的に流暢で明瞭。発音やイントネーションにささいな問題があったり，情報を思い出そうとする際にペースが変わったりするが，聞き手の理解の妨げになることはない。 【言語使用】：基本的および複雑な文法構造が駆使され，必要なアイディアが明確に表現されている。語彙の選択が効果的。意味の伝達を阻害する大きな誤りがない。 【話の展開】：議論の展開が明確で，タスクで求められている情報が盛り込まれている。また，ささいな誤りや漏れはあるが，適切な詳細を含んでいる。
3	【話し方】：概して明瞭であるが，発音，イントネーション，ペースに若干の問題があり，聞き手が理解するのに努力を要する箇所がある。 【言語使用】：文法や語彙がかなり効果的に用いられ，関連するアイディアをかなり明確に表現している。使用語彙，文法構造が多少不正確で，構文のバラエティーがやや乏しいが，意味の伝達を大きく阻害することはない。 【話の展開】：タスクで求められている情報が盛り込まれているが，内容に関して不完全，不正確な部分がある。論理の流れが途切れる箇所がある。
2	【話し方】：明瞭な箇所もあるが，発音，イントネーション，ペースに問題があり，理解するのに聞き手の努力が必要。 【言語使用】：駆使できる語彙や文法に限りがあり，たとえ複雑な構文を用いたとしても，誤りがある。このため，必要なアイディアの表現に限界がある。 【話の展開】：必要な情報に幾分触れてはいるが，明らかに不完全，不正確。すなわち，重要な情報を割愛したり，重要な情報の展開が不十分であったり，重要な情報について誤解をしたりしている。
1	【話し方】：発音，イントネーションに問題が多く，聞き手が理解するのにかなりの努力が必要。躊躇したり，無言になったりする部分が多い。 【言語使用】：使用する文法や語彙の幅が限られ，正確でないため，意味の伝達を大きく阻害する。単に単語を並べるだけになっているか，あるいは短いフレーズしか用いられていない。 【話の展開】：必要な内容がほとんど盛り込まれていない。表現されるアイディアの多くが不正確，曖昧，または同じことの繰り返し。
0	無言のまま。あるいは，問われていることとまったく無関係な事柄について話す。

Integrated Task　Question 3
解答のエッセンス

> **出題内容**
> 《設問形式》課題文を読んだ後，それに関する2人の会話を聞き，話者のうちどちらか一方の意見をまとめて述べる。
> 《ジャンル》課題文：大学生活に関連する規則，方針などが書かれた告知，新聞記事など。
> 　　　　　　会話：課題文の主題に関して学生同士が意見を述べるもの。
> 《制限時間》課題文を読む時間：45秒または50秒
> 　　　　　　準備時間：30秒
> 　　　　　　解答：60秒

　Question 3では，課題文の主題に関する男女の学生の会話を聞いた上で，どちらか一方の意見をまとめるよう求められます。その時，その意見に対する理由・根拠も添えて述べる必要があります。解答の際には，最初にその人物の意見をはっきりと示し，その後，その根拠となる内容を述べていきましょう。

　課題文では2つのポイントが挙げられています。会話では，その2つのポイントが話題に上がるので，読む際にそれを意識しておくと，その後会話を聞いた時に話の流れをつかみやすくなります。ただし，課題文の内容ばかりを多く話しても高得点にはつながりません。設問で求められているのは「人物の意見とその理由を述べる」ということですので，その指示に不足なく答えることが重要となります。

　解答の構成としては以下のような形があります。

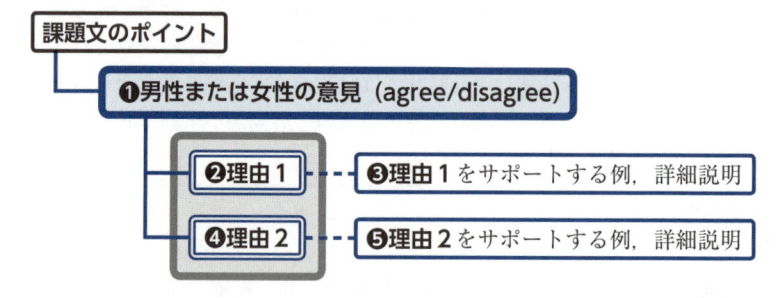

```
課題文のポイント
└─ ❶男性または女性の意見（agree/disagree）
    ├─ ❷理由1 ─── ❸理由1をサポートする例，詳細説明
    └─ ❹理由2 ─── ❺理由2をサポートする例，詳細説明
```

Question 3 | 解答のエッセンス

例題

　Question 3 の出題例を用いて，設問に答えるための考え方を学びましょう。まずは以下の問題に適宜メモをとりながら取り組んでください。その情報を次のページの論理マップで整理して解答を組み立てていきます。

The university is planning to make an off-campus parking lot to reduce demand for parking on campus. Read the notice posted on the bulletin board by the student affairs office. Begin reading now. 🔘 CD 1-53

Reading Time: 45 seconds

Low-cost Off-campus Parking Lot to Open

A new off-campus parking lot will be opening soon. A free shuttle service will be launched for the benefit of students using the new parking lot. The service will run between the lot on Frasier Road and campus. This arrangement will provide several benefits to students. One is that the off-campus parking will help students save money. Student parking will cost $40 per term, which is one third the price of on-campus parking. Another benefit is convenience. The shuttle bus will take students to hall 10 to 20 minutes before class time, and depart hall 5 to 10 minutes after each class, reaching the off-campus lot in 20 minutes. The shuttle will run weekdays.

Now listen to two students discussing the notice.

The man expresses his opinion of the off-campus parking lot. State his opinion and explain the reasons he gives for holding that opinion.

Preparation Time: 30 seconds
Response Time: 60 seconds

【設問訳】
　男性がキャンパス外の駐車場について意見を述べています。彼の意見と，彼がそのような意見を持っている理由を説明しなさい。

課題文訳, リスニングスクリプト ➡ p.109

I アイディア・情報を論理マップに整理する

例題について，次の手順に沿って論理マップを使った情報整理のしかたを見てみましょう。

(1) 課題文のポイント（学内のルールの変更点，問題に対する対策案など）を書き出します。ポイントは2点程度含まれているのが一般的ですので，「ポイント1」「ポイント2」として書き入れましょう。
(2) 会話で学生2人が話している内容について，意見（❶）とその理由（❷, ❹）のキーワードを書き留めます。2人の意見は会話の冒頭でわかる場合もあれば，しばらく会話を聞いた時点で判明する場合もあります。
(3) さらに，この理由をサポートする例や詳細説明の情報（❸, ❺）を，その外に線を伸ばして書きましょう。

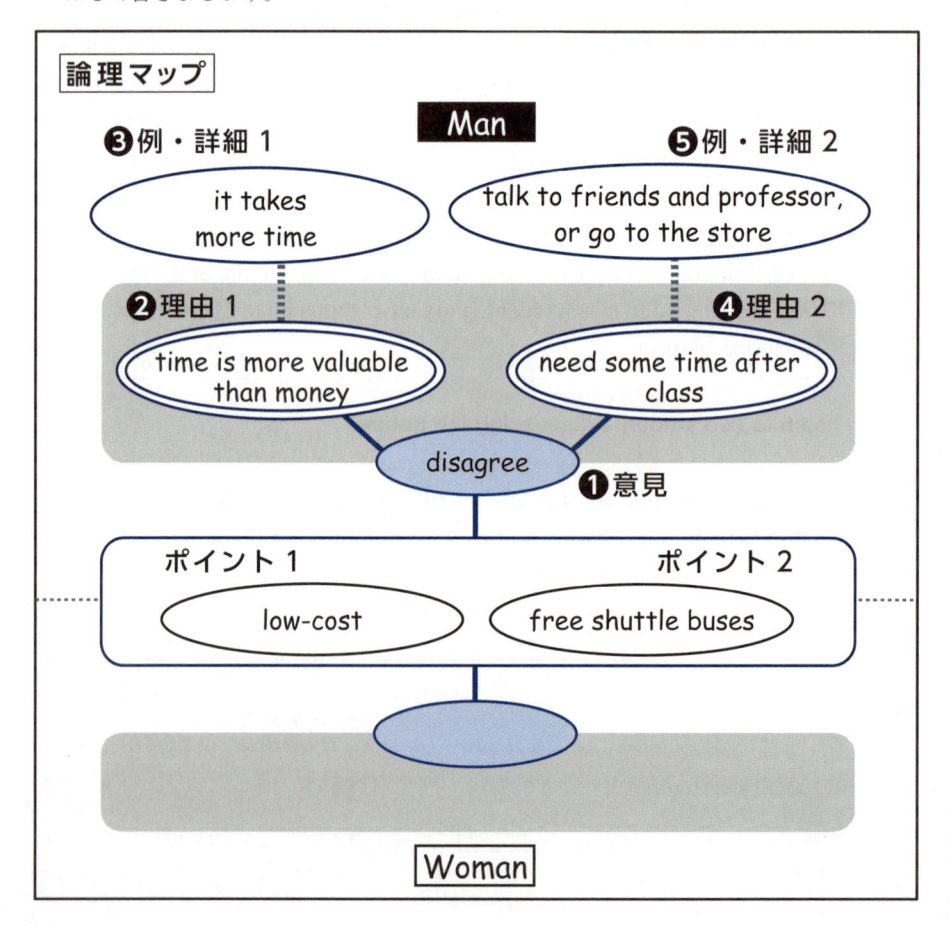

論理マップ

Man

❸例・詳細1: it takes more time
❺例・詳細2: talk to friends and professor, or go to the store

❷理由1: time is more valuable than money
❹理由2: need some time after class

❶意見: disagree

ポイント1: low-cost
ポイント2: free shuttle buses

Woman

論理マップのポイント

☆課題文の主題とポイントをすばやくつかむ

英文の構成は，**主題が冒頭で述べられ，その後に例や詳細説明などの情報が続くパターンが一般的**です。このことを念頭に置いて読み，重要な情報を探していきましょう。例えば本例題の課題文では，第1文で「新しい学外駐車場の開設について」という主題が示されており，第4文の This arrangement will provide several benefits to students. から，いくつか重要なポイントが示されることがわかります。続いて One is that ～ . Another benefit is .... とあるので，この部分に着目します。

☆課題文のポイントと関連づけながら会話を聞く

会話を聞く際には，**ただ漫然と聞いているだけだと重要な情報を逃してしまいます。課題文で把握したポイントとの関連を意識しながら聞きましょう**。話者2人のどちらがどんな意見を持っていて，どんなことを理由として挙げているのか，そしてそれは課題文に述べられているどのポイントに対することなのかという観点から整理しつつ聞いていくと，話の流れがわかりやすくなります。

II 解答を組み立てる

解答の構成を意識しながら，論理マップに書いたキーワードを用いて内容をまとめます。まずは以下に骨格となる文を1～2文簡単に書いてみましょう。

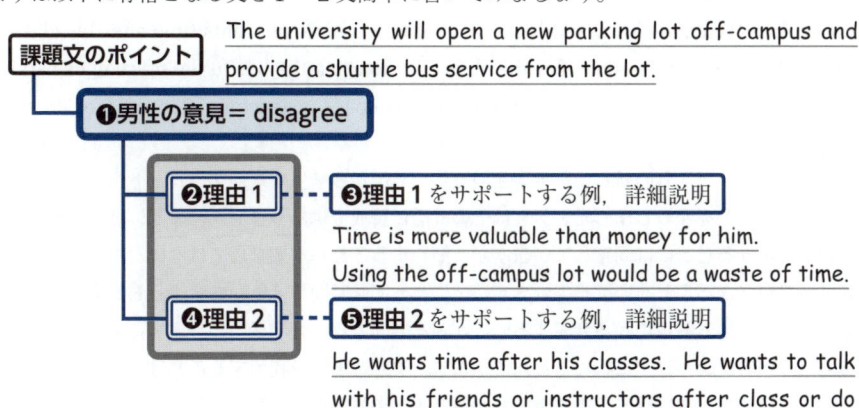

- **課題文のポイント**: The university will open a new parking lot off-campus and provide a shuttle bus service from the lot.
  - **❶男性の意見＝ disagree**
    - **❷理由1** ― **❸理由1をサポートする例，詳細説明**
      Time is more valuable than money for him.
      Using the off-campus lot would be a waste of time.
    - **❹理由2** ― **❺理由2をサポートする例，詳細説明**
      He wants time after his classes. He wants to talk with his friends or instructors after class or do some shopping.

●話し手の立場を明確に示す

この問題では話し手（本例題では男性）の意見とその理由をまとめるよう求められているので，解答の際にはまず**話し手の意見，立場をはっきりと示すことが大切**です。賛成・反対の意見を述べる時の表現には次のようなものがありますので覚えておきましょう。

[役に立つ表現]
- □ He agrees [disagrees] with 〜.「彼は〜に賛成〔反対〕です。」
- □ He agrees [disagrees] that 〜.「彼は〜(ということ)に賛成〔反対〕しています。」
- □ He is all for 〜.「彼は〜に完全に賛成です。」
- □ He supports 〜.「彼は〜を支持しています。」
- □ He opposes [is opposed to] 〜.「彼は〜に反対です。」
- □ He does not think that 〜 is necessary.「彼は〜を不必要だと思っています。」

　解答例のように,まず課題文の主旨に触れてから男性の意見を書いてもよいですし,He is opposed to using a new parking lot. That's because ....(彼は新しい駐車場を遣うことに反対です。それはなぜなら…。)のようにまとめてもよいでしょう。
　なお,意見に続きその理由と根拠を述べる際には,p.23 で確認した順序を示すディスコースマーカーを活用し,同じ手順でまとめていきます。

【解答例】　　　　:ディスコースマーカー　　　　　　　　　　CD 1-54

The university has announced that it will open a new parking lot off-campus and provide a shuttle bus service to take students to and from the lot. The man does not favor the plan. First, he agrees it will save money, but he doesn't think saving money is the main point. He worries about time. To him time is more valuable than money. He can walk from where his car is parked on-campus in less time than the bus takes to get from the off-campus parking. Using the off-campus lot would be a waste of time. Also, he wants time after his classes. He would have to leave soon after the class ends to catch the bus to the off-campus parking lot. Sometimes, he wants to talk with his friends or his instructors after class, or do some shopping.　　　　　　　　　　　　　　　　　　　　　　　　　　(138 words)

(大学はキャンパス外の新しい駐車場を開設し,そこから学生を送迎するシャトルバスサービスを提供することを発表しました。男性はその計画に賛成ではありません。まず,彼は,それがお金の節約になることには同意していますが,節約することが重要な点ではないと考えています。彼は時間がかかることを心配しています。彼にとっては時間のほうがお金よりも貴重なのです。彼は,バスで学外駐車場から到着するのにかかる時間より,大学構内の駐車場に車を止めてから歩くほうが時間をかけずに行くことができます。学外駐車場を利用することは時間の無駄になるでしょう。また,彼は授業の後に時間が必要です。学外駐車場へ行くバスに乗るためには,授業が終わったらすぐに帰らなければならないでしょう。時には,授業後に友人や先生と話をしたり,買い物をしたりしたいと思っています。)

Question 3 | 解答のエッセンス

【課題文訳】
　大学では，大学内での駐車場に対する需要を減らすために，学外に駐車場を開設する予定です。学生課が掲示板に出した通知を読んでください。では読み始めてください。

低価格な学外駐車場を開設します

　まもなく，新しく学外に駐車場を開設します。この新しい駐車場を利用する学生の皆さんのために，無料シャトルバスサービスを開始する予定です。このシャトルバスサービスはフレイザー通りにある駐車場とキャンパスの間を走行します。今回この計画が実施されると，学生の皆さんにいくつか特典があります。1つは，学外駐車場はお得になっています。学外駐車場は1学期40ドルで利用でき，これは学内駐車場の3分の1の値段です。もう1つの特典は利便性です。シャトルバスを利用すれば，授業時間の10～20分前に校舎に着きます。各授業終了の5～10分後に校舎を出発し，20分で学外駐車場へ到着します。シャトルバスは平日に運行予定です。

【リスニングスクリプト】
Now listen to two students discussing the notice.

M: This news about the new off-campus parking lot doesn't sound very good to me. I'd rather save time than money when I'm going to my classes. Sure the price for parking is a lot lower, but look how much time riding the bus will take!

W: But isn't it good that you don't have to worry you might be late for class? It sometimes takes me a while to find a parking space on campus. That scares me.

M: Well, it takes a while, but not 20 minutes. Even if I park at the furthest corner of any of these lots, I can walk to my class in a third of that time.

W: Also, driving on the crowded campus is stressful, don't you think?

M: Yeah, but I may need some time after class to talk to the professor or other students, or go to the store. I don't want to have to rush to get the bus every day.

W: True, that's very important. We may want the buses to run in the evening, too.

【リスニングスクリプト訳】
通知について話している2人の学生の会話を聞きなさい。

男性：この新しい学外駐車場の知らせ，僕はあまりいいと思えないよ。授業に行く時は，お金よりも時間を節約するほうがいいと思うんだ。たしかに駐車場の値段はかなり安いけど，バスだとどれだけ時間がかかるか考えてみてよ。

女性：でも，授業に遅刻するかもって心配せずに済むのはいいことなんじゃないの？　学内の駐車スペースを探すのに時間がかかることが時々あるもの。あれって，ヒヤヒヤするわ。

男性：そうだね，時間がかかるけど，20分はかからないよ。もし学内駐車場の一番遠い場所に車を止めたって，自分のクラスまで歩いてその3分の1の時間で行けるよ。

女性：それに，学内の混んでいるところを運転するのって，ストレスが多いと思わない？
男性：そうだね。でも，授業の後に教授や他の学生と話したり，ちょっと店に寄ったりする時間も必要だろう。僕は毎日，バスに飛び乗らなきゃならないなんていやだな。
女性：確かにそうね。それはとても重要だわ。それにバスは夜も走ってほしいわよね。

✓ 重要表現チェック

☐ announce that ...「…ということを発表する」
☐ favor「〜に賛成する」
☐ save money「お金を節約する，貯金する」

仕上げ

☐ 音声を聞いた後，実際に制限時間60秒を計りながら，上の解答例を音読しましょう。音声を聞く際には，発音や音のつながり，抑揚，リズム，強弱のつけ方に注意するとよいでしょう。また，音読する時には，英文の意味を考えながら話し，英語の音と意味とを一体化させることを意識すると効果的です。

☐ 自分自身が思いついた言葉を使って，上記の手順で構成に注意して解答を作成してみましょう。解答を作成したら，時間を計って60秒でスピーチをしてみましょう。

演習問題

【1】 準備時間：制限なし → 解答時間：60秒

次の課題文を読み，音声を聞いて設問に答えましょう。次のページのスペースに情報を整理し，解答を組み立ててください。円や線は自由に書き加えて構いません。

Now read the following passage.　　　　　　　　🔊 CD 1-55

New Fees for Dropping Classes

Due to a rising number of students that have been over-enrolling in courses and then dropping them within the first week of the semester, the Campus Registrar Office is now charging a fee of $45 for each class dropped within the first twelve class days of the academic semester.　In accordance with the current policy, full or partial tuition payment is still required for any classes dropped after the twelfth class day of the academic semester, and the dropped course will appear on the student's academic record.

Now listen to two students discussing the notice.

The man expresses his opinion about the new fees for dropping classes. State his opinion and the reasons he gives for having it.

【解答例】 CD 1-56

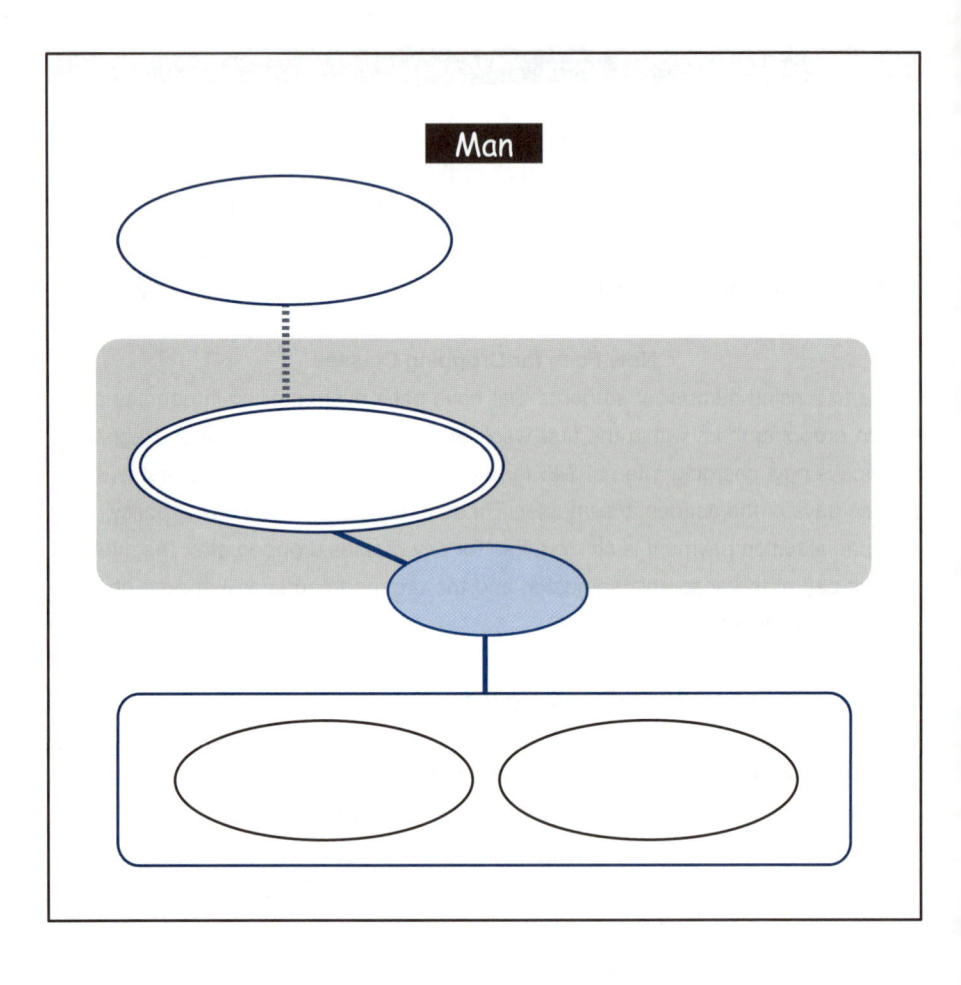

The students are talking about the new fees for dropping classes. According to the reading passage, students will be charged a fee of $45 for dropping classes within the first twelve class days of the semester. The man disagrees with this for the following two reasons. First, he says the policy is not fair because it was not announced until just last week, and he had already signed up for his classes then. He insists that he should not have to pay the fees. Second, if he stays enrolled in the classes to avoid paying the fees, he might become too busy and be forced to drop one of them later in the semester, which would look bad on his academic record. In conclusion, the student is unhappy with the new fees for dropping classes. (135 words)

（学生が，授業の受講を中止することにかかる新たな費用について話しています。課題文によると，学生は学期最初の授業日12日以内に授業の履修をやめた場合，45ドルを請求されることになります。男性は，以下の2つの理由からこれに反対しています。まず，この方針はつい先週まで発表されておらず，その時点ですでに彼は授業に登録してしまっていたため，彼はこの方針は不公平だと述べています。彼はこの費用を支払う必要はないと主張しています。次に，費用の支払いを避けるために授業の登録をそのままにしておくと，忙しくなって学期の後の方になってからそれらの1つを落とさざるを得なくなるかもしれず，そうなると成績の見映えが悪くなるかもしれません。結論として，この学生は，授業の受講を中止することにかかる新たな費用について不満に思っています。）

【解説】

まず課題文を要約しましょう。特に重要な点として，「学期が始まって授業日12日以内に授業の受講を中止した場合，（1授業につき）45ドル払う」という情報を含めましょう。次に，大学のこの方針に対する意見について述べますが，男性は不満を述べているので反対であり，解答例は The man disagrees with this という表現でこれを表します。反対する理由ですが，最初に述べられるのは「方針発表以前に登録を済ませている」という理由です（理由1）。これに対する「例・詳細1」として，「（何か月も前に）登録済みなのだから，払う必要はないはず」というポイントを加えるとよいでしょう（「不公平」という表現を含めても構いません）。もう1つの反対理由にあたるのが，「支払いを避けるために登録をそのままにしておくと，忙しくなって後から1つを落とさざるを得なくなるかもしれない」という点です（理由2）。その詳細として「成績の見覚えが悪くなる」を付け加えることができます（例・詳細2）。解答例では，最後に In conclusion を用いてまとめていますので，参考にしてください。

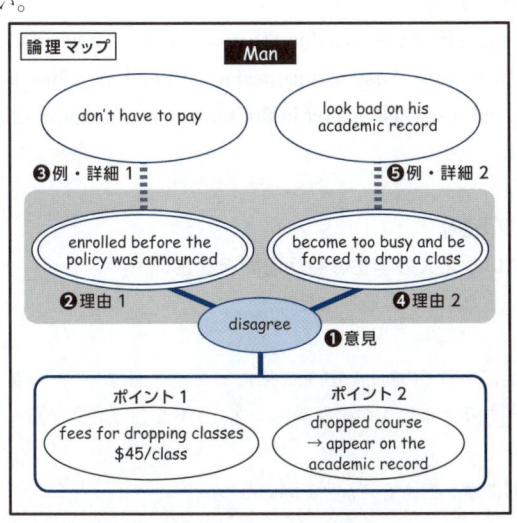

【課題文訳】

次の文章を読みなさい。

授業の受講中止にかかる新費用について

コースに登録をしすぎて学期の第1週目に受講をやめてしまう学生が増えているため，大学の登録事務局では今後，学期が始まってから12日以内に授業の受講を中止した場合，1授業につき45ドルの費用を課すこととします。また現行の方針に従い，学期の授業日12日目以降に受講を中止したいかなる授業についても，引き続き学費の全額または一部の支払いが必要であり，また，受講をやめたコースは学生の学業成績に表示されます。

【リスニングスクリプト】

Now listen to two students discussing the notice.

M: I can't believe this. I'm having the worst day ever.

W: What's the matter?

M: Have you seen that new notice about dropping classes? Well, I need to drop two classes, and now they're telling me I need to pay $45 for each of them. This is so unfair.

W: I've heard a lot of people are having the same problem.

M: Normally I wouldn't complain about the fee, but they only released this notice last week. I signed up for these classes months ago. I shouldn't have to pay anything, because I signed up before the fees even existed.

W: Yeah, that is really unfair.

M: I went to the Registrar Office today to explain my situation, but there was a three-hour wait to see someone. I don't have time to wait around all day.

W: So what are you gonna do?

M: I was thinking about staying enrolled in the courses, but I'm worried that I won't be able to keep up, because I'm so busy this semester. If I end up falling behind, then I might have to drop one of these classes later in the semester, and that would look so bad on my academic record.

【リスニングスクリプト訳】

通知について話している2人の学生の会話を聞きなさい。

男性：こんなこと信じられない。最悪の日だな。

女性：どうしたの？

男性：授業の受講中止についての新しい通知を見た？ まあ，僕は2つの授業をやめる必要があるんだけど，そうなると僕は1つの授業につき45ドル払う必要があるって言うんだ。これはすごく不公平だよ。

女性：大勢の人が同じ問題を抱えているって聞いたわ。

男性：普通なら費用について文句は言わないだろうけど，彼らはこの通知をつい先週発表したんだよ。僕は何か月も前に授業を登録したんだ。その費用が存在する以前に登録したんだから，僕は何も支払う必要はないはずだよ。
女性：そうね，それは確かに不公平だわ。
男性：今日，大学の登録事務局に行って僕の状況を説明しようとしたんだけど，担当に会うのに3時間待ちだったよ。1日中待っているわけにもいかないし。
女性：それでどうするつもり？
男性：授業の登録をそのままにしようと考えていたんだけど，続けられるか心配でね。今学期は結構忙しいからね。もし結局脱落してしまうなんてことになったら，学期の後のほうになって授業の1つを落とさなければならないかもしれないし，そうなると成績の見覚えが悪くなるだろうしね。

【設問訳】
男性は，授業の履修をやめる場合にかかる新たな費用について，自分の意見を述べています。彼の意見を述べ，彼がそう思う理由を述べなさい。

☑ 重要表現チェック

課題文	□ enroll「～を登録する」
	□ semester「学期」（academic semester）
	□ in accordance with ～ 「～に従い」
	□ academic record「学業成績」
リスニング	□ sign up for ～ 「～に登録する〔申し込む〕」
	□ keep up 「継続する〔維持する〕」
	□ end up *doing* 「（結局）…することになる」
	□ fall behind 「落後する，遅れをとる」

【2】 準備時間：60秒　→　解答時間：60秒

次の課題文を読み，音声を聞いて設問に答えましょう。今度は頭の中で情報を整理し，制限時間を守って解答しましょう。準備時間は本番の倍の長さにしてあります。

Now read the following passage.　　　　　　　　　　　　　　　🔘 CD 1-57

Reading Time : 45 seconds

The Center for Young Entrepreneurs

The Department of Business Administration is proud to announce the opening of The Center for Young Entrepreneurs. The center, located on the third floor of the West Faulkner Building, will provide business students with practical skills and tools for starting their own businesses. Students will have access to co-working spaces, conference rooms, and a 3D printer. In addition, the center will also have free weekly seminars on entrepreneurial topics such as website setup, product launches, and presentations. The aim of the center is to give students firsthand experience building and managing profitable businesses.

Now listen to two students discussing the notice.

The woman expresses her opinion of the new entrepreneurship center. State her opinion and the reasons she gives for having it.

Preparation Time: 60 seconds
Response Time: 60 seconds

【解答例】　　　　　　　　　　　　　　　　　　　　　　　　🔘 CD 1-58

The students are talking about the new Center for Young Entrepreneurs. According to the reading passage, the center will help students to get experience building and managing their own businesses. The woman approves of this for the following two reasons. First, students can build new and interesting things. For example, the center builds free websites for students that are trying to start a business. Also, students can use the 3D printer to build models for products. Second, the center has free consultation services. The two students do not know what type of business they want to start, so they are planning to use the center's free consultation service to get ideas. In short, the student is happy about the new center, and she wants to try building a new business.　　　　　　　　　　　　(130 words)

（学生が，若い起業家のための新センターについて話しています。課題文によると，そのセンタ

ーは，学生が自分のビジネスを構築して経営する経験を得るのに役立つそうです。女性は，以下の２つの理由で，これに賛成しています。まず，学生が新しくておもしろいものを作り上げることができます。例えば，センターでは，ビジネスを始めようとしている学生に無料のウェブサイトを作ってくれます。また，学生たちは製品のモデルを作るのに 3D プリンターを使うことができます。次に，センターには無料の相談サービスがあります。２人の学生は，どのようなビジネスを始めたいのかわかっていないので，アイディアを得るために，センターの無料相談サービスを利用する予定です。つまり，その学生は新しいセンターをうれしく思っていて，新しいビジネスの立ち上げをしてみたいと思っています。）

【解説】
課題文に書かれているセンターの特徴は，「事業を立ち上げるための実用的なスキルとツールを提供する」ことと，「収益の上がる事業を構築して経営する直接の経験を与える」ことです。解答例では後者に言及しています。会話で，女性は男性にセンターを活用しビジネスを始めることを呼びかけていますので，この計画に賛成だと判断できます。解答例では，approve of という表現で賛成の意を表しています。続いて，女性が賛成する理由を挙げます。会話で言及されるセンターの利点は，総括するならば，利用により生み出せるものと，相談サービスという２点であり，前者を「理由１」，後者を「理由２」として論旨を展開できます。「理由１」を説明する例・詳細にあたるのは，無料のウェブサイト作成，そして 3D プリンターでのモデル制作です。「理由２」の例・詳細としては，どのようなビジネスを始めるか決めていない２人がセンターに相談に行こうとすることを述べてみましょう。解答例では最後に，In short（簡潔に言えば）に続けて結論を示しています。この文の be happy about 〜も，賛成・満足を表す表現です。

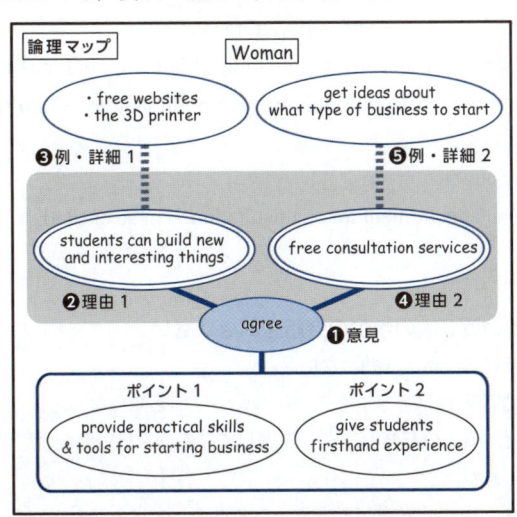

【課題文訳】
次の文章を読みなさい。

若い起業家のためのセンター

経営管理部は，若い起業家のためのセンターの開設をお伝えすることを誇らしく思います。このセンターは，ウェスト・フォークナー・ビルの３階に位置し，ビジネスを学ぶ学生に事業を立ち上げるための実用的なスキルとツールを提供します。学生は共働スペース，会議室，３Ｄプリンターを利用できます。それに加え，センターには，ウェブサイトの開設，商品の発売，プレゼンテーションといった起業に関する話題について週１回の無料セミナーもあります。センターの目的は，学生に収益の上がる事業を構築して経営する経験を直接してもらうことです。

【リスニングスクリプト】

Now listen to two students discussing the notice.

W : Hey, you want to start a business with me?

M : Start a business? I don't know anything about that stuff.

W : Neither do I, but I was thinking we could try out that new entrepreneurship center.

M : That does sound pretty cool.

W : It's amazing. That notice doesn't give enough details. I was talking to my friend, and he told me that Computer Science students will build a free website for anyone using the center to start a business.

M : They'll just build us a free website?

W : Yeah, I think they get course credit for working at the center or something. Also, if we need to build a prototype for a new invention or a product, we can use the 3D printer there.

M : Cool. So what kind of business do you want to start?

W : I'm not totally sure, but a really great thing about the center is that they have free consultation services. So I was thinking we should just go talk to them and try to get ideas.

M : Okay, why not? Sounds fun.

W : Great! I'll make an appointment for a consultation. I'm so excited!

【リスニングスクリプト訳】
告知について話している２人の学生の会話を聞きなさい。
女性：ねえ，私と一緒にビジネスを始めない？
男性：ビジネスを始める？ 僕はそういうことについては何も知らないよ。
女性：私もそうだけど，新しい起業センターを試してみるのもいいかなと思っているの。
男性：それはよさそうだね。
女性：すごいのよ。あの告知は詳細が不十分だったけど。友達と話していたら，コンピュータ・

サイエンス学部の学生が，センターの利用者にビジネスを始めるための無料のウェブサイトを作ってくれると言っていたわ。

男性：僕たちにも無料のウェブサイトを作ってくれるっていうこと？

女性：そう，センターで働くことでその学生たちは単位をもらえるとか，何かだと思う。それに，新しい発明や製品の見本を作る必要があれば，センターの3Dプリンターも使えるわ。

男性：いいね。それで，どんなビジネスを始めたいの？

女性：まだ完全にははっきりしていないんだけど，そのセンターで本当に素晴らしいのは，無料の相談サービスがあることなの。だから，とりあえず話しに行ってみて，アイディアが得られたらいいんじゃないかと思っていたの。

男性：いいよ，そうしよう。楽しそうだね。

女性：やった！ 相談の予約を入れるわね。すごくわくわくするわ！

【設問訳】
女性は，新しい起業センターについて自分の意見を述べています。彼女の意見を述べ，彼女がそう思う理由を述べてください。

✓ 重要表現チェック

課題文
- ☐ entrepreneur「起業家」
- ☐ have access to ~「~を利用できる」
- ☐ firsthand「直接の」
- ☐ profitable「収益があがる，利益をもたらす」

リスニングスクリプト
- ☐ stuff「事柄，もの」
- ☐ course credit「（講座の）単位」
- ☐ prototype「見本〔原型，試作品〕」
- ☐ invention「発明」
- ☐ consultation「相談」

Integrated Task Question 3
集中トレーニング

ここまで見てきた Question 3 の解答の組み立て方をもとに，実戦形式の集中トレーニングにチャレンジしましょう。音声を再生して，課題文を読む指示を聞いたら一旦音声を停止し，45秒の時間を計って課題文を読みましょう。その後また音声を再生して，会話の音声を聞きましょう。

問題 1

The university will replace old sidewalks on campus. Read the notice about the sidewalk replacement project. Begin reading now.   CD 1-59

Reading Time: 45 seconds

Sidewalks to be Replaced on Campus

All sidewalks on campus are to be replaced within six months. This will be done for two main reasons. The first is to make campus more accessible and user-friendly, especially for wheelchair users. Some of the sidewalks have significant cracks, which are hard to manage in a wheelchair. The replacement will also improve the campus landscape. The grass is dying in some places where people walk on the lawns, but the new sidewalks will solve this problem. Maps will be posted periodically to inform students which sidewalks are being repaved and when each project will start and finish.

Now listen to two students discussing the notice.

The woman expresses her opinion about the new sidewalks. State her opinion and explain the reasons she gives for holding that opinion.

Preparation Time: 30 seconds
Response Time: 60 seconds

【課題文訳】
大学はキャンパス内の古い歩道を改修します。歩道改修工事についての通知を読みなさい。では，読み始めなさい。

キャンパスの歩道の改修計画

すべての歩道は6カ月以内に改修される予定です。改修には2つの主な理由があります。1つはキャンパスを通行しやすく，利用しやすく，特に車いす利用者に優しいものにすることです。歩

道のいくつかは大きなひびが入っていて車いすで通るには難しくなっています。改修によりキャンパスの景観もよくなります。人が芝生の上を歩くような場所では，草が枯れかけているところもありますが，新しい歩道によりこの問題が解決します。どの歩道が改修されているかと，それぞれの工事がいつ始まりいつ終わるのかを学生に知らせる地図が，定期的に掲示される予定です。

【リスニングスクリプト】

Now listen to two students discussing the notice.

W : Did you read the notice on the bulletin board saying that the college is replacing the sidewalks? It will take six months to put in new ones.
M : I think it's a waste of money. The current sidewalks don't need to be replaced.
W : Actually, they do. Some of the cracks are too big to be ignored. It will make a big difference for people in wheelchairs. I have a friend who uses a wheelchair, and she has trouble navigating over even the smaller cracks. We don't notice cracks, but others do.
M : But, don't you think the college has many other things that need fixing? Replacing the sidewalks will cost a fortune. That will cause our tuition to rise.
W : Other things are important too, but I think they should fix things for the disabled first. Also, improving the campus landscape will make it so much more pleasant to study here. It will also make a good impression on visitors and prospective students. That will help us in the long run.
M : Yeah, you're right. Having a barrier-free campus is really important.

【リスニングスクリプト訳】

通知について話している2人の学生の会話を聞きなさい。

女性：大学が歩道を改修するという掲示板の告知を読んだ？新しい歩道を作るのに6カ月かかる予定よ。
男性：僕はそれはお金の無駄だと思うな。今の歩道を変える必要はないよ。
女性：実際，変えるのは必要よ。いくつかの歩道のひびはとても大きくて無視できないわ。車いすに乗った人にとっては大きな違いになるわよ。私には車いすを使う友達がいて，たとえ小さいひびでもその上を進むのに苦労しているの。私たちはひびに気づかなくても，気づく人もいるのよ。
男性：でも，大学は他に改善しなければならないことがたくさんあると思わない？ 歩道の改修には多額のお金がかかる。そのために僕たちの授業料が上がることになるだろう。
女性：他のことも大切よね。でも障がいのある人のための改善をまずすべきよ。それにキャンパスの景観がよくなれば，ここで勉強するのがずっと快適になるでしょう。訪ねてくる人や入学を志望するかもしれない生徒にもよい印象を与えるでしょう。長い目で見れば私たちのためになるわ。

男性：うん，その通りだね。バリアフリーのキャンパスを持つことはとても重要だ。

【設問訳】
女性が新しい歩道について意見を述べています。彼女の意見を述べ，彼女がそう思う理由を説明しなさい。

解答例

⚠ 不十分な解答例

This university plans to replace all of the sidewalks. It will be a six-month-long project. The primary reason <u>of</u> (→**for**) the replacement is that the university wants to make the campus more user-friendly, especially for people with <u>disabled</u> (→**disabilities**). It also wants to make the campus more attractive. The woman feels this plan is good because many of the current sidewalks have cracks, which <u>is</u> (→**are**) not good for people in <u>wheelchair</u> (→**wheelchairs**). ★1 On the other hand, she agrees with the man who says it is a waste of money. She <u>knew</u> (→**knows**) a person who <u>use</u> (→**uses**) a wheelchair. ★2 She and her friend didn't find small cracks which others made. ★3 Her friend had difficulty because she didn't see the cracks well. Also, she feels it will make the campus look better. This will make the university more attractive to <u>other people</u> (→ **people coming to visit or thinking about attending**). ★4

●構成と内容の改善ポイント

★1 女性の "Actually, they do" という発言を，男性の「お金の無駄だ」という意見に同意したと誤解しています。

➡ do が何を指すのか，解釈には注意が必要です。女性は男性が「今の歩道は取り替える必要がない」と言ったことに対し，they do（歩道は取り替える必要がある）と言っているので，この一文は取り除きます。男性の意見に対しては最後の発言で同意しながらも，やはり歩道の改修を優先すべきだと言っているのでこれをまとめて付け加えましょう。

★2 代名詞が何を指すのかを正確に理解できていません。女性の We don't notice cracks, but others do という発言で，We が指すのを「彼女と友達」であると誤解しています。

➡ 文脈から we は，会話の2人（または彼らを含めた，歩道のひびを気にせずに歩ける人々），others はひびに敏感な人々（＝障がいのある人々）を示唆していると推測できます。代名詞が指すものを取り違えると，文の意味がまったく違ってしまうので注意しましょう。

★3 前の文を誤解したことで文の意味が通らなくなってしまったため，女性の友人

のトラブルについて、想像を加えて述べています。
→聞きとったつもりの内容のつじつまが合わない時は、正確に聞き取れていないと考えられます。その場合、想像を加えて述べたとしても、得点につながるとは考えにくいので、聞き取れた内容の範囲で確実に話すことを心がけましょう。

★4 最後に、女性が「障がいのある人のための改善を優先すべき」と述べていることを締めくくりとして加えるとよいでしょう。

《構成の改善例》

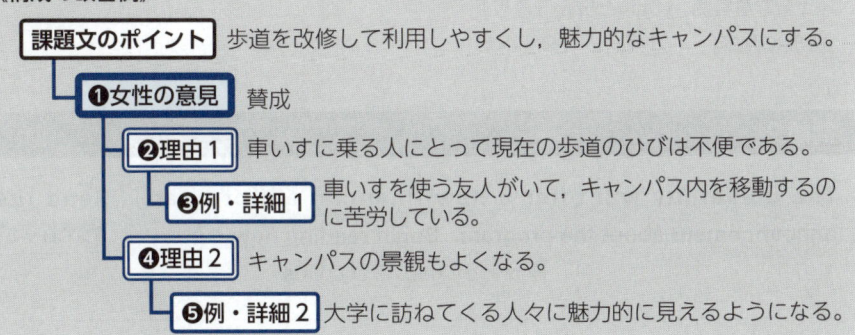

課題文のポイント	歩道を改修して利用しやすくし、魅力的なキャンパスにする。
❶女性の意見	賛成
❷理由1	車いすに乗る人にとって現在の歩道のひびは不便である。
❸例・詳細1	車いすを使う友人がいて、キャンパス内を移動するのに苦労している。
❹理由2	キャンパスの景観もよくなる。
❺例・詳細2	大学に訪ねてくる人々に魅力的に見えるようになる。

適切な解答例

CD 1-60

This university plans to replace all of the sidewalks. It will be a six-month-long project. The primary reason for the replacement is that the university wants to make the campus more user-friendly, especially for people with disabilities. It also wants to make the campus more attractive. The woman feels this plan is good because many of the current sidewalks have cracks, which are not good for people in wheelchairs. She knows a person who uses a wheelchair and ★2★3 **has difficulty moving around on campus**. Also, she feels it will make the campus look better. This will make the university more attractive to people coming to visit or thinking about attending. ★1★4 **In response to what the man says, the woman says that the university should fix other problems too, but that repairs to help the disabled should have priority.** (138 words)

（この大学はすべての歩道を改修することを計画しています。それは6カ月かかる予定の計画です。改修の第一の目的は大学がキャンパスを利用者、特に障がいのある人により優しいものにすることです。大学はまたキャンパスをより魅力的にしたいと望んでいます。女性はこの計画はよいと感じています。現在の歩道の多くにはひびがあり、車いすに乗る人にとってはよくないからです。彼女は車いすを使っていて、キャンパス内を移動するのに苦労している人を知っています。彼女はまた、この計画により、キャンパスの外観がよくなるだろうと感じています。この計画で、

大学は，訪れる人や入学を検討している人々にとって，もっと魅力的になるでしょう。男性が言ったことに対し，女性は大学は他の問題も改善するべきだが，障がいのある人の助けになる改修が最優先されるべきだと言っています。）

✓ 重要表現チェック

課題文	☐ accessible「出入りできる」	☐ user-friendly「利用しやすい」
	☐ crack「ひび」	
不十分な解答例	☐ disabilities「障害」	
適切な解答例	☐ priority「優先事項」	

問題 2

The university will offer a new financial aid program. Read the announcement about the program. Begin reading now. CD 1-61

Reading Time: 45 seconds

New Merit-Based Financial Aid Program

The Financial Support Office is proud to announce a new merit-based financial aid program. This program will complement our needs-based financial aid program, which benefits low-income students. Under this new program, over 100 students will be given full scholarships to cover coursework for their degrees. To be eligible for this highly competitive award, students must be in the top 1% of their classes and be nominated by at least one faculty member. Funding for this new financial aid program is made possible thanks to the success of the university's new sustainable energy program, which saves the campus thousands of dollars every month.

Now listen to two students discussing the announcement.

The man expresses his opinion of the new merit-based financial program. State his opinion and the reasons he gives for having it.

Preparation Time: 30 seconds
Response Time: 60 seconds

【課題文訳】

大学は新しい学資援助プログラムを提供する予定です。このプログラムについての通知を読みなさい。では，読み始めなさい。

能力ベースの新学資援助プログラム

学資援助事務局は，能力ベースの新学資援助プログラムをお知らせできて光栄に思います。このプログラムは，収入の少ない学生のための必要性をベースとした我々の学資援助プログラムを補完するものです。この新プログラムでは，100人以上の学生に，学位取得に必要なコースの履修をカバーする全額の奨学金を与えます。この競争の激しい奨学金を受ける資格を得るためには，学生は自分のクラスの上位1パーセント以内に入り，最低1人の教職員の推薦を受けなければなりません。この新学資援助プログラムのための資金提供は，大学の新しい持続可能なエネルギープログラムの成功によって可能となりました。そのプログラムは大学キャンパスの費用を毎月数千ドル節約するものです。

【リスニングスクリプト】

Now listen to two students discussing the announcement.

W : Hey Mark, a bunch of us are going to a movie tonight. You wanna come?

M : I'd love to, but I really need to study.

W : Study for what? The semester only started last week.

M : I'm gonna try for one of those new merit-based scholarships they're offering.

W : You really think you have a chance at getting one? They're so competitive.

M : Yeah, they are. But that's what makes this new program so great. It motivates students to study. I have to get this scholarship. I'm having trouble paying my tuition.

W : Why don't you apply for a needs-based scholarship?

M : I tried, but I didn't qualify. Anyway, I think merit-based programs like this are better than needs-based programs, because they actually reward students for their hard work, not just for their financial situation.

W : I wonder how they're funding these scholarships. I hope they're not planning to increase student fees.

M : That's the best part. All of the scholarships are being funded by the money the college is saving thanks to that new, sustainable energy program. So student fees won't increase for anyone.

【リスニングスクリプト訳】
通知について話している２人の学生の会話を聞きなさい。
女性：ねえ，マーク，私たちみんなで今夜映画に行くの。一緒に行かない？
男性：行きたいのはやまやまなんだけど，勉強しないといけなくて。
女性：何の勉強？ 学期は先週始まったばかりじゃない。
男性：新しく提供される能力ベースの奨学金に挑戦しようと思っているんだ。
女性：奨学金がもらえるかもしれないと本気で思ってるの？ すごく競争率が高いのよ。
男性：うん，そうだよね。でも，そのことがこのプログラムを素晴らしくしているんだ。学生を勉強する気にさせるよ。僕はこの奨学金をもらわないといけない。学費を払うのに苦労していてね。
女性：必要性ベースの奨学金に申し込んだらいいんじゃないの？
男性：申し込んでみたんだけど，要件に満たなかったんだ。とにかく，こういう能力ベースのプログラムは，必要性ベースのプログラムよりもいいと思うよ。経済的な状況だけではなくて，学生の努力に報いるものだから。
女性：この奨学金の資金をどうやって得ているのかしら。学費を増やすつもりでないといいけど。
男性：そこが一番いい部分なんだ。この奨学金は全額，あの新しい持続可能なエネルギープログラムのおかげで，大学が節約したお金を資金にしているんだ。だから，誰も学費が上がることはないんだよ。

【設問訳】
男性は新しい能力ベースの学資プログラムについて自分の意見を述べています。彼の意見を述べ，彼がそう思う理由を説明しなさい。

解答例

不十分な解答例

A female student and a male student are talking about the new merit-based financial aid program. ★1 He is asked if he would like to go to a movie with some of his friends. He says he wouldn't because he has to study hard. The reason is he wants to apply for the new merit-based financial program. He starts to explain about it. Looking at (→**According to**) the reading passage, the Financial Support Office is giving full scholarships to 100 students in the top 1% of their classes. ★2 It gives motivation to students to study hard. He goes on to say that merit-based programs are ★3 better. ★4 So it gives motivation to many students. ★2 The student fees will not increase for anyone. The merit-based scholarships are offered (→**funded**) by the university's new sustainable energy program. In short, the man admits (→**approves of**) the new merit-based financial aid program, and it is motivated for

(→**motivating**) him to study more.

●構成と内容の改善ポイント

★1 付加的な会話の言及が長すぎます。
➡本題は学資援助プログラムについての男性の意見と，その意見を持つ理由を述べることです。背景など付加的な情報についてあまり長々と話すと本題について述べる時間が短くなり，説明が不十分になる可能性があるので，この部分は削りましょう。

★2 課題文の説明からいきなり男性の意見の説明に移っており，聞き手にはどこからが男性の意見なのかがわかりにくくなっています。
➡まず「男性の意見は〜である」と述べ，次に「それには理由がある」というように，これから何を述べるかを示してから話すと，聞き手が話の展開を理解しやすくなります。

★3 ただ better と述べているだけでは漠然としていて，説明として不十分です。
➡男性が比較対象にしているプログラムについては，課題文に This program will complement our needs-based financial aid program, which benefits low-income students. とあるので，この情報を盛り込むとわかりやすくなります。必要な情報を落とさないようにしましょう。

★4 会話から新しいプログラムの利点についての情報を十分に得られなかったため，同じことを繰り返し述べています。
➡男性は収入の少ない学生のためのプログラムより，能力ベースのプログラムのほうがよいと言った後にその理由を述べています。because というディスコースマーカーを逃さず，その後の内容をしっかり聞き取りましょう。

《構成の改善例》

- **課題文のポイント**：大学が能力ベースの学資援助プログラムを提供する。
  - **❶男性の意見**：賛成
    - **❷理由 1**：学生に勉強する気を起こさせる。
      - **❸例・詳細 1**：収入の少ない学生のためのプログラムとは異なり，学生の努力に報いるものだから。
    - **❹理由 2**：その奨学金の資金のために学費が上がる心配がない。
      - **❺例・詳細 2**：持続可能なエネルギープログラムを資金源にしている。

適切な解答例　　　　　　　　　　　　　　　　　　　　　　CD 1-62

A female student and a male student are talking about the new merit-based financial aid program. According to the reading passage, the Financial Support Office is giving full scholarships to 100 students in the top 1% of their classes. ★2**The man agrees with this for the following two reasons. First,** it gives motivation to students to study hard. He goes on to say that merit-based programs are ★3**better than programs for low-income students,** ★4**because they reward hard work. In contrast to this, needs-based programs only reward students for their financial situation.** ★2**Second,** the student fees will not increase for anyone. The merit-based scholarships are funded by the university's new sustainable energy program. In short, the man approves of the new merit-based financial aid program, and it is motivating him to study more.　　　　　　　　　　　　　　　　　(127 words)

（女子学生と男子学生が、新しい能力ベースの学資支援プログラムについて話しています。課題文によると、学資支援事務局はクラスの上位1パーセントの学生100人に全額の奨学金を与えます。男性は、次のような2つの理由からこれに賛成しています。まず、このプログラムが学生に熱心に勉強するモチベーションを与えることです。さらに、能力ベースのプログラムは、収入の少ない学生のためのプログラムよりもよいと続けています。熱心な努力に報いるからです。これとは対照的に、必要性ベースのプログラムは、経済的な状況に応じてしか、学生に報いることがありません。2つ目の理由は、誰も学費が上がらないことです。この能力ベースの奨学金は、大学の新しい持続可能なエネルギープログラムを資金源にしています。要するに、男性は新しい能力ベースの学資支援プログラムに賛同していて、このプログラムは彼にもっと勉強をする気にさせています。）

✓ 重要表現チェック

課題文	□ -based「～に基礎を置いた」	□ eligible「資格のある」
	□ faculty「大学教職員」	□ fund「～に資金を提供する」
	□ sustainable「持続可能な」	
リスニングスクリプト	□ bunch「(人の) 集まり」	□ reward「～に報いる」
不十分な解答例	□ go on to *do*「続けて…する」	

問題 3

The university will close the sports field for maintenance. Read the notice about the project. Begin reading now. **CD 1-63**

Reading Time: 45 seconds

Sports Field Closure Notice

Beginning April 5 and for two weeks after until April 19, the main intramural sports field will be closed for maintenance. The grass on the field will be ripped out and new turf will be installed. The current field is very torn up and the university wishes to avoid students being injured. We also hope the new field will improve the school landscaping. Events that were scheduled to take place on the field will be relocated to other venues. Thank you for your cooperation in our efforts to improve and beautify the campus.

Now listen to two students discussing the notice.

The woman expresses her opinion on the university shutting down the sports field. State her opinion and explain the reasons she has for having that opinion.

Preparation Time: 30 seconds
Response Time: 60 seconds

【課題文訳】

大学は整備のために運動場を閉鎖します。工事についての通知を読みなさい。では，読み始めなさい。

運動場使用休止のお知らせ

4月5日から2週間，4月19日まで学内の運動場は整備のため使用休止になります。地面の芝生をはがし，新しい芝生を敷きます。現在の運動場は非常に荒れていて，大学としては学生が負傷することのないよう配慮したいと思います。また，新しい運動場が学校の美観を向上させることも期待しています。運動場で行う予定だった行事は他の施設に場所を移されることになります。大学の機能と景観の向上の努力へのご協力に感謝いたします。

【リスニングスクリプト】

Now listen to two students discussing the notice.

M : I wish the school wasn't closing down the sports field.

W : Really? Have you played on it recently? The grass is in really bad shape. I was worried someone was going to twist an ankle playing on it. I actually tripped while I was walking across it the other day.

M : I just wish they had waited until the summer break before fixing it. My soccer team has a game scheduled during the construction.

W : That's too bad. Are you still going to be able to play?

M : The school said we could use a different field, but it's much smaller. And I don't think the current field was that dangerous.

W : Well, the old field was getting to be an eyesore too. It was all brown and gets muddy whenever it rains. It looked like a big swamp sometimes. They probably wanted to make it look nice before graduation.

M : I guess that makes sense. Too bad it interferes with the match.

W : I'm sure you'll be fine. I'll come and cheer for you.

【リスニングスクリプト訳】

通知について話している2人の学生の会話を聞きなさい。

男性：大学は運動場使用休止なんてしないでくれたらいいのに。

女性：そう？ あそこを最近使った？ 芝生が本当にひどい状態なのよ。あの上で運動して誰かがくるぶしをひねるんじゃないかって心配だったわ。実際，私は先日そこを横切っていく時，つまずいちゃった。

男性：たださ，夏休みが終わるまで工事を待ってくれたらよかったのにと思うんだ。その工事期間中に僕のサッカーチームは試合の予定があるんだよ。

女性：それはあいにくね。まだこれからもプレイできそうなの？
男性：学校側は別の運動場を使ってもいいって言ったけど，そこはずっと狭くてね。今の運動場はそこまで危険だとは思わないんだけど。
女性：そうねえ，古い運動場は見苦しくもなってきてたわよ。そこらじゅう茶色で，雨が降るたびにぬかるんでいたし。大きな沼みたいになった時もあったわ。学校はおそらく卒業式前に見栄えをよくしたかったのよ。
男性：それはわかるけど。たださ，試合に差し支えるから困るんだ。
女性：きっとなんとかなるわよ。私も試合に行って応援してあげる。

【設問訳】
女性は大学が運動場を使用休止とすることについて自分の意見を述べています。彼女の意見を述べ，彼女がそう思う理由を説明しなさい。

解答例

不十分な解答例

According to the reading passage, the school is installing (→**replacing**) the grass on the sports field in order to improve safety and make it look nicer. The woman in the conversation agrees with the school and thinks it's a good idea. First, ★1★2 she says she has seen someone twist an ankle playing on the sports field. Therefore it will be good for them if the grass will be ripped off. Secondly (→**Second**), in her opinion the field looks odd (→**ugly**). Since graduation is coming up she wants them to repair the field so it looks nice in advance (→**time for the ceremony**). ★3 The woman agrees with the university's decision to close the field to make (→**perform**) maintenance and ★4 insists the man should be patient.

● 構成と内容の改善ポイント

★1 1つ目の理由を述べるべきところですが，具体例だけに言及していて，何を伝えたいのかがはっきりしません。
➡ まとまりのよい構成にするには，先に概論を述べてから具体例や詳細説明に移るのが基本です。「芝生の状態が悪くて危ないから」という理由を述べてから，具体例の説明に移りましょう。

★2 「足をひねる人を見た」と述べていますが，女性はそのようなことが起こるのではないかと心配しているのであり，実際に見たわけではありません。
➡ 女性は someone was going to twist an ankle と言っています。キーワードだけを聞き取るのではなく，時制などにも注意して正しく文意をとらえましょう。

★3 接続語句がないので，前後の文のつながりがぎこちなくなっています。
　➡最後にもう一度結論を述べる時は，That's why あるいは For these reasons などの言葉を添えると，まとまりよく締めくくることができます。

★4 女性は運動場を使えないことに不満を持っている男性には同情し，元気づけているので，「男性は我慢すべきだと主張している」という説明は，適切ではありません。
　➡多少の不便はあるが，それでも運動場の工事には賛成であると述べて締めくくりましょう。

《構成の改善例》

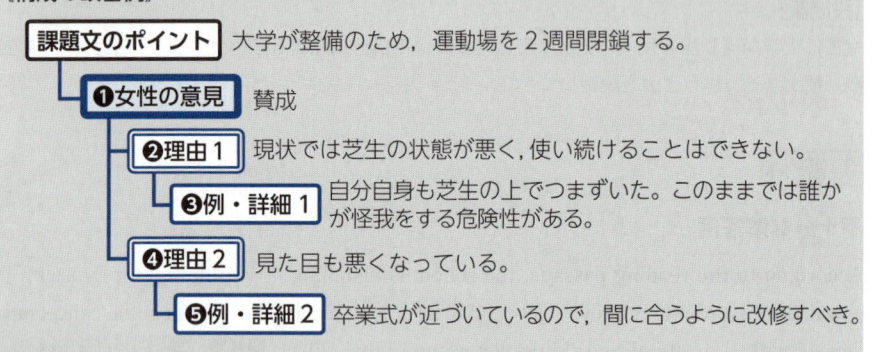

課題文のポイント	大学が整備のため，運動場を２週間閉鎖する。
❶女性の意見	賛成
❷理由１	現状では芝生の状態が悪く，使い続けることはできない。
❸例・詳細１	自分自身も芝生の上でつまずいた。このままでは誰かが怪我をする危険性がある。
❹理由２	見た目も悪くなっている。
❺例・詳細２	卒業式が近づいているので，間に合うように改修すべき。

適切な解答例　　CD 1-64

According to the reading passage, the school is replacing the grass on the sports field in order to improve safety and make it look nicer. The woman in the conversation agrees with the school and thinks it's a good idea. First, ★1<u>she's noticed that the current field is too worn out to keep using it.</u> ★2<u>She lost her footing walking across it herself and believes someone might injure themselves if they don't fix it soon.</u> Second, in her opinion the field looks ugly. Since graduation is coming up she wants them to repair the field so it looks nice in time for the ceremony. ★3<u>That's why</u> the woman agrees with the university's decision to close the field to perform maintenance, ★4<u>even if some people are inconvenienced by the changes in schedule it requires</u>.　　　　(130 words)

（課題文によると，学校側が運動場の芝の敷きかえを行うのは安全性の向上と景観の美化のためということです。この会話の女性は，大学の意見に賛成で，名案だと思っています。第一に，彼女は現在の運動場はあまりに荒れていて使い続けることはできないと指摘しました。彼女自身も運動場を歩いて横切ろうとした時に足がひっかかったことがあり，すぐに手入れしないと誰かが怪我をしかねないと思っています。第二に，運動場は見た目がよくないというのが彼女の意見です。卒業式が近づいているので，女性は式に間に合うように学校が改修を行うよう望んでいます。そういうわけで，この女性は芝生の修復をするために運動場の使用を休止するという大学の決定に賛成しています。たとえそのためのスケジュール変更によって迷惑を被る人々がいるとしてもです。）

✓ 重要表現チェック

課題文	□ intramural「大学内の」
	□ rip out ～「～をはぎ取る」
	□ turf「芝土」
	□ install「～を取り付ける」
リスニングスクリプト	□ twist「～をくじく」
	□ ankle「足首」
	□ trip「つまずく」
	□ eyesore「見苦しいもの」
	□ swamp「沼地，湿地」
適切な解答例	□ wear out ～「～を使い古す」
	□ lose *one's* footing「足を滑らせる」

問題 4

The university needs to find a way to keep the campus cafeteria clean. The college student newspaper carried the article below. Read the article from the college newspaper. Begin reading now.   🅾 CD 1-65

Reading Time: 45 seconds

University Measures to Deal with Cafeteria Littering

A new rotation system will be set up for clubs to pick up litter in the cafeterias. Trays, plates, glasses and paper napkins are being left on cafeteria tables. Besides students and staff, visitors from outside the university have been complaining that it's making their time on campus unpleasant. Also, the current system of students returning their own trays and trash is not working. Each cafeteria has a conveyor belt for trays, but many students don't use it. Clubs will be asked to adopt sections of cafeterias for their members to clean in a weekly rotation system. If that does not work, the university will hire more cleaning staff. The cost may increase tuition.

Now listen to two students discussing the newspaper article.

The man expresses his opinion about the university's proposal for clubs cleaning campus cafeterias. State his opinion and explain the reasons he gives for holding that opinion.

Preparation Time: 30 seconds
Response Time: 60 seconds

【課題文訳】
大学はカフェテリアを清潔に保つための手段を見つける必要があります。学生新聞が次のような記事を掲載しました。学生新聞の記事を読みなさい。では，読み始めなさい。

カフェテリアのゴミ放置に対する大学としての措置

カフェテリアのゴミを各クラブが収集する新しいローテーション制度を始める予定です。トレー，皿，グラス，紙ナプキンがカフェテリアのテーブルに残されたままになっています。学生と職員に加えて，外部の訪問者からもキャンパスで過ごす時間が不快になるとの苦情が寄せられています。さらに，学生が自分のトレーやゴミを戻すという現状のシステムも機能していません。どの

カフェテリアにもトレー用のコンベアベルトがありますが、多くの学生はそれを使用していません。各クラブには、１週間の交替制でメンバーがきれいにするカフェテリアの区画を引き受けることを依頼します。それが機能しなければ、大学はさらに多くの清掃スタッフを雇います。その費用のために授業料が上がることになるかもしれません。

【リスニングスクリプト】

Now listen to two students discussing the newspaper article.

W : Have you read this article in the college newspaper? It's disgusting.
M : Yes, I've noticed how bad conditions are in some of the cafeterias these days. There's trash everywhere. Not only does it make it bad for us, but it also makes a terrible impression on people coming to visit the campus. If you saw trash everywhere, would you want to come to school here?
W : The article says the university might ask some clubs to clean up the cafeterias in rotation. That means one club will do it one week, and then another club will do it the next week.
M : I think that's a great idea. If students have to clean up their own trash, it will give them a better sense of responsibility. It's sad that even at this age students have to be taught to clean up after themselves, but clearly it's necessary.
W : But it says that if the rotation system doesn't work, the university will have to hire more cleaning staff.
M : That could cause our tuition fees to go up. Nobody wants that. I hope people cooperate for everyone's sake. If money is involved, I think they will.

【リスニングスクリプト訳】

新聞の記事について話している２人の学生の会話を聞きなさい。

女性：学生新聞のこの記事を読んだ？ ひどいわよね。
男性：そうだね、僕は最近いくつかのカフェテリアがどれだけひどい状態かに気づいていたよ。どこもかしこもゴミがあるんだ。これはぼくたちにとって悪いだけではなく、キャンパスを訪ねて来る人にもひどい印象を与えるよ。ゴミがそこら中にあるのを見たら、この学校に来たいと思うかな。
女性：記事には大学がいくつかのクラブに交替でカフェテリアをきれいにするように依頼すると書いてあるわね。それは１つのクラブが１週間それをやって、別のクラブが次の週にするということね。
男性：僕はよい考えだと思う。学生が自分のゴミを片付けなければならないとしたら、責任感が高まるよ。学生がこの年齢になっても自分が汚した場所の後始末をするよう教えられなければならないなんて悲しいことだけど、明らかに必要だよ。
女性：でも記事によると、ローテーション制度が機能しなければ、大学はもっと多くの清掃スタ

ツフを雇わなければならなくなるそうね。

男性：そのために授業料が上がるかもしれない。誰もそれは望まないよ。皆のために生徒たちが協力するといいな。お金が関係するなら，皆そうすると思うよ。

【設問訳】
クラブがキャンパスのカフェテリアを清掃するという大学からの提案について，男性が意見を述べています。彼の意見を述べ，彼がそう思う理由を説明しなさい。

解答例

不十分な解答例

This university has a (→追加) litter problem at its cafeterias. Recently the tables have a lot of trashes (→trash) on it (→them). ★1 The man had already noticed the woman's anger. He says it makes life worse for students and ★2 asks the woman to come to the university. He also says it loses (→hurts) the image of the campus for visitors and prospective students. Regarding the article, he supports the university's club rotation plan for two reasons. First, he thinks ★3 students have to be taught how to clean. Second, he thinks ★4 students will cooperate if they can save money. The university indicates they have to pay more. He thinks students will agree with (→追加) the plan ★4 to save money.

●構成と内容の改善ポイント

★1 男性の最初の発言で I've noticed の後を聞き取れなかったため，男性は「女性の怒り」に気づいていたと誤解しています。
➡男性は「カフェテリアがどれだけひどい状況かに気づいていた」と言っています。記事が掲載される前から，カフェテリアの状況に憤りを感じていたことがわかります。

★2 男性の would you come to school here?（この学校に来たいと思うだろうか）という発言を，女性に向けた依頼と誤解したため意味が通らなくなっています。
➡ここでの would you...? は仮定法過去の帰結節で，一般的な話として「もしゴミがあちらこちらにあるのを見たら学校に来たいだろうか（来たくないだろう）」というような気持ちが込められています。女性個人のことを尋ねたわけではなく，学校に来るよう依頼しているのでもありません。このような表現の形があることを覚えておきましょう。

★3 1つ目の理由を述べた部分を正しく聞き取れなかったため，男性が述べていない内容を挙げています。
➡男性が述べた最初の理由は「責任感が高まること」です。また，学生は掃除をす

Question 3 | 集中トレーニング

るべきだとは言っていますが，掃除のしかたを教えられるべきだとは言っていません。

★4 授業料が上がるかもしれないということについて，端的に「お金を節約する」，「もっと多くのお金を払わなければならない」と言い換えたことで，説明が不十分になっています。

➡学生が自ら掃除をしないと清掃スタッフを増やすことにより費用がかさみ，授業料が上がるかもしれないという流れは，課題文にも書かれています。対話の中の hire more cleaning staff, tuition, go up といったキーワードをうまく使ってまとめましょう。

《構成の改善例》

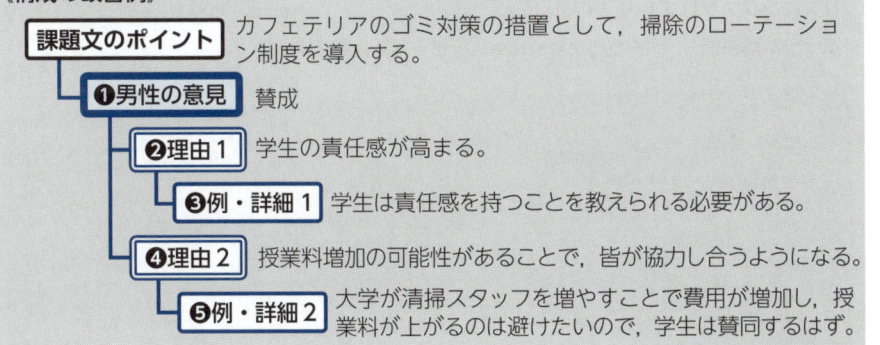

課題文のポイント	カフェテリアのゴミ対策の措置として，掃除のローテーション制度を導入する。
❶男性の意見	賛成
❷理由 1	学生の責任感が高まる。
❸例・詳細 1	学生は責任感を持つことを教えられる必要がある。
❹理由 2	授業料増加の可能性があることで，皆が協力し合うようになる。
❺例・詳細 2	大学が清掃スタッフを増やすことで費用が増加し，授業料が上がるのは避けたいので，学生は賛同するはず。

適切な解答例   ● CD 1-66

This university has a litter problem in its cafeterias. Recently the tables have a lot of trash on them. ★1**This makes the man angry.** He says it makes life worse for students, but ★2**it also hurts the image of the campus for visitors and prospective students. People coming to visit campus may see the trash and decide not to come to the school.** Regarding the article, he supports the university's club rotation plan for two reasons. First, he thinks ★3**it will make students more responsible. He thinks the students need to be taught a sense of responsibility.** Second, he thinks ★4**the chance of a tuition increase will make people cooperate. If the university hires more cleaning staff, it will cost money.** He thinks students will agree with the plan ★4**to keep from having to pay higher tuition fees.** (132 words)

（この大学はカフェテリアのゴミ放置の問題を抱えています。最近テーブルの上には多くのゴミがあります。このことに男性は怒っています。彼はそれによって学生の生活が悪くなるだけでなく，訪問者や，入学を志望するかもしれない学生に与えるキャンパスのイメージが損なわれると言っています。キャンパスを訪ねて来る人々はゴミを見て，この学校に来ないと決めるかもしれ

ません。この記事に関して,彼はクラブでローテーションを組むという大学の計画に対し2つの理由から賛成しています。まず彼はそれにより学生がより責任感を持つようになると考えています。彼は学生は責任感を持つことを教えられる必要があると考えています。第二に,授業料の増加の可能性があることで,人々が協力するようになるだろうと考えています。大学がより多くの清掃スタッフを雇うと,費用がかかります。彼は学生たちが今より高い授業料を払うのを避けるためこの計画に賛成するだろうと考えています。)

☑ 重要表現チェック

課題文	☐ litter「ゴミ;ゴミを捨てる」
	☐ rotation「ローテーション」　☐ tuition「授業料」
リスニングスクリプト	☐ disgusting「不愉快な」　☐ janitor「用務員」
不十分な解答例	☐ prospective「予想される,将来の」

問題 5

Read the announcement about the university's plans for the campus library. Begin reading now.

CD 1-67

Reading Time: 45 seconds

Library Renovation

At the end of the semester the main library will be renovated. For the convenience of our students we have decided to add more study facilities. Thirty computer workstations will be installed, as well as 40 individual desks and five study rooms. In order to accommodate these improvements, the library will need to remove several rows of book shelves. The books displaced will be moved to the off-campus book stacks. Students are not permitted to enter the book stacks but can request the books online or at the library front desk. The library will relocate the books that have been checked out least to avoid inconveniencing our students.

Now listen to two students discussing the announcement.

The man expresses his opinion on the university renovating the library. State his opinion and explain the reasons he has for having that opinion.

Preparation Time: 30 seconds
Response Time: 60 seconds

【課題文訳】
学内図書館に対する大学の計画についての告知を読みなさい。では，読み始めなさい。

図書館の改装について

今学期末に，第1図書館の改装を行います。学生の便宜のため，本学は学習施設の増築を決定しました。コンピュータ端末を30台，個人用机を40個，学習室を5部屋設置します。これらの改良を行うために，図書館では本棚を数列取り払わなくてはなりません。撤去された本は，キャンパス外の書庫に移されます。学生はその書庫に入ることはできませんが，オンラインかまたは図書館の受付で本を取り寄せることができます。貸出された本については配置を変え，学生に不便のないようにします。

【リスニングスクリプト】

Now listen to two students discussing the announcement.

W : Did you see the plan for renovating the library?

M : Yes, and I'm disappointed. I'm probably going to stop studying there.

W : Really? I always have trouble finding a place to sit in the library right before exams.

M : I think it's going to get too loud. Even if people are trying to be quiet, it's going to get noisy with that many people in one place. I'll probably end up studying in my dorm.

W : Well, at least they're only going to move the less popular books to make room for the new desks.

M : That's actually another problem for me. I use a lot of obscure books for my research. I don't want to have to wait for books to be delivered from the book stacks when I request them.

W : If you feel that strongly about it, you might want to write to the library administration about it.

M : It's probably too late for that, but maybe I'll ask about it.

【リスニングスクリプト訳】

告知について話している２人の学生の会話を聞きなさい。

女性：図書館改装計画を見た？

男性：見たよ。がっかりだな。たぶんあそこで勉強するのはやめるよ。

女性：本当？　私は試験の直前には図書館で座る場所を見つけるのにいつも苦労してるのよ。

男性：やかましくなるんじゃないのかな。たとえ皆が静かにしようとしても，１カ所にそんなにたくさんの人がいれば，うるさくなってしまうと思うんだ。僕はたぶん寮の自分の部屋で勉強することになるだろうな。

女性：そうね，少なくとも図書館としては，新しい机を入れる場所を作るために，人気のない本を移動しようとしているだけだと思うけど。

男性：そこがまた，僕には問題でね。僕の研究にはあまり人の読まないような本をたくさん使うんだ。本を取り寄せる時に，書庫から配達されるのを待たなくちゃならないのは嫌だな。

女性：このことについてそんなに強い思いがあるのなら，図書館の管理部に手紙を書いてもいいんじゃない。

男性：おそらくもう手遅れだとは思うけど，でも聞いてみるよ。

【設問訳】

男性は，大学が図書館の改装をすることについて，意見を述べています。彼の意見を述べ，彼がそう思う理由を説明しなさい。

> 解答例

⚠ 不十分な解答例

⭐1 The man in the conversation doesn't like the idea. He thinks the library will be too loudly (→**loud**) if they add more study space. Even if he is studying quietly, that many people in one place will (→**is**) bound to be distracted (→**distracting**). ⭐2 He will end up studying by himself. He also doesn't like the fact that they are moving books out of (→追加) the library. ⭐3 He is concerned that he has to go to the off-campus stacks if they remove his favorite books. ⭐4 He is so angry that he will probably complain to the library office about it.

●構成と内容の改善ポイント

⭐1 ただ「その考えが好きではない」と述べるだけでは，何についての意見なのかがわかりません。
➡ どんな問題について賛成なのか反対なのかがわかるように，まず主題を簡単にまとめて述べましょう。課題文や設問文から表現を借りてくることもできます。

⭐2 「1人で勉強する」と述べていますが，これは「図書館で勉強しない」とイコールではないので，反対意見の理由として十分な説明になっていません。
➡ 改装に反対であるという意見の根拠として，「図書館がうるさくなる」ということを挙げた上で，「図書館で勉強するのはやめる」という男性の話の主旨を明確に伝える必要があります。

⭐3 「移動された本を利用するためには学外の書庫に行かなくてはならない」と誤解しています。
➡ 男性は，必要な本を学外の書庫から取り寄せるまでに時間がかかることに対し，不満を述べています。課題文からも，学生は学外の書庫に入ることはできず，本を取り寄せる必要があることがわかります。課題文，会話からもれなく情報を集めるようにしましょう。

⭐4 最後に主観を混ぜて推測を述べていますが，これは必要のない情報です。
➡ 肝心なのは，設問で求められている「男性の意見とその理由を説明すること」なので，推測による解答は不適切です。また，理由の説明が不十分だったために解答全体が短くなり時間が余っています。論理マップをイメージし，事前にスピーキングの構成を過不足がないように組み立てましょう。

《構成の改善例》

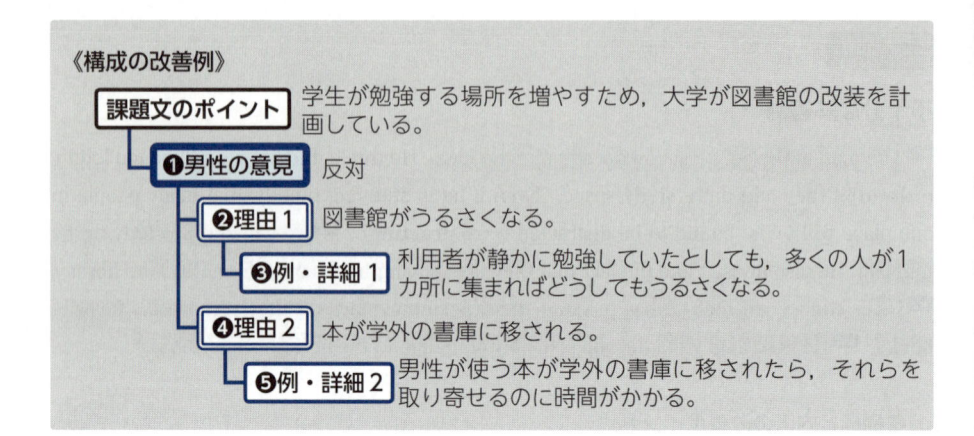

- **課題文のポイント**: 学生が勉強する場所を増やすため，大学が図書館の改装を計画している。
  - **❶男性の意見**: 反対
    - **❷理由1**: 図書館がうるさくなる。
      - **❸例・詳細1**: 利用者が静かに勉強していたとしても，多くの人が1カ所に集まればどうしてもうるさくなる。
    - **❹理由2**: 本が学外の書庫に移される。
      - **❺例・詳細2**: 男性が使う本が学外の書庫に移されたら，それらを取り寄せるのに時間がかかる。

適切な解答例

CD 1-68

★1 <u>The university is renovating the library in order to add more places for students to study. They're doing it for the convenience of the students, but the man in the conversation doesn't like the idea.</u> He thinks the library will be too loud if they add more study space. Even if the library patrons study quietly, that many people in one place is bound to be distracting. ★2 <u>He believes it will defeat the purpose of going to the library and will probably not study there once they make the changes.</u> He also doesn't like the fact that they are moving books out of the library. ★3 <u>He is concerned that he's going to have to request books from the book stacks a lot once they move them and he doesn't want to have to wait for them to be delivered.</u> (136 words)

（大学は，学生が自習できる場所を増やすために図書館を改装します。学生に便宜を図るためになのですが，会話の男性はその考えが気に入りません。自習スペースを増やせば，館内が騒がしくなるだろうと思っています。たとえ図書館の利用者が静かに勉強したとしても，同じ場所にそんなに多くの人間がいれば気の散る環境になってしまうだろうというのです。彼はそれで図書館に行こうという気がなくなり，こういう改築の後はそこでは勉強しないだろうと思っています。また，本を図書館の外に移動するという事実も，彼は気に入りません。いったん本が移されてしまったら，彼はたびたび書庫から取り寄せなくてはならず，届くのを待っていなくてはならないのは嫌なのです。）

✓ 重要表現チェック

課題文	☐ renovate「〜を新しくする」　☐ displace「〜を退去させる」
	☐ stack「主要書庫」
リスニングスクリプト	☐ end up ...ing「ついには…することになる」
	☐ obscure「無名の，知られていない」
不十分な解答例	☐ be bound to *do*「確かに…するはずである」
	☐ distracting「気を散らす」
	☐ patron「（図書館などの施設の）利用者」
適切な解答例	☐ defeat「〜をくつがえす，くじく」

問題6

Read an announcement about dormitory rules regarding overnight guests. Begin reading now.

🔊 CD 1-69

Reading Time: 45 seconds

Restrictions on Overnight Guests in Dormitories

Effective immediately, overnight guests will no longer be permitted in student dormitories without written permission. This policy amendment is being made in response to a number of thefts that have been reported recently, an alarming number of which are suspected to have been committed by non-student, overnight guests. Furthermore, this new restriction also addresses the ongoing issue of disputes between roommates regarding overnight guests. Any dormitory resident wishing to have an overnight guest must submit a request form signed by the applicant, the applicant's roommate, and the Residence Hall Assistant to the Housing Office.

Now listen to two students discussing the announcement.

The man expresses his opinion about the new rules regarding overnight guests. State his opinion and the reasons he gives for having it.

Preparation Time: 30 seconds
Response Time: 60 seconds

【課題文訳】
宿泊者に関する寮の規則についての通知を読みなさい。では，読み始めなさい。

寮の宿泊者に関する規制

この規則は直ちに有効になるものです。今後，学生寮への宿泊者は，書面での許可がなければ認められません。この方針変更は，最近報告されている多くの盗難への対応として加えられるものです。この盗難のうちの憂慮すべき数が，学生以外の宿泊者によって実行された疑いがあります。さらに，この新しい規制は，宿泊者に関して同室者間で続いている論争に対処するものでもあります。訪問者の宿泊を希望する全入寮者は，申込者，申込者の同室者，レジデンスホールアシスタントのサインが入った申請書を学生寮事務局へ提出しなければなりません。

【リスニングスクリプト】

Now listen to two students discussing the announcement.

M : What are you writing?

W : Oh, this? It's one of those new request forms for overnight guests. My sister's visiting next week.

M : Those things are so pointless.

W : I know, right? I wasn't going to fill one out, but I thought it was easier than getting in trouble.

M : Don't count on it. My girlfriend was visiting from out of town last week, so I filled out one of those request forms. Then they wouldn't approve it, because I didn't have the Resident Hall Assistant's signature.

W : He wouldn't sign it?

M : I'm sure he would have signed it, but I couldn't find him anywhere! The whole approval system is totally flawed.

W : Sounds like a pain.

M : Yeah, it is. The most annoying thing is that I don't even have a roommate. I'm staying in a single room. So my girlfriend staying over wouldn't bother anyone.

W : I didn't think about people staying in single rooms.

M : Anyway, I'm not even going to fill out a request form next time. Maybe if I get in trouble, I can finally explain to them how flawed this new rule is.

【リスニングスクリプト訳】

通知について話している2人の学生の会話を聞きなさい。

男性：何を書いているの？
女性：ああ，これ？宿泊者の新しい許可申請書の1つよ。妹が来週遊びに来るの。

男性：こんなのはまったく無意味だね。
女性：そうでしょ？ 書かないことも考えたけど，面倒なことになるよりましだと思ったのよ。
男性：それもあてにならないよ。先週，僕の彼女が市外から遊びに来て，許可申請書を書いたんだ。そうしたら，レジデンスホールアシスタントのサインがないからって，受理されなかったんだ。
女性：彼はサインしてくれなかったの？
男性：してくれると思ったんだけど，彼がどこにも見つからなかったんだ！ 承認システムそのものがなってないんだよ。
女性：面倒くさそう。
男性：そうなんだ。何より腹立たしいのは，僕にはルームメイトさえいないってことだよ。僕は1人部屋に住んでるんだ。だから，彼女が泊まったって誰にも迷惑なんかかからないんだよ。
女性：1人部屋に住んでいる人のことを考えていなかったわ。
男性：とにかく，次は申請書を書かないつもりだよ。もしかしたら問題になるかもしれないけど，そうしたらこの新しいルールにどれだけ欠陥があるか，彼らに説明してやるんだ。

【設問訳】
男性は宿泊者に関する新しいルールについて自分の意見を述べています。彼の意見を述べ，彼がそう思う理由を述べなさい。

解答例

不十分な解答例

A female student and **a (→追加)** male student are talking about the new rule regarding overnight guests. According to the reading passage, overnight guests will no longer be permitted in student dormitories without written permission. The man disagrees with this for the following two reasons. First, the approval method is flaw (**→flawed**). ★1 Although he submitted a request form last week, they wouldn't approve it. Second, the rule does not make sense for students who (**→不要**) staying in single room (**→single rooms**). The man stays in **a (→追加)** single room, so he does not have a roommate. ★2 This means he would never be annoyed by a roommate's guests staying overnight. In conclusion, ★3 he will never fill out a request form but explain to them this new rule makes no sense.

● 構成と内容の改善ポイント

★1 なぜ用紙を提出したのに許可されなかったのかが説明されていないので,システムに欠陥があるという男性の主張を十分サポートすることになりません。
➡ 彼は,レジデンスホールアシスタントがいなかったために用紙にサインをしてもらえなかった,つまり彼自身には非がないのに許可を受けられなかったことに対し「欠陥がある」と指摘しています。この部分をしっかり説明しましょう。

★2 2番目の理由の根拠を誤解し,「1人部屋だからルームメイトの宿泊客に迷惑をかけられることはない」と述べています。
➡ 自分が迷惑をかけられるのではなく,「彼が呼んだ宿泊者によってルームメイトに迷惑をかけることはないのだから,宿泊者を迎えるのに許可は必要ない」というのが彼の主張です。

★3 結論として,男性が取りそうな行動を想像して述べています。
➡ 設問で求められているのは男性の意見を述べることなので,結論としては男性の意見を再度述べるのが適切です。彼がしそうな行動を想像により述べることは設問の意図に沿いません。

《構成の改善例》

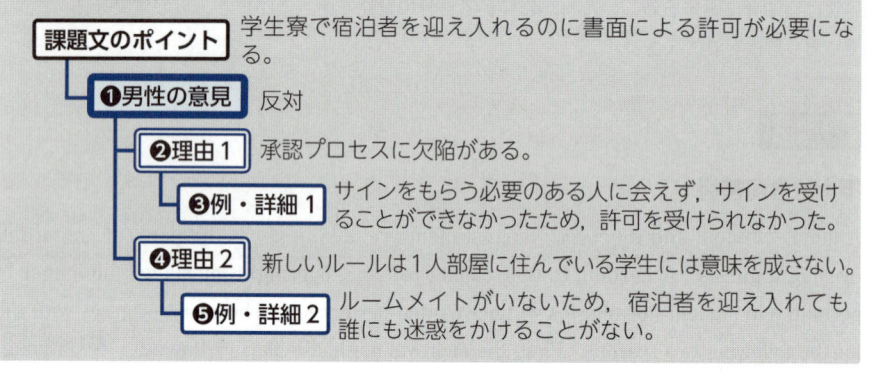

- **課題文のポイント**: 学生寮で宿泊者を迎え入れるのに書面による許可が必要になる。
  - **❶男性の意見**: 反対
    - **❷理由1**: 承認プロセスに欠陥がある。
      - **❸例・詳細1**: サインをもらう必要のある人に会えず,サインを受けることができなかったため,許可を受けられなかった。
    - **❹理由2**: 新しいルールは1人部屋に住んでいる学生には意味を成さない。
      - **❺例・詳細2**: ルームメイトがいないため,宿泊者を迎え入れても誰にも迷惑をかけることがない。

適切な解答例

🔊 CD 1-70

A female student and a male student are talking about the new rules regarding overnight guests. According to the reading passage, overnight guests will no longer be permitted in student dormitories without written permission. The man disagrees with this for the following two reasons. First, the approval process is flawed. **★1 He needed to get signatures for his request form, but he could not find the people who needed to sign it.** Second, the rule does not make sense for students staying in single rooms. The man stays in a single room, so he does not have a roommate. **★2 This means that even if his girlfriend had stayed overnight, it would not have bothered anyone anyway.** In conclusion, **★3 the man disagrees with the new restrictions on overnight guests in student dormitories.** (127 words)

（女子学生と男子学生は，宿泊者に関する新しいルールについて話しています。課題文によると，今後，書面での許可がなければ，学生寮への宿泊者は認められなくなります。男性は，次のような2つの理由からこれに反対しています。まず，承認プロセスに欠陥があることです。彼は，申請書にサインをもらう必要がありましたが，サインをする必要のある人々を見つけることができませんでした。次に，新しいルールは，1人部屋に住んでいる学生には意味を成さないということです。男性は1人部屋に住んでいるので，ルームメイトがいません。このことはつまり，彼のガールフレンドが宿泊したとしても，誰の迷惑にもならなかったということです。結論として，男性は，学生寮への宿泊者に関する新しい規制に反対しています。）

✓ 重要表現チェック

課題文
- □ restriction「規則，制限」
- □ overnight「1泊の」
- □ dormitory「寮」
- □ dispute「議論」

リスニングスクリプト
- □ pointless「無意味な」
- □ flawed「欠陥のある」

問題7

The university has developed a new way to force students who do not pay their fees to pay. Read the notice posted on the bulletin board by the student affairs office.　　　　　　　　　　　🔘 CD 1-71

Reading Time: 45 seconds

Unpaid Parking Fees To Keep Students from Registering

Next registration, students with unpaid parking fees may be prevented from re-enrolling. The university will collect the unpaid parking fees at registration because this is a time when the university can contact students directly. Starting next semester the university will not only take away parking privileges, but will also block reenrollment to students who violate the parking rules. Up until now, students have been required to pay all unpaid tuition fees, university housing, library fines and university hospital charges before registration could be completed. Starting next term, unpaid parking fees will be added to items that must be paid by registration time.

Now listen to two students discussing the new university rule.

The woman expresses her opinion about the new rule. State her opinion and explain the reasons she gives for holding that opinion.

Preparation Time: 30 seconds
Response Time: 60 seconds

【課題文訳】
大学は支払うべき料金を支払わない学生に対し，支払いを強制する新たな方法を設けました。学生課のそばの掲示板に貼られた告知を読みなさい。では，読み始めなさい。

駐車料金未払いの学生に対する履修登録差し止め措置
次回の履修登録で，駐車料金が未払いの学生は再登録できない可能性があります。大学は未払いの駐車料金を履修登録の際に徴収します。なぜならこの履修登録は大学側が学生に直接接することができる機会であるためです。来学期より，大学は駐車の規則を破った学生に対し，駐車の権利を取り上げるだけでなく，再登録ができないようにする予定です。これまでは，学生は未払いの授業料，大学寮費，図書館延滞金，また大学の病院の医療費のすべてを履修登録が完了する前

に支払うよう義務づけられていました。来期より，履修登録時までに支払われなければならない項目に駐車料金が加えられることになります。

【リスニングスクリプト】

Now listen to two students discussing the new university rule.

W : This university is simply going too far in the way it uses student registration to collect money from students.
M : It sounds harsh, but students have to pay the money they owe.
W : Of course we do, but at registration, the point is to get everyone dealt with quickly and efficiently. Most people have paid all they owe, but this will make registration that much slower for everyone.
M : Do you think making people pay their overdue parking fees at registration will seriously slow the process down?
W : The last time I registered, the person in front of me argued and argued about a library fine she had to pay. She insisted it was all a data-entry mistake. I waited behind her for ages!
M : But what if people don't pay the fees they owe? It must be a problem if the university is taking these steps.
W : They already take away parking privileges. Losing the right to park on campus is a huge inconvenience. That alone will prevent people from ignoring their parking fees. Keeping them from re-enrolling is simply too harsh a penalty, in my opinion.

【リスニングスクリプト訳】

新たな大学の規則について話している２人の学生の会話を聞きなさい。

女性：この大学はお金の徴収に学生の履修登録を利用するなんて，まったくやりすぎよ。
男性：厳しく思えるけど，学生は払わなければならないお金は払うべきだよ。
女性：もちろんそうだけど，履修登録で大事なことは私たち全員が早く効率的に手続きを受けることよ。ほとんどの人は払わなければならないお金は全部払っているわ。でもこれで皆の履修登録がもっと遅くなるでしょう。
男性：履修登録で未払いの駐車料金を払わせると，手続きがそんなに遅くなると思う？
女性：前回私が登録した時，私の前の人が彼女が払わなければならない図書延滞金のことで文句を言い続けていたの。彼女は全部データ入力ミスだと主張していたわ。私は彼女の後ろで長い間待ったのよ！
男性：でも人々が払わなければならない料金を払わなかったらどうなる？ 大学がこうした手段を取るとしたら，問題に違いないよ。
女性：大学はすでに駐車できる権利を取り上げているわ。キャンパスに駐車する権利を失うとも

のすごく不便よ。それだけでも人々が駐車料金に無頓着になるのを防ぐでしょう。私の考えでは，再登録をさせないなんていう罰則は絶対に厳しすぎると思うわ。

【設問訳】
女性が新しい規則について意見を述べています。彼女の意見を述べ，彼女がそう思う理由を説明しなさい。

解答例

不十分な解答例

This university ★1 has decided to prevent some students from re-enrolling. ★2 They will also take away parking privelieges from the students who violate parking rules. The woman does not support the university's new rule. First, she worries about (→追加) the time. She agrees that students who are owing (→owe) money have to pay it, but ★3 she is complaining the registration procedure is too slow. Many people will be affected by this new rule, including those who have paid their fees. She mentions about (→不要) an example of a student who caused a long delay in registration because she was arguing over (→追加) a possible error regarding her library fee. Second, she thinks that lost (→loss of) parking privileges ★4 is harsh too. ★5 She thinks students can't ignore such a huge inconvenience.

●構成と内容の改善ポイント

★1 大学の新しい規則について，誰が再登録できなくなるのかがはっきりと述べられていません。
　➡「駐車料金を払っていない学生」という重要なキーワードを落とさないようにします。

★2 「駐車の権利を取り上げる」ことは大学がすでに行っている措置です。
　➡女性は They already take away parking privileges と言っています。課題文にも not only take away とあることから，駐車権の剥奪はすでに行われている手段であることがわかります。よって，今後の新しい取り組みとして述べる内容として含めるのではなく，女性の反対意見の理由として触れるようにしましょう。

★3 女性は，現状の登録の手続きに時間がかかりすぎているということに対して不平を言っているのではありません。
　➡「登録で駐車料金を払うことになると，登録にもっと時間がかかるようになるだろう」というのが彼女の考えであり，これが新しい規則への反対の理由となっています。重要なポイントとなる部分なので，言葉の不足がないように，また正確に述べたいところです。

★4 ただ「駐車の権利を取り上げるのは厳しすぎる」と述べるだけでは，新しい規則に反対する理由として説明が足りません。
➡「特権を取り上げることがすでに厳しい措置なのでこれで十分だ」という彼女の意見の主旨を伝えましょう。

★5 ignore, huge convenience などのキーワードを使って文を作っていますが，会話の中には述べられていない内容になっています。
➡単語単位で聞き取ったキーワードを使ったとしても，文意をつかめていなければ，会話の内容とは合わない文になってしまいます。リスニング中にメモをとる場合は，2～4語程度のフレーズで書き留めるとよいでしょう。

《構成の改善例》

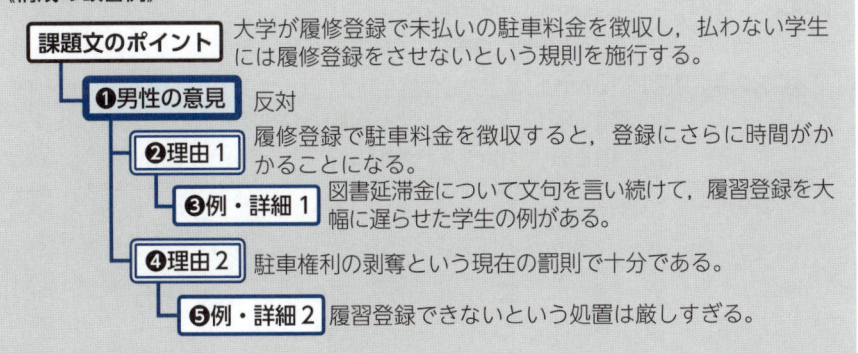

| 課題文のポイント | 大学が履修登録で未払いの駐車料金を徴収し，払わない学生には履修登録をさせないという規則を施行する。 |

❶男性の意見　反対
❷理由1　履修登録で駐車料金を徴収すると，登録にさらに時間がかかることになる。
❸例・詳細1　図書延滞金について文句を言い続けて，履習登録を大幅に遅らせた学生の例がある。
❹理由2　駐車権利の剥奪という現在の罰則で十分である。
❺例・詳細2　履習登録できないという処置は厳しすぎる。

適切な解答例　　　　　　　　　　　　　　　　　CD 1-72

This university ★1 will now collect unpaid parking fees at registration. They will prevent students who have not paid their parking fees from re-enrolling. The woman does not support the university's new rule. First, she worries about the time. She agrees that students who owe money have to pay it, but ★3 paying parking fees would make the registration process much slower for everyone. She feels speedy registration is important. Many people will be affected by this new rule, including those who have paid their fees. She mentions an example of a student who caused a long delay in registration because she was arguing over a possible error regarding her parking fee. Second, she thinks ★2 ★4 that loss of parking privileges is a strong enough method to keep students from ignoring their parking fees. Preventing students from registering is too harsh, she says.　　　　　　　　　　　　　　　　　　　　　　　　　　　(137 words)

（この大学はこれから未払いの駐車料金を履修登録で徴収しようとしています。彼らは駐車料金を払っていない学生に再登録させないようにするつもりです。女性は大学の新しい規則に賛成し

ていません。第一に，彼女は時間のことを心配しています。彼女は支払わなければならないお金がある学生はそれを払わなければならないということには同意していますが，駐車料金の支払いにより，皆の履修登録手続きにもっと時間がかかるようになります。彼女は迅速な履修登録が重要だと感じています。自分の料金をすでに払った人も含め，多くの人がこの新しい規則の影響を受けるでしょう。彼女は，間違っているらしい図書館の料金のことで文句を言い，履修登録を大きく遅らせることとなった生徒の例に言及しています。第二に，駐車する権利を失うことは，学生が駐車料金を無視するのを防ぐのに十分有力な方法だと考えています。学生が登録できないようにするのは厳しすぎると彼女は言っています。

✓ 重要表現チェック

課題文
- ☐ enroll「〜を登録する」
- ☐ privilege「特権」

リスニングスクリプト
- ☐ harsh「厳しい，無情な」
- ☐ owe「〜を（〜に）支払う義務がある」
- ☐ argue「口論する，文句を言う」

MEMO

Integrated Task　Question 4

解答のエッセンス

出題内容
- 《設問形式》課題文を読んだ後，それに関する講義を聞き，設問に従い内容を要約して述べる。
- 《ジャンル》課題文：ある学問分野に関する用語，概念などに関する定義を示す内容。
  講義：課題文のトピックに関して具体例や詳細情報を述べるもの。
- 《制限時間》課題文を読む時間：45秒または50秒
  準備時間：30秒
  解答時間：60秒

　Question 4では，アカデミックな内容の課題文を読み，それに関する講義の一節を聞いた上で，設問に従い課題文と講義の要点をまとめることが求められます。Question 3と同じく，リーディング，リスニング，スピーキングのそれぞれの力を駆使して解答しなければなりません。課題文の情報と講義の内容をうまく組み合わせて答えられるかという点がポイントとなります。

　まずは，課題文で述べられている内容，主題を確実に把握することが重要です。読む時間が45秒または50秒と限られていることもあり，ここでは細かい部分まですべて情報を拾うというよりは，まず全体の内容を理解する読み方を心がけましょう。主題やそれに関するキーワードなどを簡単にメモしておくと，講義を聞く際の手がかりとなります。一方，講義では，課題文の内容に関連する補足説明をしていたり，具体的な例を提示していたりする場合が一般的です。課題文にない新情報は確実におさえるようにしましょう。

　解答の際には，Question 3と同じく，課題文で得られた情報に偏った答えでは高得点にはつながりません。設問で問われている内容に対して課題文と講義の内容を適切に組み合わせて解答することが求められます。

　解答の構成としては以下のような形があります。

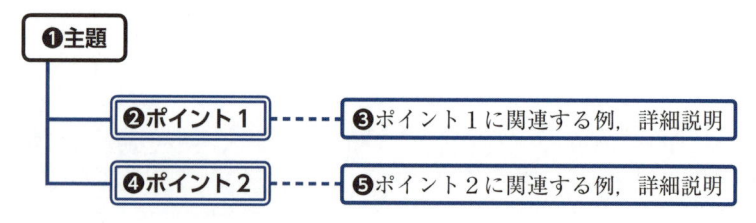

- ❶主題
  - ❷ポイント1 ---- ❸ポイント1に関連する例，詳細説明
  - ❹ポイント2 ---- ❺ポイント2に関連する例，詳細説明

例題

Question 4 の出題例を用いて,設問に答えるための考え方を学びましょう。まずは以下の問題にチャレンジしてみてください。適宜メモをとりながら取り組みましょう。

Now read a passage about inventions inspired by nature. You have 45 seconds to read the passage. Begin reading now.   　CD 1-73

Reading Time: 45 seconds

Inventions Inspired by Nature

Manufacturing companies spend millions, sometimes billions, of dollars each year on research and development. Engineers and designers spend days, weeks, even years in meetings trying to come up with the best designs for products. However, very often the best ideas for useful inventions come from Mother Nature. Ever since humans have been inventing things, they have been copying ideas from the natural world. From protective clothing and gear to cutting tools to even the latest technologies, the origins for many of the things we use every day can be found in the natural world.

Now listen to part of a lecture in a class on manufacturing.

Explain how the examples mentioned by the professor illustrate improvements in inventions based on ideas from nature.

Preparation Time: 30 seconds
Response Time: 60 seconds

【設問訳】
　教授が挙げた例が,どのように,自然からのアイディアに基づく発明の改良を解説しているのかを説明しなさい。

課題文訳, リスニングスクリプト ➡ p.159

I アイディア・情報を論理マップに整理する

例題について，次の手順に沿って論理マップを使った情報整理のしかたを見てみましょう。

(1) 図の中央部分に，設問で問われている主題を書き出します。
(2) この主題に対して，講義の中でポイント（具体例，関連する論点など）が複数（2つであることが一般的）述べられているので，このポイントを主題の外側につなげて書きます（❷，❹）。
(3) ❷，❹のポイントに対して，それぞれより詳細な説明や例などの関連情報が示されるので，それをさらに外に線を伸ばして書きます（❸，❺）。

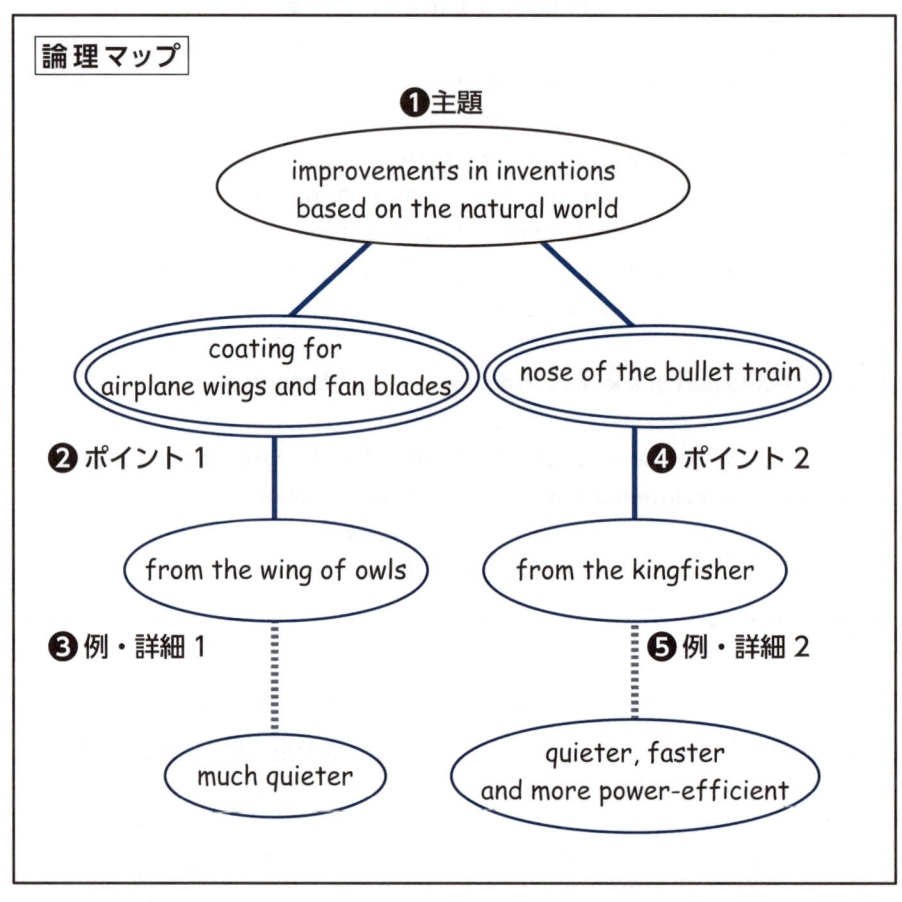

論理マップ

❶主題: improvements in inventions based on the natural world

❷ポイント1: coating for airplane wings and fan blades — from the wing of owls
❸例・詳細1: much quieter

❹ポイント2: nose of the bullet train — from the kingfisher
❺例・詳細2: quieter, faster and more power-efficient

論理マップのポイント

☆英文の構成を意識して主題をつかむ

Question 4 でも Question 3 と同様，**課題文や講義の要点をすばやくつかむ**ことが重要です。常に英文の構成を意識することにより，重要情報がつかみやすくなります。英文では**ディスコースマーカーに注意することにより，構成や展開を読み取りやすくなる**ことが多いので，その前後の情報に意識を集中しましょう。メモをとる際にも，〈ポイント→理由・詳細〉の流れを意識して重要な語句（主に動詞や名詞）を書きとめておきます。

課題文：例題では，製造会社や技術者，デザイナーに関する話から始まり，However というディスコースマーカーの後の very often the best ideas for 〜 Mother Nature. が主題となっています。

講義：It's especially useful in finding ways 〜 という部分から具体例が挙げられています。騒音を減らす方法として1つ目の例が There's now a team 〜 で挙げられています。2つ目の例は Another example is 〜 というディスコースマーカーがあるのでとらえやすいでしょう。

☆課題文の構成，講義の展開パターンの典型例を知っておく

課題文の構成は，**主題を初めに述べて，それについての詳細な説明が続くという英文展開パターン**が一般的です。また，**ある意見を初めに述べて，それに対比する形で主題を述べるというパターン**もあります。講義の展開としては，**課題文に追加する形で具体例や詳細を述べるパターン**が一般的です。

II 解答を組み立てる

解答の構成を意識しながら，論理マップに書いたキーワードを用いて内容をまとめます。まずは以下に骨格となる文を1〜2文簡単に書いてみましょう。

- **❶主題**: Many great inventions have come from ideas found in nature.
  - **❷ポイント1** ---- **❸ポイント1に関連する例，詳細説明**
    The coating for fan blades is inspired by the wing of owls, which can fly very quietly.
  - **❹ポイント2** ---- **❺ポイント2に関連する例，詳細説明**
    The nose of the bullet train is designed after a kind of bird. The design reduces the bullet train's noise and power use.

●講義の内容を伝える表現を覚えよう

　課題文と講義から集めた情報を自分の言葉で解答としてまとめていく際，講義の内容を伝えるのに役立つ表現を押さえておきましょう。

［役に立つ表現］
- ☐ According to the professor ...
- ☐ The professor says [mentions / states] that ...
- ☐ The professor gives two examples. One of them is 〜. The other is ...

【解答例】　　　：ディスコースマーカー　　　　　　　　　　🔘 CD 1-74

The reading passage states that many great inventions have come from ideas found in nature. The professor says that mostly the ideas are not the inventions themselves, but improvements in the inventions. He cites two examples. One is a coating for fan blades, which would be one of the "latest technologies" mentioned in the reading passage because it's not yet finished. This is being developed now by university researchers. The coating is inspired by the wings of owls, which can fly very quietly when they pick up animals for food. That design can make fans quieter. The other example he cites is the nose of the bullet train. It's designed after a kind of bird. The design reduces the bullet train's noise and power use, and increases its speed.　　　　　　　　　　　　　　　　　　(129 words)

（課題文では，多くの偉大な発明は自然の中で見つけられたアイディアに由来していると述べられています。教授は，ほとんどのアイディアは発明そのものではなく，発明における改良であると言っています。彼は2つの例を挙げています。1つは，ファンの羽をコーティングするものです。これは，課題文で述べられている「最新の技術」の1つでしょう。というのは，これはまだ完成していないからです。現在大学の研究者たちによって開発中です。そのコーティング材はフクロウの羽から着想されています。フクロウは，食糧となる動物を捕まえる時にとても静かに飛ぶことができるのです。その設計によりファンをより速くすることができます。教授の挙げている別の例は，新幹線の鼻先です。ある種類の鳥をまねて設計されています。その設計によって，新幹線の騒音や使用電力が軽減され，スピードも速くなっています。）

Question 4 | 解答のエッセンス

【課題文訳】
では，自然から発想を得た発明に関する英文を読みなさい。英文を読む時間は 45 秒です。それでは，読み始めなさい。

自然から発想を得た発明

製造会社は毎年，研究・開発に数百万ドル，時には数十億ドルもつぎ込んでいる。技術者やデザイナーは製品の最良のデザインを考案しようと，会議に何日も，何週間も，時には何年も費やしている。しかしながら，役に立つ発明の最も素晴らしいアイディアは，母なる自然から得られることがとても多い。人類が物を発明してきて以来，自然界のアイディアを模倣してきたのだ。防護服や切削工具の歯車から，最新の技術に至るまで，私たちが毎日使う多くの物の発端は自然界に見られるのである。

【リスニングスクリプト】
Now listen to part of a lecture in a class on manufacturing.

This is true in a lot of places you wouldn't ordinarily think of. And it's still happening, in ways that make you say, "Why didn't they think of that sooner?" But it's usually not the invention as a whole, but some feature of the invention that's inspired by nature. It's especially useful in finding ways to reduce noise from things we've invented. There's now a team of researchers at universities in the U.S. and the UK that are making a new coating for airplane wings and fan blades. They say it will make the moving parts much quieter. And you know where they got the idea? From the wings of owls. That's right, when owls swoop down and pick up their prey, they do it almost silently. And they're able to do that because their wings are designed a certain way. And we can use that design to make airplanes and even fans in computers much quieter. Another example is the bullet trains in Japan, the Shinkansen. You can imagine how their noses are shaped. They got the idea for that design from a bird called the kingfisher. An engineer who loves birds got the idea when he saw a kingfisher dive into a lake to catch a fish. The bird did it so silently, and the new design not only made the bullet train quieter, but it also made it faster and more power-efficient.

【リスニングスクリプト訳】
では，工業の授業の講義の一部を聞いてください。

普通は考えもしないようなところで，このことは当てはまります。それに，「どうしてもっと早く思いつかなかったんだろう」と言いたくなるような形でさらにそれは起こっているのです。しかし，自然から着想を得ているのは，発明全体ではなく発明のある特徴です。それは，我々が発明したものから騒音を減らす方法を見つけるのに特に有益です。飛行機の翼やファンの羽のための新しいコーティングを作っているアメリカとイギリスの大学の研究者たちのチームがあります。

彼らによると，それは動いている部品をずっと静かにするのだそうです。それに，彼らはどこでそのアイディアを得たと思いますか。フクロウの羽からです。たしかに，フクロウは急降下して獲物をとる時，ほぼ音をたてずに行います。それができるのは，フクロウの羽がある形になっているからです。だから，私たちはそのデザインを使って，飛行機やコンピューターのファンでさえもっと静かにすることができるのです。別の例に，日本の超特急列車，新幹線があります。新幹線の鼻先部分がどのように形作られているのか，想像できるでしょう。その形にするアイディアは，カワセミと呼ばれる鳥の姿から得られました。鳥好きのある技術者が，カワセミが魚をとるために湖に頭から突入するのを見た時に，そのアイディアがひらめいたのです。カワセミは，とても静かにそれをしたのです。新しいデザインは，新幹線を静かにするだけでなくより速くし，そしてより電力効率をよくしたのです。

✔ 重要表現チェック

☐ The reading passage states that .... 「課題文では…と述べています。」
☐ He cites two examples. One 〜．The other example is .... 「彼は2つの例を引用しています。1つは〜です。もう1つは…です。」

仕上げ

☐ 音声を聞いた後，実際に制限時間60秒を計りながら，上の解答例を音読しましょう。音声を聞く際には，発音や音のつながり，抑揚，リズム，強弱のつけ方に注意するとよいでしょう。また，音読する時には，英文の意味を考えながら話し，英語の音と意味とを一体化させることを意識すると効果的です。

☐ 自分自身で改めて論理マップを作成し，解答をまとめてみましょう。解答を作成したら，時間を計って60秒でスピーチをしてみましょう。

演習問題

【1】 準備時間：制限なし　→　解答時間：60秒

次の課題文を読み，音声を聞いて設問に答えましょう。次のページのスペースに情報を整理し，解答を組み立ててください。円や線は自由に書き加えて構いません。

Now read the following passage.　　　　　　　　　　　🔘 CD 1-75

Conformity

Conformity refers to how people will match their behaviors, attitudes, and beliefs to those of groups of people around them. Conformity can be seen at every level of human society and in both large and small groups of people. One common reason that people tend to conform is because being a member of a group gives them a sense of security. This is thought to have been key to the evolution of mankind, as thousands of years ago humans had a much better chance of surviving if they were members of a group or tribe.

Now listen to part of a lecture in a psychology class.

Using examples from the lecture, explain how groups influence people's behavior and decisions.

【解答例】　　　　　　　　　　　　　　　　　　　　　　　　　　　　　🔊 CD 1-76

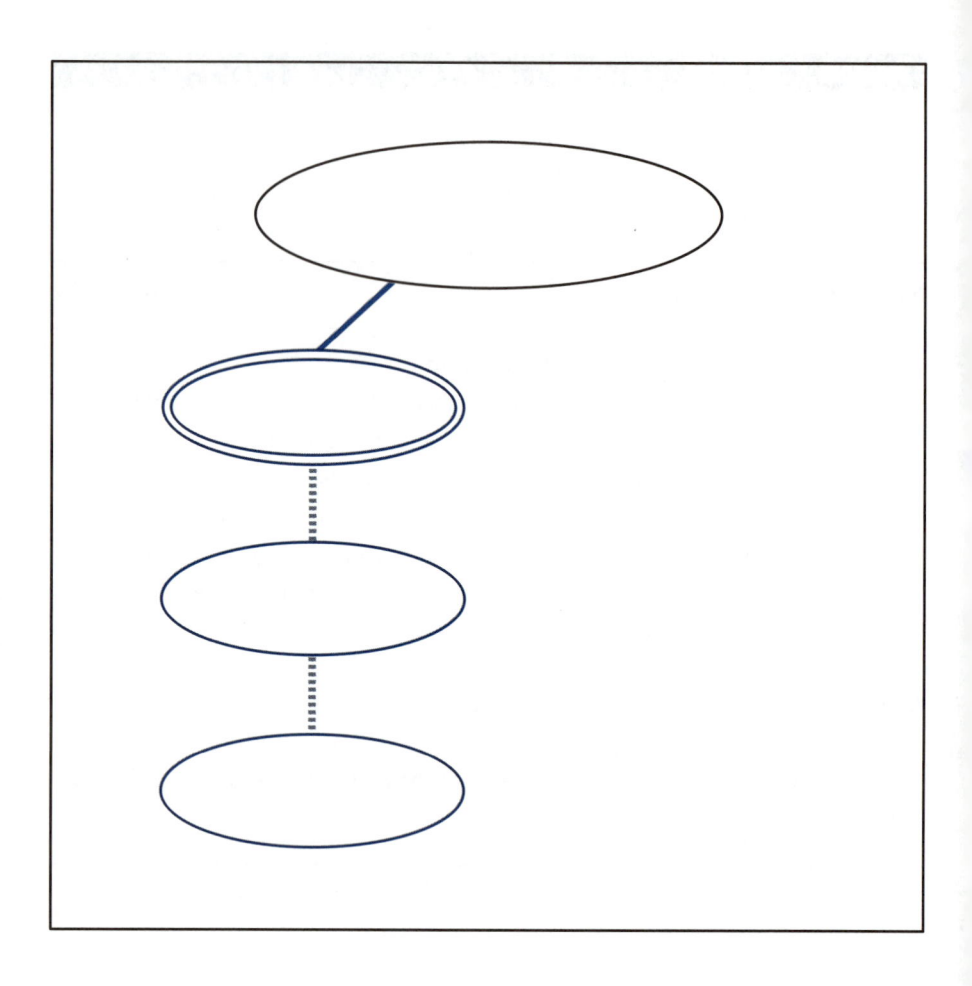

The professor is talking about conformity, the topic mentioned in the reading passage. According to the reading passage, conformity refers to how people behave like groups of people around them. The professor gives two examples to explain this concept. First, she refers to fashion. As an example, she points out that it would be strange if she wore a dress from the 1800s, and many students would probably laugh at her. This is an example of conformity, because it shows how people only accept behavior that is similar to the behavior of groups. Second, she refers to following groups when choosing a restaurant. She gives the example of choosing between a crowded restaurant and an empty one. She points out that most people will choose the crowded restaurant, because they feel that it is a safer choice.

(137 words)

(教授は，課題文で言及されたトピックである同調について話しています。課題文によると，同調とは，人が周りにいる人間集団のように行動することです。教授はこの概念を説明するために，2つの例を挙げています。まず，彼女はファッションについて話しています。1つの例として，彼女が1800年代のドレスを着ていたら奇妙であり，おそらく学生の多くが彼女のことを笑うだろうと指摘しています。このことは，人々が集団の行動と似た行動しか受け入れないことを示しているので，同調の一例です。次に，彼女は，レストランを選ぶ際に集団に従うことについて話しています。混んでいるレストランと空いているレストランのどちらかを選ぶ例を挙げています。ほとんどの人は混んだレストランのほうが安全な選択だという感じがするので，混んだレストランを選ぶだろうと指摘しています。）

【解説】

設問では，「集団が人の行動や決定にどのように影響を与えるか」が問われています。具体例を用いて説明する必要があるので，講師が述べた2つの例を含めましょう。最初に挙げられるのは，fashion に関する「1800年代のドレスを着ていたら奇妙で笑われる」という例です。この例は，「他集団と似たふるまいだけが認められる」こと（ポイント1）の具体例です。続けて講師は，「空いている店と混んでいる店のうち混んでいる店を選ぶ」というレストラン選びの例を挙げていますが，このことは「そのほうが安全な選択だと感じるから集団に従う」こと（ポイント2）の具体例にあたります。

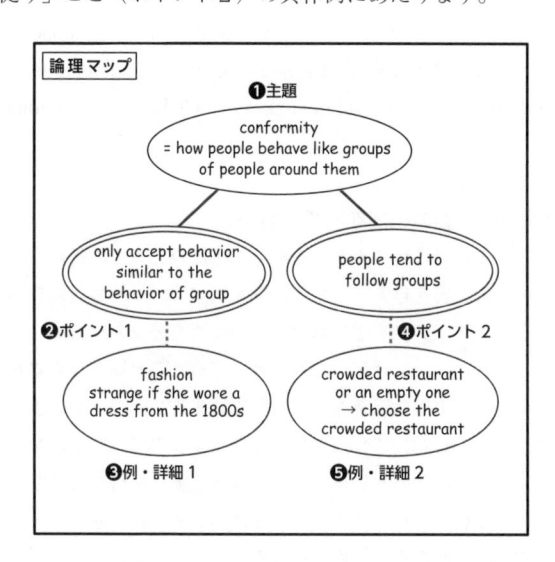

```
論理マップ
                    ❶主題
                  conformity
          = how people behave like groups
                of people around them

   only accept behavior              people tend to
      similar to the                  follow groups
    behavior of group
  ❷ポイント1                          ❹ポイント2

      fashion                    crowded restaurant
   strange if she wore a          or an empty one
   dress from the 1800s          → choose the
                                  crowded restaurant
  ❸例・詳細1                          ❺例・詳細2
```

【課題文訳】

次の文章を読みなさい。

同調

同調とは，人が自分の行動や態度，信条を，自分のまわりにいる人間集団に合わせることを言います。同調は，人間社会のあらゆるレベルにおいて，人数の多い集団にも少ない集団にも見ることができます。人が同調をしやすい一般的な理由の１つは，集団の一員であることが，人に安心感を与えることです。何千年も前，人が集団や部族の一員である場合は生き残る確率がずっと高かったため，このことは，人類の進化の鍵であったと考えられています。

【リスニングスクリプト】

Now listen to part of a lecture in a psychology class.

If you stop to think about it, the behavior and attitudes of people around us influence almost everything we do. Let's look at fashion, for example. If I came into class wearing a dress from the 1800s, then a lot of you would probably laugh at me... But have you ever thought about why you would laugh? We wear clothes that are similar to the clothes of other people in our group, and we don't want to accept people that don't match our group's unspoken rules for clothing. This happens with all types of decision-making. Imagine that there are two restaurants on the same street — one is full of people and one is empty. If a person is choosing between these two restaurants, they will almost always choose the restaurant with lots of people in it, because they feel that it is a safer choice. This is because, for humans, following the behavior of large groups almost always feels like a safer choice.

【リスニングスクリプト訳】

では，心理学の授業での講義の一部を聞きなさい。

このことについて立ち止まって考えてみると，私たちの周りの人々の行動や態度は，私たちがすることのほとんどすべてに影響を与えています。例えば，ファッションについて考えてみましょう。もし，私が1800年代のドレスを着て教室にやってきたら，おそらく，皆さんの多くが私のことを笑うでしょう…。しかし，なぜ笑うのか，考えてみたことはありますか。私たちは，自分たちの集団の他の人々と同じような服装をし，服装に関する集団の暗黙のルールに合わない人々のことを受け入れようとしません。これは，あらゆるタイプの意思決定においても起こります。同じ通りに２つのレストランがあるとします。一方は満員で，もう一方はがら空きです。この２つのレストランのどちらかを選ぶ場合，人はほとんどいつも，たくさんの人がいるレストランを選ぶでしょう。そちらのほうが安全な選択と感じるからです。これはなぜならば，人にとって，大勢の行動に従うほうが，ほとんどいつも安全な選択のように感じられるためです。

Question 4 | 解答のエッセンス

【設問訳】
講義の例を用いて，集団が人の行動や決定にどのように影響を与えるかを説明しなさい。

✓ 重要表現チェック

課題文	□ conformity「同調」
	□ match A to B「A を B に合わせる」
	□ evolution「進化」　　　□ tribe　部族
解答例	□ refer to ~「~に（ついて）言及する」（mention も同様の意味）
	□ choose between A and B「A と B のどちらかを選ぶ」
リスニング	□ unspoken rule「暗黙のルール」　□ decision-making「意思決定」

【2】 準備時間：60 秒　→　解答時間：60 秒

次の設問を読んで，今度は頭の中で情報を整理し，制限時間を守って解答しましょう。準備時間は本番の倍の長さにしてあります。

Now read the following passage.　　　　　　　　　　　　　　CD 1-77

Raeding Time : 45 seconds

> **Flavor**
> Flavor is the sensory impression of food, and it is primarily determined by the chemical senses of taste and smell. In addition to this, the body's ability to sense things like temperature and texture in the mouth and throat also contribute to flavor. The sense of smell is the most diverse of these 'flavor building blocks'. Although there are only five universally recognized basic tastes —sweet, sour, bitter, salty, and umami—there is a limitless number of smells that can help shape the flavor of an item. Currently, chemical analysis is the only standardized method for determining flavors.

Now listen to part of a lecture in a chemistry class.

> **Explain flavor and how the examples used by the professor illustrate the concept.**

【解答例】　　　　　　　　　　　　　　　　　　　　　　　　　　CD 1-78

The professor is talking about flavor, the topic mentioned in the reading passage. According to the reading passage, flavor is the impression of food that people experience, and it is a combination of taste, smell, and sensing things like heat and texture in the mouth and throat. To explain this concept, the professor talks about how it is difficult for food companies to identify flavors that people will like. First, he refers to how different people have different preferences. As an example, he mentions that people develop different preferences because of cultural reasons. Also, people experience tastes in varying ways. Someone with a keen sense of smell tastes flavors differently. Second, he cites how genes affect food preferences. He cites how some herbs taste different to people depending on their DNA. This is why twins usually have similar food preferences.　　　　　　　　　　　　(140 Words)

（教授は，課題文で言及されたトピックである風味について話しています。課題文によると，風味とは，人が経験する食べ物の印象のことで，味と香り，熱や食感など口と喉が感じとるものの

組み合わせのことです。この概念を説明するために，教授は，人が好む風味を特定するのが食品企業にとって難しいと話しています。まず彼は，人によって好みが違うことに触れています。一例として，文化的な理由でさまざまな好みを発達させることに触れています。また，人によって味の感じ方は異なります。嗅覚が鋭い人は風味の感じ方が異なります。次に彼は，食べ物の好みに遺伝子がどのように影響するかを述べています。彼は，ハーブの中には人の DNA によって味の感じ方が異なるものがあると述べています。双子がたいてい，似たような食べ物の好みを持つのはこのためです。）

【解説】

設問に従いまず flavor について説明し，次に教授による概念の説明について説明します。flavor の定義は課題文に記されているので，これをまとめましょう。解答例では，According to the reading passage, flavor is ～ という表現に続けて定義を述べています。教授は講義で，化学分析が風味特定のための基本的な方法だと説明した後で，Today, I'd like to talk about why that's so difficult for them to do (= for food manufacturing companies to find combinations of chemicals that make delicious food) と述べており，この内容が教授の説明の主題にあたります。解答例はこの箇所を，how it is difficult for food companies to identify flavors that people will like という表現で簡潔にまとめています。教授はそれから，First of all, と Recently, though, scientists have also discovered that ...という表現を用いて，主題を説明する２つのポイントを挙げています。１つ目のポイントは「人は皆，味覚が異なること」であり，具体的に cultural difference / physical differences の２点を挙げ，例を交えて詳しく説明しています（例・詳細１）。２つ目のポイントは「遺伝子も味覚に影響すると思われる」ということであり，これに対する例・詳細が「DNA が味覚に影響を及ぼすと考えられるハーブ」そして「一卵性双生児の味覚が同じであること」（例・詳細２）にあたります。解答例はそれぞれのポイントを First / Second を用いることで明確にしています。

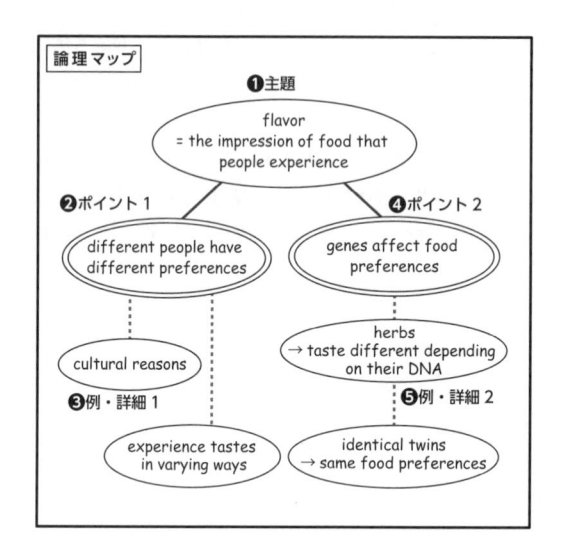

```
論理マップ
  ❶主題
    flavor
    = the impression of food that
      people experience
  ❷ポイント1                        ❹ポイント2
    different people have           genes affect food
    different preferences           preferences
         |                               |
    cultural reasons              herbs
                                  → taste different depending
                                    on their DNA
  ❸例・詳細1                        ❺例・詳細2
    experience tastes              identical twins
    in varying ways                → same food preferences
```

【課題文訳】

次の文章を読みなさい。

風味

風味とは食べ物の感覚的な印象のことで，主に味と香りの化学的な感覚で決定される。これに加えて，温度や食感といったものを口や喉で感じ取る身体能力も，風味に影響を与える。こうした「風味の構成要素」のうちで最も多様なものは，嗅覚である。普遍的に認識されている基本的な味は5つ，すなわち甘味，酸味，苦味，塩味，旨味の5つしかないが，ものの風味を形づくる助けをする香りは無限にある。現在，化学分析が風味を決定する唯一の規格化された方法である。

【リスニングスクリプト】

Now listen to part of a lecture in a chemistry class.

As the article mentions, chemical analysis is the primary method for identifying flavors. Large food manufacturing companies spend a lot of money researching the chemical breakdowns of flavors, hoping to find combinations of chemicals that make delicious food... Today, I'd like to talk about why that's so difficult for them to do. First of all, all people have varying tastes. Some people like spicy food, and some people don't. This can be due to cultural differences, as people often develop preferences for foods over time... Or it can be due to physical differences. For example, people with an excellent sense of smell are usually more sensitive to flavor. Recently, though, scientists have also discovered that genetics may be a factor in determining how a person experiences flavors. To give one example, some people dislike cilantro—a popular herb in many cuisines—because they think it tastes like soap... and scientists say that this is likely due to their genetics. This is one reason why identical twins tend to have the same food preferences.

【リスニングスクリプト訳】
では，化学の授業での講義の一部を聞きなさい。
この記事が触れているように，化学分析は，風味を特定する基本的な方法です。大手食品メーカーは，おいしい食べ物をつくる化学物質の組み合わせを見つけようと，多額の費用をかけて風味の化学的な構成要素を調べています…。今日は，こうした企業にとってそれがなぜそれほど難しいのかを，お話ししたいと思います。まず，すべての人々は異なった味覚を持っています。辛い食べ物が好きな人もいれば，嫌いな人もいます。これは文化的な違いにもよります。人は時間をかけて食べ物の好みを発達させることが多いためです…。あるいは，身体的な違いにもよります。例えば，優れた嗅覚を持っている人のほうが，風味に敏感なことが多いです。ただ最近，科学者は，人が風味をどのように感じとるかを決定する要素の1つが遺伝子であるかもしれないということを発見しました。一例を挙げると，石けんみたいな味がするからという理由で，コリアンダー，これは多くの料理に使われる人気のハーブですが，これが嫌いな人もいますね…。これは遺伝子による可能性があると科学者は言っています。このことは，一卵性双生児が同じ食べ物の好みを持つ傾向がある理由の1つです。

【設問訳】
風味について説明し，教授が用いている例がどのようにこの概念を解説しているかを説明しなさい。

✓重要表現チェック

課題文
- □ sensory「感覚的な」
- □ texture「食感；触感，質感」
- □ contribute to「～に影響を与える；～に貢献する」
- □ diverse「多様な」
- □ chemical analysis「化学分析」
- □ standardized「規格化された」

リスニングスクリプト
- □ varying「異なった，さまざまな」
- □ over time「時間をかけて」
- □ genetics「遺伝的な特徴，遺伝学（gene　遺伝子）」
- □ cuisine「料理」
- □ identical twins「一卵性双生児」

Integrated Task　Question 4
集中トレーニング

　ここまで見てきた Question 4 の解答の組み立て方をもとに、実戦形式の集中トレーニングにチャレンジしましょう。音声を再生して、課題文を読む指示を聞いたら一旦音声を停止し、45秒の時間を計って課題文を読みましょう。その後また音声を再生して、講義の音声を聞いてください。

問題 1

Now read a passage about nanorobotics. Begin reading now.　　● CD 1-79

Reading Time: 45 seconds

The Emerging Field of Nanorobotics

Nanorobotics is an emerging field of technology that involves creating and manipulating microscopic machines or robots. Specifically, nanorobotics refers to machines that are measured in nanometers, a unit of length equal to one billionth of a meter. As no artificial, non-biological nanorobots have yet been created, they remain a hypothetical concept at this time. Nanomachines are largely in the research and development phase, but there is no denying that the successful development of these tiny robots would change the world dramatically. In particular, scientists have pointed to promising applications in medical technology.

Now listen to part of a lecture on this topic in a medical biology class.

Explain nanorobotics and how the examples used by the professor illustrate the concept.

Preparation Time: 30 seconds
Response Time: 60 seconds

【課題文訳】
ナノロボティクスに関する文を読みなさい。では、読み始めなさい。

ナノロボット工学という新興分野

ナノロボット工学は新興分野で，微細な機械やロボットの製造または操作に関わる技術のことです。具体的には，ナノロボット工学とは，1メートルの10億分の1に相当する長さを示す単位であるナノメートルで測られる機械のことを言います。人工的な非生物のナノロボットはまだ作られておらず，現時点では仮想の概念のままです。ナノマシンは，大部分は研究開発段階にありますが，極小のロボット開発の成功が世界を劇的に変化させることは否定できません。特に，科学者たちは医療技術への応用が有望だと指摘しています。

【リスニングスクリプト】

Now listen to part of a lecture on this topic in a medical biology class.

How many of you have known someone that was diagnosed with cancer? Almost all of you, right? Cancer is one of the most frightening diseases around today, largely because the medical community has yet to develop effective cancer treatment. Let's look at chemotherapy, for example. Chemotherapy is one of the most common treatments of cancer, and it works by attacking cells in the body that divide rapidly. This includes cancer cells, yes … But it also includes cells in other parts of the body, like bone marrow and hair follicles. That's why people lose their hair when they get chemotherapy. Now let's look at the medical application of nanorobotics, which some believe could replace chemotherapy someday. Nanorobots are extremely tiny. In fact, they're smaller than the width of a human hair, and as a result this means that they can enter the bloodstream of patients. The exciting thing about developing microscopic robots for cancer treatment is that we would be able to control them. In other words… theoretically speaking… we could have nanorobots attack nothing but cancer cells, healing people without having them get sick or lose their hair.

【リスニングスクリプト訳】
医学生物学の授業での講義の一部を聞きなさい。

がんと診断された人を知っている人は，どのくらいいますか。ほぼ全員ではありませんか。まだ医学界では効果的ながん治療が開発されていないため，がんは現在，最も恐ろしい病気の1つです。例えば，化学療法について考えてみましょう。化学療法は，最も一般的ながんの治療法の1つで，急速に分裂する体内の細胞を攻撃することで効果を上げます。これにはがん細胞も含まれます，もちろん…。しかし，骨髄や毛包のような，がん細胞以外の身体の部分も含まれます。それで，化学療法を受けた人は髪の毛を失うのです。では，ナノロボット工学の医学的な応用について考えてみましょう。ナノロボット工学は，いつか化学療法に置き換わるかもしれないと思っている人もいます。ナノロボットは極めて微細です。実際，それらは人の髪の毛の太さよりも小さいので，結果として患者の血流に入り込むことができるわけです。がん治療用の微細なロボットの開発で素晴らしいのは，我々がロボットを制御できるということです。言い換えれば，理論上は，ナノ

ロボットにがん細胞だけにダメージを与えさせ，患者の体調を悪くさせたり，髪の毛を失わせたりすることなく，治療することができるかもしれないのです。

【設問訳】
ナノロボット工学について，また，この教授がこの概念を説明するのに用いた例について説明しなさい。

解答例

不十分な解答例

★1 Almost all of us know someone with cancer, <u>that</u> (→**which**) is one of the most frightening diseases today. And chemotherapy is one of the most common cancer <u>treatment</u> (→**treatments**). **★2** <u>But</u> (→不要) nanorobotics is an <u>emerged</u> (→**emerging**) field of technology that involves creating and manipulating microscopic machines or robots. **★3** The professor refers to chemotherapy, a commonly used cancer treatment. She explains how chemotherapy is not a very effective cancer treatment, because it attacks many types of cells in the body in addition <u>of</u> (→**to**) cancer cells. **★3** She refers to the possible use of nanorobotics to treat cancer in the future. She explains that nanorobots would be much more effective for treating cancer, because they could target harmful cancer cells specifically. **★4** People could be healed without getting sick or losing their hair.

> ●構成と内容の改善ポイント
>
> **★1** がんに関するこれらの話は，化学療法からナノロボット工学へと話をつなげるためのものなので，解答の冒頭で言及する必要はありません。
> ➡ スピーチの出だしは，これからどのような内容を述べるのかという概要説明にすると，聞き手にも伝わりやすい上に，自分でも考えをまとめやすくなります。課題文とリスニングに共通で述べられている項目が何かということを明確にしましょう。
>
> **★2** がんの話からナノロボット工学に関する話へと唐突に内容が変わるため，聞き手が戸惑います。また，逆接の接続詞 But を使う文脈でもありません。
> ➡ ナノロボット工学の定義は課題文にありますので，According to ~（~によると）などの表現を用いてまず出典を示し，説明に入るとスムーズな流れになります。
>
> **★3** 急に話の流れが変わり，聞き手の混乱を招く原因となってしまっています。
> ➡ ナノロボット工学の説明に続けて，講義で教授が紹介している医学的な応用の具体例を述べます。講義の流れに沿って順に内容を整理して述べましょう。
>
> **★4** 説明の途中で急に話が終わってしまったように聞こえます。

➡結論部分に入る合図であるディスコースマーカーとして So などを用いると，文のつながりが自然になり，その後にまとめの部分が述べられるということが伝わります。

《構成の改善例》

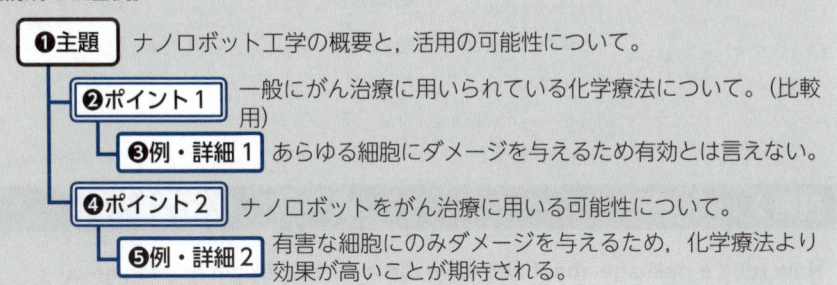

- **❶主題** ナノロボット工学の概要と，活用の可能性について。
  - **❷ポイント1** 一般にがん治療に用いられている化学療法について。(比較用)
    - **❸例・詳細1** あらゆる細胞にダメージを与えるため有効とは言えない。
  - **❹ポイント2** ナノロボットをがん治療に用いる可能性について。
    - **❺例・詳細2** 有害な細胞にのみダメージを与えるため，化学療法より効果が高いことが期待される。

適切な解答例

CD 1-80

★1 The professor is talking about nanorobotics, the topic mentioned in the reading passage. ★2 According to the reading passage, nanorobotics is an emerging field of technology that involves creating and manipulating microscopic machines or robots. ★3 In order to explain this concept, the professor first mentions chemotherapy, a commonly used cancer treatment. She explains how chemotherapy is not a very effective cancer treatment, because it attacks many types of cells in the body in addition to cancer cells. ★3 Then, she refers to the possible use of nanorobotics to treat cancer in the future. She explains that nanorobots would be much more effective for treating cancer, because they could target harmful cancer cells specifically. ★4 So people could be healed without getting sick or losing their hair. (126 words)

(教授は，課題文で取り上げられているナノロボット工学について話しています。課題文によると，ナノロボット工学は新興分野の技術で，微細な機械やロボットの製造や操作に関わるものです。教授はこの概念を説明するために，まずは一般的に使われているがんの治療法である化学療法に触れています。化学療法は，がん細胞だけでなく，身体のあらゆる種類の細胞にダメージを与えてしまうため，それほど有効な治療法ではないと説明しています。それから教授は，将来，がんを治療するのにナノロボット工学が応用される可能性について話しています。ナノロボットは，有害ながん細胞を特定してダメージを与えることができるため，がんの治療に(化学療法よりも)ずっと効果が高いだろうと説明しています。そのため，人々は，具合が悪くなったり，髪の毛が抜けたりすることなく，がんを治すことができるでしょう。)

✓ 重要表現チェック

課題文
- □ manipulate「〜を操作する」
- □ hypothetical「仮想の」

リスニングスクリプト
- □ be diagnosed with 〜「〜と診断される」
- □ chemotherapy「化学療法」
- □ bone marrow「骨髄」
- □ hair follicle「毛包」
- □ theoretically speaking「理論的に言えば」

問題 2

Now read a passage about cognitive dissonance. Begin reading now.
Reading Time: 45 seconds　　CD 1-81

Cognitive Dissonance

In psychology, cognitive dissonance is the mental stress or discomfort experienced by an individual who holds two or more contradictory beliefs, ideas, or values at the same time, or is confronted by new information that conflicts with existing beliefs, ideas, or values. In other words, cognitive dissonance refers to humans' desire for internal consistency. Typically, when people experience inconsistency (dissonance), they feel uncomfortable, and they react by attempting to reduce this dissonance and regain consistency of their beliefs, ideas, or values with the world around them.

Now listen to part of a lecture on this topic in a psychology class.

Using examples from the lecture, explain how cognitive dissonance affects people in their daily lives.

Preparation Time: 30 seconds
Response Time: 60 seconds

【課題文訳】
認知的不協和に関する文を読みなさい。では，読み始めなさい。

認知的不協和

心理学において，認知的不協和とは，2つ以上の矛盾する信条や考え，価値観などを同時に抱える個人や，既存の信条や考え，価値観と対立する新しい情報に直面した個人が経験する精神的ストレスや不快感のことです。言い換えれば，認知的不協和とは，内的な整合性を求める人間の欲求のことを指します。一般的に，人は不整合性（不協和）を経験した時，不快感を覚え，この不協和を減らして，自分の信条や考え，価値観と，周りの世界との整合性を取り戻そうとする反応をします。

【リスニングスクリプト】

Now listen to part of a lecture on this topic in a psychology class.

My favorite way to look at cognitive dissonance is in terms of how people deal with failure ... Failing at something... well... it's an unpleasant experience, right? And your brain does not want you having unpleasant experiences... For example, when I was in graduate school, I was always dieting. The only problem was I... my diets weren't realistic. So I'd fail. Maybe I'd eat a donut or something. This caused cognitive dissonance. I felt uncomfortable that my actions—eating a donut—were inconsistent with my belief that I was going to lose weight. To combat this, I might tell myself that it's okay, because I'd just eat less food the next day. Perhaps the same thing happens with some of you at school. You work really hard on a research paper, but then your professor gives you a bad grade. Here the inconsistency might be the belief that you wrote a good paper... with the reality that you got a bad grade on it. So to deal with this inconsistency, you might think, "My professor's instructions weren't clear. This isn't my fault."

【リスニングスクリプト訳】
心理学の授業での講義の一部を聞きなさい。

認知的不協和を考えるのに私が気に入っている方法は，人が失敗にどのように対処するかという観点から見ることです…。何かで失敗する…えー…，それは不愉快な経験ですよね？ そして，あなたの脳は，あなたに不愉快な経験をさせたくありません。例えば，私は大学院生の時，いつもダイエットをしていました。唯一の問題は，私のダイエットが非現実的だったことです。ですから，よく失敗していました。たぶん，ドーナッツか何かを食べたのでしょう。このことが認知的不協和を引き起こしました。私は自分の行動，つまりドーナッツを食べたことが，やせようとしていると信じていることと一致しないことに不愉快を感じました。これに立ち向かうために，私は自分に，大丈夫，明日は食べる量を減らせばいいのだから，と言って聞かせたかもしれません。

おそらく，この学校の皆さんの中にも同じようなことが起こっている人がいるでしょう。あなたは，研究論文に本当に熱心に取り組んでいます。しかし，教授は低い評価をします。この場合，あなたがよい論文を書いたと信じていることと，その論文に対して低い評価を受けたという現実の間に，不整合性が生じるかもしれません。そこで，この不整合性に対処するために，あなたは「教授の指示が明確ではなかったんだ。これは自分のせいではない」と考えるかもしれません。

【設問訳】
講義で挙げられている例を用いて，認知的不協和が日常生活において人々にどのような影響を及ぼすかを説明しなさい。

解答例

不十分な解答例

★1 The main topic about this exam is the (→不要) cognitive dissonance. ★2 In psychology, cognitive dissonance is the mental stress or discomfort experienced by an individual who holds two or more contradictory beliefs, ideas, or values at the same time or who is confronted by new information that conflicts with existing beliefs, ideas, or values, and refers to humans' desire for internal consistency. ★3 As her experience, the professor tells about (→**explains**) about how she used to diet in graduate school. ★3 And then, She tells (→**explains**) how her student who might work hard on a research paper but then get a low score experienced cognitive dissonance.

●構成と内容の改善ポイント

★1 最初に主題に関して整理するのはよいのですが，「この試験での主要な主題は〜」という表現が不自然です。
  ➡ 課題文と講義内容から，主題をしっかり読み取ったということが伝わる言い方にしたほうがよいでしょう。

★2 課題文の内容を引用して述べている部分が多くなっています。
  ➡ 設問の指示には「講義の例を用いて，認知的不協和がどのような影響を及ぼすか説明しなさい」とあります。求められているのは，課題文に書かれている認知的不協和の定義をまとめることではないので，それに長く時間を費やすのは好ましくありません。定義については短めにまとめ，講義の内容を十分に盛り込んで解答をまとめましょう。

★3 ここから具体例を挙げての説明に移っていますが，話にメリハリがなく，冗長な印象です。
➡ 一般的な定義の話から例示に切り替わる部分なので，それを示す一言を入れましょう。これから話される内容が予想できるので，内容が伝わりやすい構成になります。また，例を挙げる際には First, Second などのディスコースマーカーを活用しましょう。

《構成の改善例》

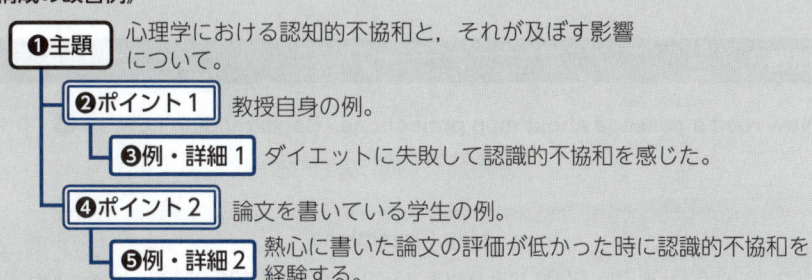

- **❶主題** 心理学における認知的不協和と，それが及ぼす影響について。
  - **❷ポイント1** 教授自身の例。
    - **❸例・詳細1** ダイエットに失敗して認識的不協和を感じた。
  - **❹ポイント2** 論文を書いている学生の例。
    - **❺例・詳細2** 熱心に書いた論文の評価が低かった時に認識的不協和を経験する。

適切な解答例　　　　　　　　　　　　　　　　　CD 1-82

★1 The professor is talking about cognitive dissonance, the topic mentioned in the reading passage. According to the reading passage, in psychology, cognitive dissonance is the mental stress or discomfort experienced by an individual who holds two or more contradictory beliefs, ideas, or values at the same time. **★3 The professor gives two examples to explain this term. First,** she refers to how she used to diet in graduate school. **★2 When she failed at her diet, she explains, she would feel cognitive dissonance. To correct it, she would promise herself to eat less the next day.** **★3 Second,** she refers to a student writing a research paper. She explains how a student might work hard on a research paper but then get a low score. **★2 The student experiences cognitive dissonance, because they believe their paper was good, but their grade is bad.** (139 words)

（教授は，課題文で取り上げられている認知的不協和について話しています。課題文によると，心理学でいう認知的不協和とは，2つ以上の矛盾する信条や考え，価値観を同時に抱える個人が経験する精神的ストレスや不快感のことです。教授は，この言葉を説明するのに2つの例を挙げています。まず，自分が大学院生の時に，どんなふうにダイエットをしていたかについて話しています。彼女はダイエットに失敗した時，認知的不協和を感じたと説明しています。これを是正するために，次の日は食べる量を減らそうと心に決めたそうです。次に，教授は，論文を書いている学生について話しています。彼女は，学生が熱心に論文に取り組んでも低い評価を受けた様

子を説明します。その学生は，自分の論文がよいと信じているのに，評価が低いため，認知的不協和を経験するのです。）

☑ 重要表現チェック

課題文
- ☐ contradictory「矛盾した，反対の」
- ☐ confront「〜に直面する」
- ☐ consistency「（主義，言動の）一貫性」⇔ inconsistency

問題3

Now read a passage about map projections. Begin reading now. ● CD 1-83
Reading Time: 45 seconds

Map Projections

People all around the world use maps as an everyday part of their lives. We use them so often that we sometimes forget how abstract they can be. After all, the Earth is a three-dimensional sphere while maps are two-dimensional surfaces. The different ways cartographers try to squash the earth onto a flat surface are called map projections. Some make the earth into a rectangle which looks nice but can distort how large certain land masses are. Others use unusual shapes to try and represent a globe but can end up looking odd to most people.

Now listen to part of a lecture on this topic in a geography class.

The professor talks about the different purposes of different map projections. Describe the two designs mentioned by the professor.

Preparation Time: 30 seconds
Response Time: 60 seconds

【課題文訳】
地図投影法に関する文を読みなさい。では，読み始めなさい。

地図投影法

世界中の人が日常生活の中で地図を使っています。しばしば使うものなので，それがどんなに抽象化されたものかを私たちは忘れがちです。そもそも，地球は3次元の球体であるのに，地図は2次元の紙面です。地図製作者たちが平たい面に地球をぺしゃんこに押しつけようとしたさまざ

まな方法は地図投影法と呼ばれます。中には地球を見た目のよい四角い形にしたものもありますが，陸地の大きさを歪めてしまう恐れがあります。また，球体を表現しようとして変わった形を使うものもありますが，多くの人々の目には奇妙に見える結果に終わるかもしれません。

【リスニングスクリプト】
Now listen to part of a lecture on this topic in a geography class.
When people discuss maps they sometimes act as if there's a "best" one. In truth they're all for different situations and projections that are used in some instances are less useful in others. Take the Mercator Projection which gets a lot of abuse from some map makers. In order to stretch the earth to a rectangle it makes areas near the poles look larger. That's why Greenland looks so huge using Mercator. It looks larger than Australia even though it's much smaller. However, Mercator isn't meant to show accurate sizes and shapes. Instead, it's used for navigation since the shortest distance between points is usually a straight line. Also, the cardinal directions are always pointing the same way. There are some projections like the Fuller Projection that show land masses in the correct size and shape but do this by cutting up the map into little segments and pasting them together in an odd shape. Everything is the right scale but navigation is much harder. North isn't consistently pointing up and the shortest distance between points can be confusing zig-zags. Both approaches have their place, but don't think that one is inherently better.

【リスニングスクリプト訳】
地理学の授業での講義の一部を聞きなさい。
人々が地図について論じる時，まるで「最良の」地図があるかのように語ることがあります。実際は，それらの地図はすべてさまざまな場合に合わせて作られたものであり，ある場合に使われた投影法は別の場合には役に立たないのです。地図製作者によって間違った使い方をされることの多いメルカトル投影法を例に挙げてみましょう。地球を長方形に引き伸ばすために，その地図では極に近い地域がより大きく見えています。そういうわけで，メルカトル投影法を使うとグリーンランドはあんなに巨大に見えるのです。実際にはオーストラリアよりずっと小さいにもかかわらず，オーストラリアより大きく見えています。しかし，メルカトル法は正確な大きさや形を示そうと作られたのではありません。そうではなくて，航海のために用いられるものなのです。2点間の最短距離がたいてい直線で表され，また，基本方位（東西南北）が常に一定であるからです。フラー投影法のように，陸地を正しい大きさと形で示す投影法もあります。しかしこれは地図を小さな切片に切り分けて奇妙な形につなげたものです。すべてが正しい大きさですが，航海はずっと困難になります。北は常に上を指すわけではなく，2点の最短距離はわかりにくいジグザグの線になることもあります。どちらの方法も用途を得ていればいいのですが，1つの方法が常によりよいと考えてはいけないのです。

【設問訳】

教授は異なる地図投影法の異なる用途について述べています。教授によって述べられた２つの図法について説明しなさい。

> 解答例

不十分な解答例

★1 All of the people around the world regard maps as an everyday part of their lives. Since the Earth is <u>round</u> (→**a sphere**) and most maps are flat, maps need to <u>treat</u> (→ **cheat**) a bit to display the <u>world</u> (→**globe**). ★2 In a way of making maps called Mercator, people have made maps to use for their own purposes, ★3 for example, to make navigating easier. ★4 The cartographers try to squash the earth onto a flat surface and make the earth into a rectangle which looks nice but can distort how large certain land masses are. ★3 There are maps which aren't meant for navigation and show land masses in their correct sizes and shapes. ★4 They use unusual shapes to try and represent a globe but can end up looking odd to most people.

> ●構成と内容の改善ポイント
>
> ★1 課題文の最初の文を自分の意見と合わせてまとめて「世界中の人々が地図を日常生活の一部と見なしている」としていますが，課題文や講義とやや内容がずれています。
>
> ➡ この問題は，設問の指示に従い情報を適切にまとめることが求められていますので，自分自身の意見を交えて答えることは避けましょう。課題文にあるように，シンプルに「人々は生活の中で常に地図を使っている」と始めればよいでしょう。
>
> ★2 ３次元である地球の形を２次元に変えて地図で表現する手法のことを「メルカトル」と言うと述べてしまっています。その手法を用いて，さまざまな人がそれぞれの目的に応じて地図を作成しているという，間違った流れになっています。
>
> ➡ ３次元の地球を２次元の地図で表現することを map projections（投影法）と言い，その下位分類として「メルカトル投影法」や「フラー投影法」などがあるということがわかる流れにしましょう。具体例の名称が聞き取りにくい場合には，あえて名前を挙げずに内容を説明してもよいでしょう。
>
> ★3 複数の代表的な投影法の具体例を紹介するところですが，情報がメリハリなく羅列されており，種類が違うということが伝わりにくくなっています。
>
> ➡ Some 〜 . Others …. 「〜もあれば…もある」という定型句を用いるとうまく整理でき，聞き手に伝わりやすい内容にすることができます。

★4 フラー投影法を用いた地図の説明がやや不足している印象があります。
➡ 講義の最後の部分で，集中力が必要となる部分ですが，「陸地を正確に表すために正しく比率を示している」「航海用に作られたわけではなくそのように使用されると混乱をきたすことがある」という部分を聞き取ってまとめに入れることができると，わかりやすい内容になります。

《構成の改善例》

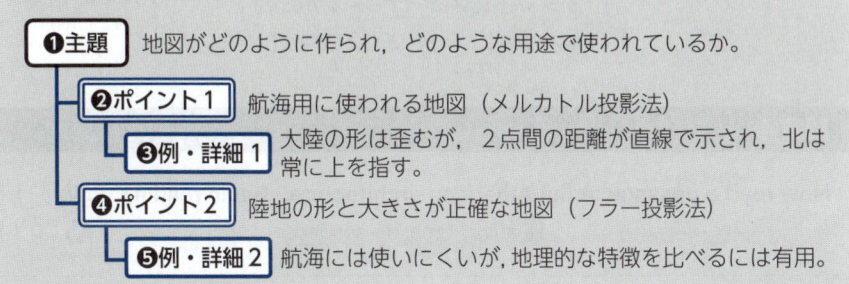

- ❶主題　地図がどのように作られ，どのような用途で使われているか。
  - ❷ポイント1　航海用に使われる地図（メルカトル投影法）
    - ❸例・詳細1　大陸の形は歪むが，2点間の距離が直線で示され，北は常に上を指す。
  - ❹ポイント2　陸地の形と大きさが正確な地図（フラー投影法）
    - ❺例・詳細2　航海には使いにくいが，地理的な特徴を比べるには有用。

適切な解答例　　　　　　　　　　　　　　　　　CD 1-84

★1 People use maps all the time in their lives and we often don't think about how they are made. Since the Earth is a sphere and most maps are flat, maps need to cheat a bit to display the globe. **★3 Some maps** are used for navigation **★2 so they are made in such a way to make navigating easier. The shortest distance between points are straight lines and north is always pointing up. This can make the shapes of continents distorted, but that's not really a concern for such maps.** **★3 Other maps** show land masses in their correct sizes and shapes. **★4 These maps show proportions correctly in order to accurately represent land masses.** These maps aren't meant for navigation and **★4 can be confusing if used as such, but are useful when comparing geographical features.**
(133 words)

（人々は生活の中で常に地図を使っていますが，地図がどのように作られているかはあまり考えることがありません。地球は球体で，多くの地図は平らなので，地図は球体を表すために少しごまかしをする必要があります。地図には航海用に使われるものがあり，そのような地図は航海をしやすいように作られています。2点の最短距離はまっすぐな線で示され，北は常に上のほうを指します。この方法では大陸の形を歪めることがありますが，しかし航海用の地図ではそれは問題ではありません。また，正しい形と大きさで陸地を示す地図もあります。この地図では，陸地を正確に表すために，正しく比率を示しています。この地図は航海用ではないので，そのような用途では大変使いにくいものになる恐れがあります。しかし地理的な特徴を見比べるのには有用なのです。）

✓ 重要表現チェック

課題文	☐ abstract「抽象的な」	☐ sphere「球体」
	☐ cartographer「地図製作者」	☐ rectangle「長方形」
	☐ distort「〜を歪める」	☐ land mass「大陸」
リスニングスクリプト	☐ inherently「本来的に」	
適切な解答例	☐ cheat「〜をごまかす」	
	☐ in 〜 way to *do*「…する〜な方法で」	
	☐ be meant for 〜「〜として意図されている」	

問題 4

Now read a passage about American architecture. Begin reading now.

Reading Time: 45 seconds　　　　　🔵 CD 1-85

An Architectural Style in the Western U.S.

The Mission Revival style of architecture was one of the most popular styles in the southwestern United States in the late 19th and early 20th centuries. It was a revival of the styles of the missions built by Catholic priests from Spain in the Alta California region, which is now southern California, Arizona and other states. It was used in many government and public buildings such as train stations, making it an especially recognizable and influential style.

Now listen to part of a lecture on this topic in an architecture class.

Explain the characteristics of Mission Revival architecture and its influence on 20th century architecture.

Preparation Time: 30 seconds
Response Time: 60 seconds

【課題文訳】

アメリカの建築に関する文を読みなさい。では，読み始めなさい。

アメリカ西部の建築様式

ミッション・リバイバル様式の建築は，19世紀末と20世紀初頭にアメリカ南東部において最も人気のある様式の1つであった。それは，現在では南カリフォルニア，アリゾナとその他の州となっている，アルタカリフォルニア地域のスペイン出身のカトリックの宣教師によって建てられ

たミッション様式の復興であった。その様式は，鉄道の駅のような多くの政府関係の，そして公共の建物に用いられていて，特に一目で見分けのつく影響力の大きな様式となっている。

【リスニングスクリプト】
Now listen to part of a lecture on this topic in an architecture class.
This is the Santa Barbara Train Station. You can see a lot of the elements of the Mission Revival style in this building. It's got these huge arched doorways all around. It's got the red clay roof tiles, those are really common. And it's got this big, sort of fake wall on the roof here over the main entrance. It's called a parapet, and it has a very distinctive shape that you see on most of the buildings in this style. It comes from the original missions buildings. What's interesting is that the Mission Revival movement was started by architects in California who wanted to build houses and buildings that didn't copy styles from the eastern part of the U.S., but instead paid tribute to the beautiful architecture that existed in their own area. They wanted to keep this heritage alive. But the surprising thing was, it became so popular that it spread across the U.S. It was used in hotels, churches, and public buildings in Florida, Georgia, and even New York. It's another example of how much influence California has had on the tastes of America as a whole.

【リスニングスクリプト訳】
建築学の授業での講義の一部を聞きなさい。
これはサンタ・バーバラ駅です。この建物にはミッション・リバイバル様式の多くの要素を見ることができます。建物には，このような大きいアーチ状の出入り口が四方に施されています。赤土色の屋根瓦が敷かれていますが，これはごく一般的なものです。そしてその建物には，この大きないわゆる飾り壁が，正面入り口上の屋根に据えられています。これはパラペットと呼ばれ，この様式のほとんどの建物に見られるとても特徴的な形をしています。パラペットは原型となるミッション様式の建物に由来するものです。何が興味深いかといえば，ミッション・リバイバル運動はカリフォルニアの建築家によって始められたのですが，彼らはアメリカ東部の様式を模倣することなく家や建物を建てたいと考え，代わりに自分たち自身の地域に存在する美しい建築に敬意を表したということです。彼らはこの遺産を存続させたかったのでした。しかし，驚くべきことに，その様式は大流行して，アメリカ全土に広がったのです。その様式はフロリダ，ジョージア，そしてニューヨークにおいてさえも，ホテル，教会，そして公共の建物に使われました。このことは，カリフォルニアがアメリカ人全体の好みに対していかに多くの影響を及ぼしてきたのかということに関するもう1つの例となっています。

【設問訳】
ミッション・リバイバル建築の特徴と，それが20世紀の建築に及ぼした影響について説明しなさい。

> 解答例

不十分な解答例

Mission Revival is (→was) very popular in America in the (→追加) 19th and 20th centuries. It was influenced by the old Catholic mission buildings. ★1 According to the professor, we can see the characteristics of the Mission Revival style seen in a famous train station. ★2 The reason why people in those days built such buildings was that they wanted to show off the style of their own local culture which was better than that of the eastern states. ★3 And it became very (→so) popular that architects in the East started using it. Buildings in Georgia, Florida and New York were built by (→in) this style. ★4 It is both influential style and an example of California's influence on American popular tastes.

> ●構成と内容の改善ポイント

★1 このままでは講義の中でしか述べられていなかったような印象を与えます。
➡教授の話だけではなく，課題文の中にも述べられている情報ですので，どちらにも言及しておきましょう。なお，文を主語から始めたほうが，情報源と情報内容がよりよく相手に伝わりますので，第3文型を用いて The professor describes 〜とするとよいでしょう。

★2 当時の人たちがこのような建物を建てた理由として「東部の州よりも優れている自分たちの地域文化の様式を誇示したかったから」と述べていますが，「誇示したかった」という情報はどこにも含まれていません。
➡自分の主観や推測を解答に含めないようにしましょう。ここでは，当時のカリフォルニアの建築家が，「東部の州を模倣せず自らの地域文化に影響を受けた様式を考え出した」という表現にするのが適切です。

★3 順接の接続詞 And が用いられており，前後のつながりが不自然になっています。
➡前の文では当時そのような建物が建築された理由が書かれているのに対し，ここでは「その様式が非常に流行したため，東部の建築家らも使い始めた」と当時の状況とは異なる今日の現状が述べられています。よって接続詞には順接の And ではなく逆接の But を用いるのが適切です。接続詞は文と文のつながりを示し，話に一貫性を持たせる上でも大切な役割を果たすので，その選択には注意が必要です。

★4 both A and B の構文を用いて，課題文と講義で述べられていることをまとめていますが，漠然としており，意図が伝わりにくくなってしまっています。
➡ 課題文と講義のそれぞれでどんなことが言われているのかを対比させて示すのであれば，情報源と内容を明確に分けて述べましょう。

《構成の改善例》

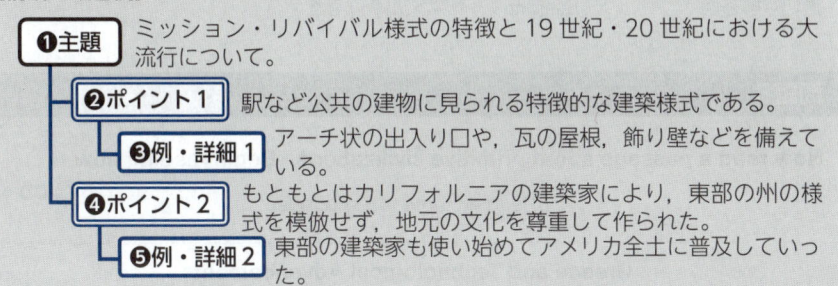

- ❶主題：ミッション・リバイバル様式の特徴と19世紀・20世紀における大流行について。
  - ❷ポイント1：駅など公共の建物に見られる特徴的な建築様式である。
    - ❸例・詳細1：アーチ状の出入り口や，瓦の屋根，飾り壁などを備えている。
  - ❹ポイント2：もともとはカリフォルニアの建築家により，東部の州の様式を模倣せず，地元の文化を尊重して作られた。
    - ❺例・詳細2：東部の建築家も使い始めてアメリカ全土に普及していった。

適切な解答例

CD 1-86

Mission Revival was very popular in America in the 19th and 20th centuries. It was influenced by the old Catholic mission buildings. ★1 The professor describes some of the characteristics of the Mission Revival style seen in a famous train station, an example of its use that is also mentioned in the reading passage. These include arched doorways, clay roof tiles, and a specially-shaped fake wall on the roof. ★2 The style was originally thought up by Californian architects as a new style influenced by their own local culture, one that didn't copy the styles of the Eastern states. ★3 But it became so popular that architects in the East started using it. Buildings in Georgia, Florida and New York were built in this style. ★4 The reading passage calls it an influential style, and the professor calls it an example of California's influence on American popular tastes. (144 words)

（ミッション・リバイバルは19世紀と20世紀アメリカで非常に人気がありました。それは古いカトリックのミッション様式の建物の影響を受けていました。教授はある有名な鉄道の駅に見られるミッション・リバイバル様式の特徴のうちのいくつかを挙げています。そしてそれは課題文の中でも述べられている用途の一例です。これらはアーチ状の出入り口，瓦の屋根，そして屋根に付いた特殊な形状の飾り壁を含んでいます。その様式はもともとはカリフォルニアの建築家によって自らの地域文化の影響を受けたもの，つまり東部の州の様式を模倣しない様式として考案されました。しかしその様式は大流行したので，東部の建築家が使い始めたのです。ジョージア，フロリダ，そしてニューヨークの建物はこの様式で建てられました。課題文ではその様式を影響力のある様式と呼び，教授はそれをアメリカの一般大衆の好みに対するカリフォルニアの

影響の一例と呼んでいます。)

✓ 重要表現チェック

リスニングスクリプト	☐ distinctive「特有の」
不十分な解答例	☐ show off「～を見せびらかす」
適切な解答例	☐ think up「～を考え出す，考案する」

問題 5

Now read a passage about primitive civilizations. Begin reading now.

Reading Time: 45 seconds　　　● CD 1-87

Greece and Technological Advancements

As ancient civilizations developed, their technologies advanced. The first major developments came around 7000 B.C., with major advancements in agriculture. Over the next few millennia, significant inventions came from the Middle East, China, northern India, and the Arabs. The Greeks, however, put little emphasis on inventions. Instead, they excelled at flexibility. They were able to observe other cultures and borrow the best inventions, with which they developed their own culture. They were traders, so everywhere they went they looked for new ideas. What they left us with was a flexible way of thinking.

Now listen to part of a lecture on this topic in a sociology class.

Using the examples given by the professor, explain how the Greeks used imports to develop their culture.

Preparation Time: 30 seconds
Response Time: 60 seconds

【課題文訳】
古代の文明に関する文を読みなさい。では，読み始めなさい。

ギリシャと技術の進歩

古代文明が発達するにつれて、文明の持つ技術は進歩していった。最初の大きな発展は紀元前7000年頃に起こり、それには農業における大きな進歩を伴った。次の数千年間にわたり、中東、中国、北インド、そしてアラブ圏から重要な発明が生まれた。ギリシャ人は、しかしながら、発明をほとんど重要視しなかった。その代わりに彼らは融通性において優れていた。彼らは他の文化を観察して、最良の発明を借用することができ、それらを用いて自分自身の文化を発達させたのである。彼らは商人であったので、行く先々で新しいアイディアを探し求めた。彼らが我々に残したものは柔軟な思考様式であったのだ。

【リスニングスクリプト】

Now listen to part of a lecture on this topic in a sociology class.

It is indeed true that the Greeks were not great inventors. But they borrowed the best inventions others made to develop their own culture. They were traders, so they could see what other societies had. They took silk from the Chinese, who had invented it around 2000 B.C. We don't know for sure when Greece first imported silk, but there are mentions of it in writings by Aristotle. The Persians wore silk in the 5th century B.C.; Greece was geographically close to them, and the Persians lived along the trade route the Greeks would have used to get silk. But the Greeks were very proficient in spinning and weaving techniques. The Greeks are also believed to have imported the concept of zero from the Arabs. Zero was probably invented in Babylon around 400 to 300 B.C. and brought to Greece after that. But here especially the Greeks were innovators. Hundreds of years later, the Arabs would import advanced mathematical concepts like geometry and the concept of proof from Greece.

【リスニングスクリプト訳】
社会学の授業での講義の一部を聞きなさい。

ギリシャ人が偉大な発明家ではなかったというのは確かに本当のことです。けれども彼らは、他国の人々が成し遂げた最良の発明を自らの文化を発展させるために借用していたのです。ギリシャ人は商人だったので、他の社会が所有しているものを目にすることができたのでした。彼らは中国人から絹を輸入しましたが、中国人が絹を発明したのは紀元前2000年頃でした。いつ頃ギリシャ人が最初に絹を輸入したのかということははっきりとはわかりませんが、アリストテレスによる著作集の中に絹に関する記述があります。ペルシャ人は紀元前5世紀に絹を身に着けていました。そしてギリシャは地理的にペルシャ人の住む地域に近く、ペルシャ人はギリシャ人が絹を手に入れるために利用したであろう交易路に沿って暮らしていました。けれどもギリシャ人は糸をつむいだり織ったりする技術に非常に長けていました。また、ギリシャ人はアラブ民族からゼロ概念を輸入したとも言われています。ゼロはおそらく紀元前400年から300年頃にバビロ

ンで発明され，その後ギリシャにもたらされたのでしょう。ところがこの分野においてはとりわけ，ギリシャ人は革新者でした。何百年も後になると，アラブ民族はギリシャから幾何学や証明の概念というような高度な数学的概念を取り入れるのが常となっていました。

【設問訳】
教授が挙げた例を用いて，ギリシャ人たちが輸入品をどのように用いて自身の文化を発達させたのか説明しなさい。

解答例

不十分な解答例

★1 The Greeks, who was (→were) traders developed their own culture because they observed the (→追加) culture of other (→追加) countries and borrowed the best inventions with which they developed their own culture. ★2 Silk was invented in China around 2,000 B.C. but probably brought to Greece around the 5th century B.C. ★3 According to the writings by Aristotle, the Persians wore silk in the 5th century B.C. Greece was geographically close to them and the Persians lived along the trade route where (→追加) the Greeks would have used to get silk. And the Greeks were very good at spinning and weaving. ★4 This example means that by borrowing the best inventions other country (→countries) made and exporting them which they improved (→after some improvement) to other country (→countries), Greeks could use imports to develop their own culture.

●構成と内容の改善ポイント

★1 冒頭からいきなり具体的な内容を述べ始めており，主題が何であるかを示せていません。また，表現も冗長で内容がつかみにくくなっています。
➡最初に課題文と講義に共通する主題の内容を示すのがポイントです。「全体的な主題は〜です」のように，これから述べる内容が聞き手に明確に伝わるよう工夫しましょう。また，その内容は課題文を引用するだけにならないように注意しましょう。

★2 唐突に絹の話題が出てくるため，聞き手は戸惑います。また，ギリシャ人が他国から借用した具体例として絹のことしか挙げていません。
➡主題の内容を示した後，教授が挙げている具体例についてまとめる時には，★1と同様に，この後例を挙げて説明するという合図を示しましょう。これにより，聞き手がスムーズに理解しやすいスピーチになります。

★3 1つ目の絹の借用についての説明ですが，重要な情報が抜け落ちて不十分な内容になってしまっています。

➡絹をどのように取り入れたのか,そしてその絹を使って何をしたのかを具体的に説明しましょう。

★4 冒頭と同じ内容が繰り返し述べられており,2つ目の具体例が示されていません。

➡この一文は冒頭で述べた内容にも含まれているので,繰り返す必要はありません。それよりも,教授が挙げている2つ目の具体例である「ゼロの概念」について詳しく述べるようにしましょう。

《構成の改善例》

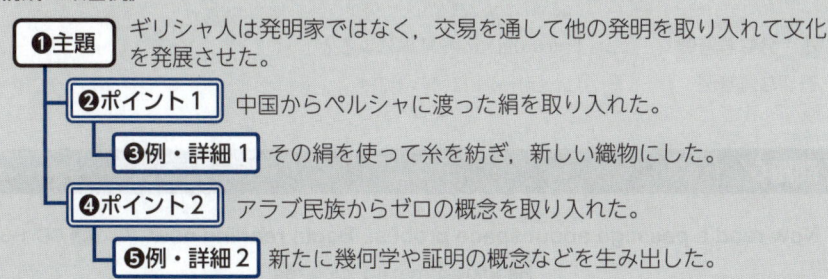

- **①主題** ギリシャ人は発明家ではなく,交易を通して他の発明を取り入れて文化を発展させた。
  - **②ポイント1** 中国からペルシャに渡った絹を取り入れた。
    - **③例・詳細1** その絹を使って糸を紡ぎ,新しい織物にした。
  - **④ポイント2** アラブ民族からゼロの概念を取り入れた。
    - **⑤例・詳細2** 新たに幾何学や証明の概念などを生み出した。

適切な解答例

CD 1-88

★1 The general topic is that the Greeks were not inventive, but they were great at borrowing inventions they found while trading. Wherever they went, they brought back the best ideas they could find. ★2 The professor cites two examples to support this. One example is silk. Silk was invented in China around 2000 B.C., but was probably brought to Greece around the 5th century B.C. ★3 because the Persians also had silk around that time. Greek workers used this silk to spin and weave new things, an example of their flexibility. ★4 The second example is zero, a concept brought to Greece around 400 to 300 B.C. It was imported from the Arabs. However, the Greeks made their own advancements in mathematics such as geometry and the concept of proof, which the Arabs later imported. (126 words)

(全体的な主題は,ギリシャ人は発明の才があるわけではなかったが,貿易の間に見つけた発明を借用することに長けていたということです。彼らはどこへ行っても,見つけうる最良のアイディアを持ち帰りました。教授はこの事柄を立証する2つの例を引き合いに出しています。1つの例は絹です。絹は中国で紀元前2000年頃発明されましたが,おそらく紀元前5世紀頃にギリシャへ持ち込まれたのでしょう。というのは,ペルシャ人もまたその頃絹を手に入れていたからです。ギリシャの労働者はこの絹を使って糸を紡ぎ新しいものを織りましたが,これは彼らの融通性の1つの例です。2つ目の例はゼロという紀元前400年から300年頃ギリシャにもたらされ

た概念です。それはアラブ民族から取り入れられたものです。しかしながらギリシャ人は，幾何学や証明の概念というような独自の発展を数学の分野において成し遂げ，後になってアラブ民族がそれらを取り入れることとなったのです。）

✓重要表現チェック

リスニングスクリプト	□ be proficient in *doing*「…することに堪能な」
	□ spin「（糸）を紡ぐ」
	□ weave「（機）を織る」
	□ geometry「幾何学」
不十分な解答例	□ according to ～「～によると」
適切な解答例	□ inventive「発明の才のある」

問題6

Now read a passage about space probes. Begin reading now.　　CD 1-89
　　　　　　　　　Reading Time: 45 seconds

Space Probes

Space agencies have been sending probes to other planets since 1972, when the Pioneer 10 was launched. Each of the probes has a variety of scientific instruments for observing and measuring objects in space. They have cameras as well as communications equipment for transmitting data back to Earth. Over time, the equipment has become more and more sophisticated. Technology has also allowed the probes to go even farther. The most recent probe will take pictures of the farthest objects in our Solar System.

Now listen to a part of a lecture on this topic in an astronomy class.

Explain how space exploration has advanced using the examples of space probes cited by the professor.

　　　　　　　Preparation Time: 30 seconds
　　　　　　　Response Time: 60 seconds

【課題文訳】
宇宙探査機に関する文を読みなさい。では，読み始めなさい。

宇宙探査機

宇宙開発局は 1972 年以来，他の惑星に探査機を送り続けている。その 1972 年にパイオニア 10 号は打ち上げられた。探査機はそれぞれ宇宙の物体を観察したり測定したりするための多種多様な科学的装置を備えている。探査機はデータを地球に送り返すための通信機器だけでなく，カメラも備えている。時を経て，機器はますます洗練されたものになってきている。科学技術によって探査機がさらに遠くへ進むことも可能となってきた。最新型の探査機は太陽系の中で最も遠く離れたところにある物体の写真を撮ることだろう。

【リスニングスクリプト】

Now listen to part of a lecture on this topic in an astronomy class.

The two missions that I think best show the progress we've made in space exploration are the Voyager missions and the New Horizons mission. Voyager 1 was launched in 1977, and it went to Jupiter and Saturn. Voyager 2 was launched the same year, and it made it to Uranus and Neptune. The cameras were advanced for their time, but much lower resolution than what we have today. And the data was kept on magnetic tape drives. Again, advanced for the time, but old technology now. In contrast, the New Horizons probe, which was launched in 2006, has made it all the way to Pluto. But it passed Jupiter on the way, and we've learned so much about Jupiter just from the clearer, higher quality images the cameras can take, along with the speed and volume of data transmission the new technology can offer. Plus, I don't think when Pluto was discovered in 1930, that anyone could have imagined we'd send a spacecraft to go and take pictures of it up-close. Still, the Voyager probes are still working today, much longer than initially expected, so the technology of 40 years ago was actually pretty good.

【リスニングスクリプト訳】
天文学の授業での講義の一部を聞きなさい。

私たちが宇宙探査において果たした進歩を最もよく示す 2 つの特務飛行は，ボイジャー特務飛行とニューホライズンズ特務飛行です。ボイジャー 1 号は 1977 年に打ち上げられ，木星と土星まで行きました。ボイジャー 2 号は同じ年に打ち上げられ，天王星と海王星まで首尾よく到達しました。それらのカメラはその当時としては進歩したものでしたが，今日のものよりは解像度がずっと低いものでした。その上データは磁気テープ装置に記録されていました。それもまた当時としては進歩したものでしたが，今から見ると古い技術です。それとは対照的に，ニューホライズンズ探査機は 2006 年に打ち上げられたものですが，はるばる冥王星まで見事に到達しました。なおニューホライズンズは途中で木星を通り過ぎたのですが，新しい科学技術によってデータ転送の速度と量が向上した上に，カメラは以前より鮮明でより高画質な映像を撮影できたので，私たちは木星について非常に多くのことがわかるようになりました。それに，冥王星が 1930 年に

発見された時，その星の写真を至近距離で撮りに行くための宇宙船を送り出すことになるなど誰にも想像できなかっただろうと私は思います。しかしながら，ボイジャーは今日もなお動き続けていて，それは当初予想されていた期間よりもずっと長いので，40年前の科学技術は実際とても優れたものだったということなのです。

【設問訳】
教授が挙げた宇宙探査機の例を用いて，宇宙探査がどのように発展してきたか説明しなさい。

⚠ 不十分な解答例

★1 We can tell that space agencies are (→**have been**) sending a variety of probes to other planets since 1972, when the Pioneer 10 was launched. ★2 ★3 Voyager1, which went to Jupiter and Saturn, and Voyager 2, which went to Uranus and Neptune, were launched in 1977, and, after that, New Horizons, which went to Pluto, was also launched in 2006. ★4 As is said by the professor, no one didn't imagine (→ **imagined**) that we could go to such far stars. The Voyager probes are still working today, which suggests that technology has advanced, ★5 so old technology in 1977 is still as good as new technology.

> **●構成と内容の改善ポイント**
>
> ★1 主題をまとめようと，課題文の文頭を引用しています。文章の書き出しには主題が示されていることが多いですが，この課題文の場合は冒頭が具体例となっているため，主題として述べるには不適切です。
> ➡ 課題文では，①宇宙探査機とはどんなものか，②探査機の装置について，③宇宙探査に関する科学技術が向上したことの3点が述べられているとわかるので，このことを伝えるとよいでしょう。
>
> ★2 課題文の内容と講義の内容の明確な区切りがなく，情報がただ羅列されているように聞こえます。
> ➡ The professor cites two examples ～のように前置きし，この後に具体例が続くということを聞き手に示すことにより，展開がわかりやすくなります。
>
> ★3 具体例を述べる部分が長すぎます。
> ➡ 例はなるべく量を圧縮し，簡潔にまとめたほうがよいでしょう。ここでは個別の探査機の実績より，カメラやデータ送信といった技術面の情報が重要ですので，それについて述べる時間が短くなってしまうことがないように気をつけましょう。
>
> ★4 文語的な副詞句が使われおり，やや聞き取りにくい表現となっています。
> ➡ あえて難しい表現を使おうとする必要はありません。聞いた時にわかりやすく，

ダイレクトに情報源がわかる表現を用いるとよいでしょう。The professor says …, He also notes that … といった表現が役立ちます。

★5 講義で述べられているのは「昔の技術は予想を超えて今でも通用している」ということであって,「現代の機器に匹敵する性能である」とは述べられていません。
➡ よく聞き取れなかった箇所については,推測で答えるのは避けましょう。

《構成の改善例》

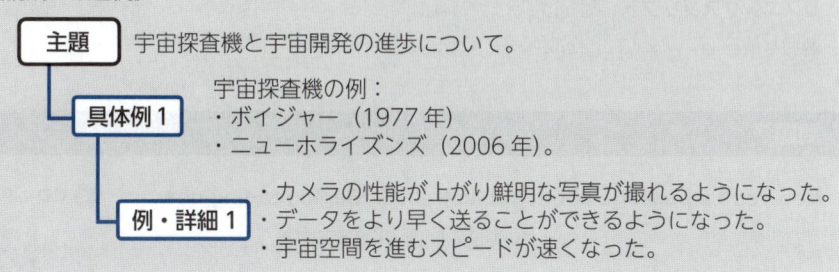

```
主題 ── 宇宙探査機と宇宙開発の進歩について。
  └ 具体例1 ── 宇宙探査機の例:
                ・ボイジャー(1977年)
                ・ニューホライズンズ(2006年)。
        └ 例・詳細1 ── ・カメラの性能が上がり鮮明な写真が撮れるようになった。
                       ・データをより早く送ることができるようになった。
                       ・宇宙空間を進むスピードが速くなった。
```

適切な解答例　　　　　　　　　　　　　　　　　　　CD 1-90

★1 The reading passage explains what space probes are, and what kind of equipment they carry. It also mentions how technological advancements have improved our exploration of space. ★2 The professor cites two examples, ★3 the Voyager probes launched in 1977, and the New Horizons probe launched in 2006. ★4 The professor says ★3 we can learn more about the planets because the newer probe has much better cameras that take clearer pictures. The New Horizons probe can also send more data back faster. He also said the new technology lets New Horizons go even farther into space. No one in the past could have imagined we'd send a spacecraft to Pluto. This supports the statement in the reading passage. ★4 He also notes that the Voyager probes are still working today, which suggests that while technology has advanced, the ★5 old technology is still valuable. (139 words)

(課題文では宇宙探査機とは何なのか,そしてそれらはどのような種類の装置を備えているのかということを説明しています。そこにはまた,いかにして科学技術が私たちの宇宙開発を改良してきたのかについても述べられています。教授は1977年に打ち上げられたボイジャー探査機と2006年に打ち上げられたニューホライズンズ探査機という2つの例を挙げています。新しい探査機はより鮮明な写真を撮れる,ずっと性能がよくなったカメラを備えているため,私たちは惑星についてより多くのことを知ることができると教授は言っています。ニューホライズンズはより多くのデータをより速く送り返すこともできます。教授はまた,新しい科学技術のおかげでニューホライズンズは宇宙空間をさらにもっと速く進めるようになっているとも言っています。私たちが冥王星に宇宙船を飛ばすことなど,昔の人々は誰も想像できなかったでしょう。このこと

が課題文中の記述を裏付けています。教授は，ボイジャーが今日もなお動き続けているとも述べており，このことは，科学技術は進歩したが，古い科学技術は今でも価値があるということを意味しているのです。）

✓ 重要表現チェック

課題文	☐ transmit「～を伝送する」 ☐ sophisticated「洗練された」
リスニングスクリプト	☐ initially「当初は」
適切な解答例	☐ cite「～を引用する」

問題7

Now read a passage about public transit. Begin reading now. 🔘 CD 1-91

Reading Time: 45 seconds

Public Transit

Providing public transit is one of the obligations cities have in serving their citizens. Unlike building roads and other kinds of travel infrastructure, public transportation is a service. Cities don't just build subways and let the public use them as they wish. They have to buy and maintain vehicles, plan out service times, and determine coverage. All these things are subject to change based on changing living habits and limited budgets. Public transit agencies need to be careful as any change can greatly affect the lives of a city's citizens.

Now listen to part of a lecture on this topic in a city planning class.

Using points and examples provided by the professor, explain the two different goals that transit agencies have to contend with.

Preparation Time: 30 seconds
Response Time: 60 seconds

【課題文訳】
公共交通機関に関する文を読みなさい。では，読み始めなさい。

公共交通機関

公共交通機関を提供することは，市民に奉仕する市の義務の1つです。道路やその他の交通インフラの建設とは違い，公共交通機関はサービスです。市は地下道を作って住民に好きなように使

わせるというのではなく，乗り物を買い入れ，保守整備をし，運行時間を計画し，どの範囲を運行するかを決めなくてはなりません。これらのことはすべて，変化する生活習慣や限られた予算に基づいて変化していかざるを得ません。どんな変化も市民の生活に大きな影響を与えるため，交通局は注意を怠ってはなりません。

【リスニングスクリプト】

Now listen to part of a lecture on this topic in a city planning class.

Transit planning is always being pulled back and forth by two opposing philosophies: efficient use of resources and providing wide coverage. Transit agencies are always deciding which of these goals to aim for as they plan routes and projects. The first aim is simple: put as many people on buses and trains as possible. Focus on popular routes and make service frequent. If a route doesn't carry many people, you cut it and divert resources to more popular ones. This thinking is based on making transit more efficient and cost effective. Why waste money on buses that few people use? On the other hand, a transit agency may opt to provide wide coverage. Say a bus goes far out into the suburbs and is used by few people. Under this philosophy it should still be kept. Those few people who use it are still citizens after all, and they should be served by their community. This thinking makes transit more of a right and less like a business. With limited budgets and resources, cities have to determine where they fall between these two mindsets.

【リスニングスクリプト訳】
都市計画の授業での講義の一部を聞きなさい。

交通計画は常に2つの対立する哲学の間を行ったり来たりしています。その2つとはすなわち，資源の効率のよい活用と，広範囲に及ぶ運行ということです。交通局はルートや建設計画を作成する際に，常にこの2つの目標のどちらを目標にするか決めているのです。第一の目標はシンプルなものです。すなわち，できるだけ多くの人をバスや電車に乗せること，利用者の多いルートに集中して多くの便を走らせるということです。もしそのルートに多くの利用者がいなければ，それは取り止め，より多くの人が使う路線に人員・物資を振り分けるわけです。このような考え方は，交通の効率と費用対効果を上げるという方針に基づいています。ほとんど人が利用しないバスに対してお金を無駄遣いする必要があるでしょうか。一方，交通局はより広範囲の運行を提供するほうを選ぶかもしれません。例えば，あるバスは郊外の遠いところまで走っていて，利用客は少ないとします。この哲学に基づけば，そのバスルートはそれでも運行するべきです。それを利用する人は少数であっても，住民には違いないのですから，地域のサービスを受けることができて当然です。この考え方は，交通をビジネスというよりはむしろ権利として見るものです。限られた予算や資源で，市はこの2つの考え方のどこに収まるべきかを決定しなければならないのです。

【設問訳】
教授が挙げた論点と例を用いて，交通局が取り組まなくてはならない2つの異なる目標を説明しなさい。

解答例

不十分な解答例

★1 The two philosophers always say that we have to provide ★2 public transit services with (→to) all of the citizens. ★3 ★4 They say public transportation should think about the money to spend on buses, subways, and trains to attract as many people as possible. Routes that aren't used by many people should be cancelled because (→so) money isn't being spent on buses that only have a little (→few) passengers. ★3 Though there is a view which (→that) transportation is a service that should be provided to everyone, even if it will cost (→costs) money. ★5 In my opinion, because I live in a rural area where public transportation is very poor, I hope many routes will be introduced no matter how much money it costs.

●構成と内容の改善ポイント

★1 リスニングの冒頭部分で用いている philosophies（考え方）を philosophers（哲学者）と聞き間違えています。
  ➡ 主題となる「交通局が取り組まなくてはならない主な事柄」に内容を修正しましょう。まずは課題文からしっかりと主題を把握することが大切です。それを意識しながらリスニングに臨み，大きく内容を取り違えることを防ぎましょう。

★2 ★1 で修正した「主な事柄」の内容としては，教授が講義中に「効率を最大限に上げること」，「市民全員にサービスを提供すること」の2点を挙げていますが，この前者の内容が述べられていません。
  ➡ 1つ目の内容を加え，その後に並列の関係を表す等位接続詞 and を用いて，2つ目の内容へとつなげましょう。

★3 いきなり具体例の説明に入っているため，全体像がとらえにくくなっています。
  ➡ 具体例が複数ある場合は順序を表すディスコースマーカーを用いて，順に説明していく習慣をつけましょう。今回は具体例が2つなので，The first ..., The other ～ を文頭に付けてから述べていくと，構成がわかりやすくなります。

★4 節の主語の public transportation は「公共交通機関」という意味しかないため，think about ～ の主語としては不適切です。また，「できるだけ多くの人々を引き付けるためにお金を費やすことを考えなければいけない」と言うと，予算枠を拡大するということになり，問題の要旨とは異なってしまいます。
  ➡ 公共交通機関を司る a (transit) agency「（交通）局」が主語として適切です。また，

ここでは ★2 で述べた「主な事柄」のうちの1点「効率を最大限に上げること」の詳細を述べるべきなので，限りある予算とバスの台数を最大限に生かすことに関してまとめていきましょう。

★5 自分の意見を述べることは問題として求められていません。あくまでも課題文と講義で述べられている内容に基づいてまとめるという形式に従いましょう。
➡ ここは締めくくりにあたる文なので，教授が講義で述べている内容に沿って，なぜ採算の取れない路線でも公共交通機関が廃止されるべきではないのかという点についてまとめるとよいでしょう。

《構成の改善例》

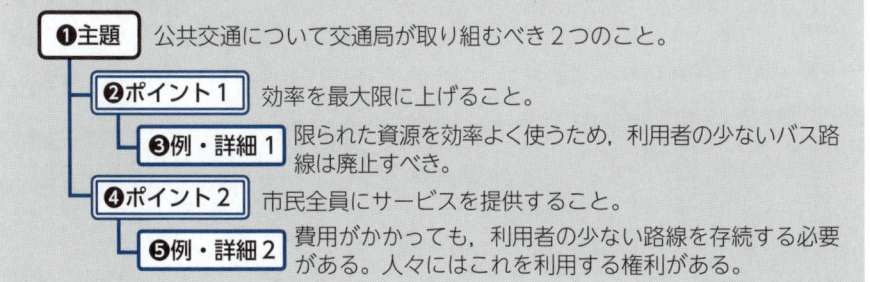

- ❶主題　公共交通について交通局が取り組むべき2つのこと。
  - ❷ポイント1　効率を最大限に上げること。
    - ❸例・詳細1　限られた資源を効率よく使うため，利用者の少ないバス路線は廃止すべき。
  - ❹ポイント2　市民全員にサービスを提供すること。
    - ❺例・詳細2　費用がかかっても，利用者の少ない路線を存続する必要がある。人々にはこれを利用する権利がある。

適切な解答例　　　　　　　　　　　　　　　　　　　CD 1-92

★1 The main considerations a transit agency has to contend with are ★2 maximizing efficiency and providing services to all of the citizens. ★3 The first is based on ★4 how well the agency uses its resources. If an agency only has so much money and so many buses they should be used as efficiently as possible. Routes that aren't used by many people should be cancelled so money isn't being spent on busses that only have a few passengers. ★3 The other view is that transportation is a service that should be provided to everyone, even if it costs money. ★5 In this case, a route that travels far from the city and serves only a few people should still be used since those people have a right to public transportation.　　　　　　　　　　　　(126 words)

（交通局が取り組まなくてはならない主な事柄は，効率を最大限に上げることと，市民全員にサービスを提供することです。1つ目については，交通局がいかにうまく資源を使うかに基づいています。交通局が一定の金額と一定の台数のバスしか持っていないのであれば，それらはできるだけ効率よく使われなくてはなりません。利用者の少ない路線は，少数の乗客しかいないバスにお金が無駄に使われることのないよう廃止されるべきです。もう1つの観点は，たとえ費用がかさんでも輸送はすべての人に対して提供されるべきサービスだということです。この場合，街から遠く離れたところまで行くバス路線にほんの少数の利用者しかいなくても，その人々には公共

交通機関を利用する権利があるのだから，路線を存続させなくてはならないということになります。）

✓ **重要表現チェック**

リスニングスクリプト	□ divert A to B「A を B へと転換する」
設問文	□ contend with ～「～に取り組む」
不十分な解答例	□ a view that ...「…という見解」

MEMO

Integrated Task　Question 5
解答のエッセンス

> **出題内容**
> 《設問形式》2人の会話を聞き，会話の中で述べられている問題に対する2つの解決策のうちどちらかを選び，理由とともに述べる。
> 《ジャンル》キャンパス内で起こるあらゆる問題に関するもの。
> 《制限時間》準備時間：20秒，解答時間：60秒

　Question 5 には課題文はなく，会話だけを聞いて答える形式となっています。会話の内容は大学生活に関するもので，キャンパス内で起こる問題に対し，2つの解決策が示されます。設問では，この問題の内容を要約し，提示された解決策のうち一方を選んで理由とともに述べることが求められます。

　同じく会話を聞いて解答する Question 3 と大きく異なるのは，解答の際に自分の意見を述べなければならないという点です。まずはしっかりと「問題」がどんなことかを把握した上で，2つの解決策の内容をおさえます。解答する際には，問題点と解決策の説明ばかりに時間をかけすぎて，肝心な解決策の選択とその理由の説明が不十分にならないよう，時間配分に気をつけましょう。なお，どちらの解決策を選んだとしても，評価に影響はありません。ただし，どちらを選んだのかが明確に伝わらない解答は減点されますので，注意しましょう。立場をはっきり示すことが大切です。

　解答の構成としては以下のような形があります。

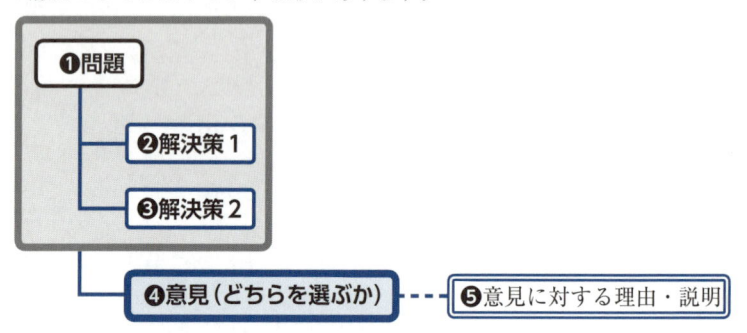

```
❶問題
 ├─ ❷解決策1
 ├─ ❸解決策2
 └─ ❹意見（どちらを選ぶか） --- ❺意見に対する理由・説明
```

　それでは，Question 5 の出題例を用いて，設問に答えるための考え方を学びましょう。まずは以下の問題にチャレンジしてみてください。適宜メモをとりながら取り組みましょう。

例題

Listen to a conversation between two students. ● CD 1-93

The two students discuss two possible solutions to the man's problem. Describe the problem. Then state which of the solutions you prefer and explain why.

Preparation Time: 20 seconds
Response Time: 60 seconds

【設問訳】
２人の学生が，男子学生が抱えている問題に対する２つの解決策について話しています。その問題について述べなさい。そしてあなたはどちらの解決策を選ぶかを理由とともに説明しなさい。

リスニングスクリプト ➡ p.205

(メモ)

I アイディア・情報を論理マップに整理する

例題について，次の手順に沿って論理マップを使った情報整理のしかたを見てみましょう。

(1) 会話で話題に挙がっている問題の要点を中央に書き出します（❶）。
(2) 会話の中で，この問題に対する解決策が2つ述べられているので，その内容を書き出します（❷，❸）。各解決策の長所や短所等の関連情報についても，あわせて把握しておけるとよいでしょう（グレーの楕円部分）。
(3) 設問では❷と❸のどちらがよいと思うかを問われているので，一方を選びます。
(4) 選んだ解決策について，なぜそちらがよいと思うのか，理由を外に線を伸ばして書きます（❺）。

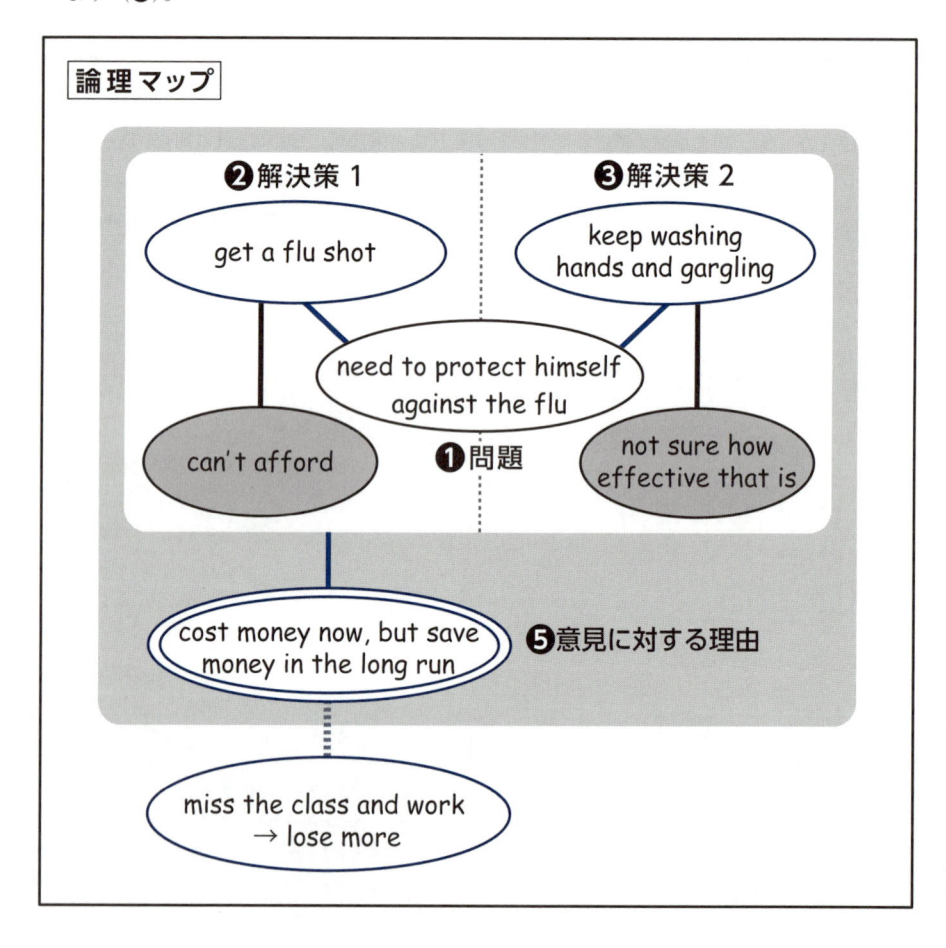

論理マップ

- ❷解決策1: get a flu shot
- ❸解決策2: keep washing hands and gargling
- ❶問題: need to protect himself against the flu
- can't afford
- not sure how effective that is
- ❺意見に対する理由: cost money now, but save money in the long run
- miss the class and work → lose more

論理マップのポイント

☆両者の意見を正確に把握する

例題では2人が互いに相反する解決策を述べています。女性の2つ目の発言に出てくる But you have to get a shot のように，対立や対照を表すディスコースマーカーに注意して，それぞれの意見をしっかり聞き取ることが重要です。

- [ ] but / though / although（〜だけれども）
- [ ] while / whereas（〜だが一方で…）
- [ ] however / still（それにもかかわらず）

また，次のような表現で，**一方の意見をいったん認めた上で，もう一方の選択肢や自分の意見に言及する場合**には注意が必要です。本当に主張したい内容は but や however の後に述べられています。

- [ ] It is true ［To be sure ; Indeed］ 〜 , but ….
- [ ] It is true ［To be sure ; Indeed］ 〜 . However ….
    （なるほど，確かに〜だが，しかし…。）

なお，出題パターンとしては，**1人が困っていて，もう1人が2つの提案をしているというパターン**もあります。この場合は You should 〜 . Another option is …のような表現に注意して聞き取ります。あるいは，**1人が2つの選択肢で迷っているというパターン**もあります。この場合も First 〜 . But … のようなディスコースマーカーに注意して聞き取りましょう。

Ⅱ 解答を組み立てる

解答の構成を意識しながら，論理マップに書いたキーワードを用いて内容をまとめます。まずは以下に骨格となる文を1〜2文簡単に書いてみましょう。

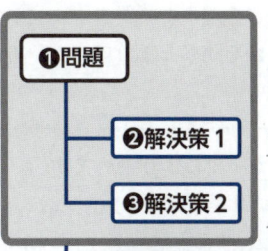

- **❶問題**: The man's problem is that he needs to protect himself from getting the flu.
- **❷解決策1**: to get a flu shot though it will cost money
- **❸解決策2**: to wash his hands and gargle when he comes home
- **❹意見（どちらを選ぶか） --- ❺意見に対する理由・説明**: I think the man should get a shot, because he will save money in the long run.

●要点を簡潔にまとめて述べる

　解答の冒頭ではまず，会話に示されている問題の内容を簡潔にまとめます。例題では，会話にある to protect yourself against the flu を利用してまとめるとよいでしょう。「インフルエンザからどのようにして身を守るか」のように考えて The problem is how he could protect himself from flu. などとしてもよいでしょう。次のような表現が役立ちます。

[役に立つ表現]
- □ The man's problem is ....
- □ The man has a problem that ....

　続いて，2つ挙げられている解決策を整理して説明していきましょう。例題の会話では，女性の2回目の発言に you have to get a shot とあるので，これが1つ目の解決策です。そして男性が3回目の発言で keep washing my hands and gargling with salt water と言っており，これが2つ目の解決策と考えられます。これらを説明する際には，次のような表現を用いるとよいでしょう。

[役に立つ表現]
- □ One solution [choice] is to 〜 . The other solution [choice] is to ....
  「1つの解決法は〜です。もう1つの解決法は…です。」
- □ The man thinks 〜 . However the woman thinks ....
  「男性は〜と考えています。けれども女性は…と考えています。」

　あるいは，「問題点」と「2つの解決策」の説明を合わせた形で，次のような表現も使えます。

[役に立つ表現]
- The man has to [must / needs to] decide whether ....
  「男性は…かどうかを決めなければなりません。」

●自分の選択とその理由を述べる

　解答において最も重要なのが，どちらの解決策を支持するかを述べる部分です。一方だけ選んで，簡潔にはっきりと述べましょう。

[役に立つ表現]
- □ I would recommend that the man should .... 「私は男性が…するよう勧めます。」
- □ I think [suppose] the man should .... 「男性は…すべきだと思います。」
- □ If I were the man, I would .... 「もし私がその男性なら，…すると思います。」
- □ Of the two choices I would recommend .... 「2つの選択肢のうち，私は…を勧めます。」
- □ In my opinion, the man should .... 「私の意見としては，男性は…すべきだと思います。」

なお，理由は2つ程度挙げましょう。この時も，Question 1で学んだような列挙する際のディスコースマーカーを用いるとわかりやすく伝えることができます。

【解答例】　　　：ディスコースマーカー　　　　　　　　　　　CD 1-94

The man's problem is that he needs to protect himself from getting the flu. One solution to the problem is to get a flu shot, though this will cost money and he believes it may not be effective. Another possible solution is to wash his hands and gargle when he comes home. I think the man should get a shot, because he will probably save money in the long run. Although it costs money now, he should think about the risks. He is on a campus with a lot of people, so it will be easy for him to catch the flu virus. He could even spread the virus to others if he is not careful. And as the woman mentions, if he has to miss classes and work, then he will lose more than he spends on the shot.　　　　　　　　　　　　　　(140 words)

（男性の問題は，インフルエンザにかからないように，自分自身を守る必要があるということです。この問題に対する1つの解決法は，インフルエンザの予防注射を受けることですが，これには費用がかかります。それに男性は予防注射には効果がないかもしれないと考えています。もう1つの解決法は，帰宅時に手を洗い，うがいをすることです。私は，この男性は予防注射を打つべきだと思います。というのは，長い目で見たらお金の節約になるだろうと思うからです。今はお金がかかるけれども，リスクについて考えるべきです。彼はたくさんの人と一緒に大学のキャンパスにいますから，インフルエンザウイルスに感染しやすいでしょう。彼は注意しないと，そのウイルスを他の人にまき散らしてしまうかもしれません。それに女性が言っているように，もし授業や仕事を休まなければならなかったら，彼は注射にかけた費用よりももっと多く損をするでしょう。）

【リスニングスクリプト】

W: The flu season is coming. Have you been to the clinic to get your flu shot yet?
M: I wasn't planning to get one. I heard some people get the flu after they got the shot.
W: But you have to get a shot to protect yourself against the flu. And anyone who comes in contact with large numbers of people should get the shot. That's especially true for us here at the college.
M: Then, it's free for students, I assume.
W: I wish! No, it's 12 dollars for the shot or 60 dollars for the nasal spray.
M: I can't afford that. I'll just keep washing my hands and gargling with salt water when I get home.
W: I'm not sure how effective that will be. Soon you'll be caught in a crowd of people no matter where you go. And the shot may be expensive, but think of how much school and work you'll have to miss if you get the flu.

M: That's right. If I missed work it'd be more of a loss than what I'd pay for the shot.

【リスニングスクリプト訳】

女性：インフルエンザの季節がやってくるわね。インフルエンザの予防接種を受けに，もう病院に行った？

男性：予防接種はしないつもりなんだ。予防接種をした後にインフルエンザになった人がいるって聞いたんでね。

女性：でも，自分自身をインフルエンザから守るためには，予防接種を受けなくちゃ。それにたくさんの人と接触する人は誰でも，予防接種を受けるべきよ。私たちみたいな大学生は特に当てはまるわ。

男性：じゃあ，学生は無料なんだろうね。

女性：そうだったらいいわね。でも違うのよ，予防接種なら12ドル，点鼻スプレーなら60ドルよ。

男性：僕にはそんな余裕はないなあ。家に帰ったら手を洗って，塩水でうがいを続けるくらいかな。

女性：それって，どれくらい効果があるのかしら。どこへ行っても，すぐ人ごみの中に入っちゃうでしょ。それに，予防接種は高いかもしれないけど，インフルエンザにかかったらどれだけ学校や仕事を休まなくちゃならないか考えてみてよ。

男性：その通りだね。もし仕事を休んだら，予防接種代よりも損失が大きいだろうね。

✓ 重要表現チェック

☐ flu「インフルエンザ」
☐ in the long run「長い目で見れば，長期的には，結局」
☐ flu virus「インフルエンザウイルス」
☐ as the woman mentions「女性が言っているように」

仕上げ

☐ 音声を聞いた後，実際に制限時間60秒を計りながら，上の解答例を音読しましょう。音声を聞く際には，発音や音のつながり，抑揚，リズム，強弱のつけ方に注意するとよいでしょう。また，音読する時には，英文の意味を考えながら話し，英語の音と意味とを一体化させることを意識すると効果的です。

☐ 自分自身で改めて論理マップを作成し，解答をまとめてみましょう。解答を作成したら，時間を計って60秒でスピーチをしてみましょう。

Question 5 | 解答のエッセンス

演習問題

【1】 準備時間：制限なし　→　解答時間：60秒

音声を聞いて設問に答えましょう。下のスペースに情報を整理し，解答を組み立ててください。円や線は自由に書き加えて構いません。

Listen to a conversation between two students.　　　CD 1-95

> The two students discuss two possible solutions to the man's problem. Describe the problem. Then state which of the solutions you prefer and explain why.

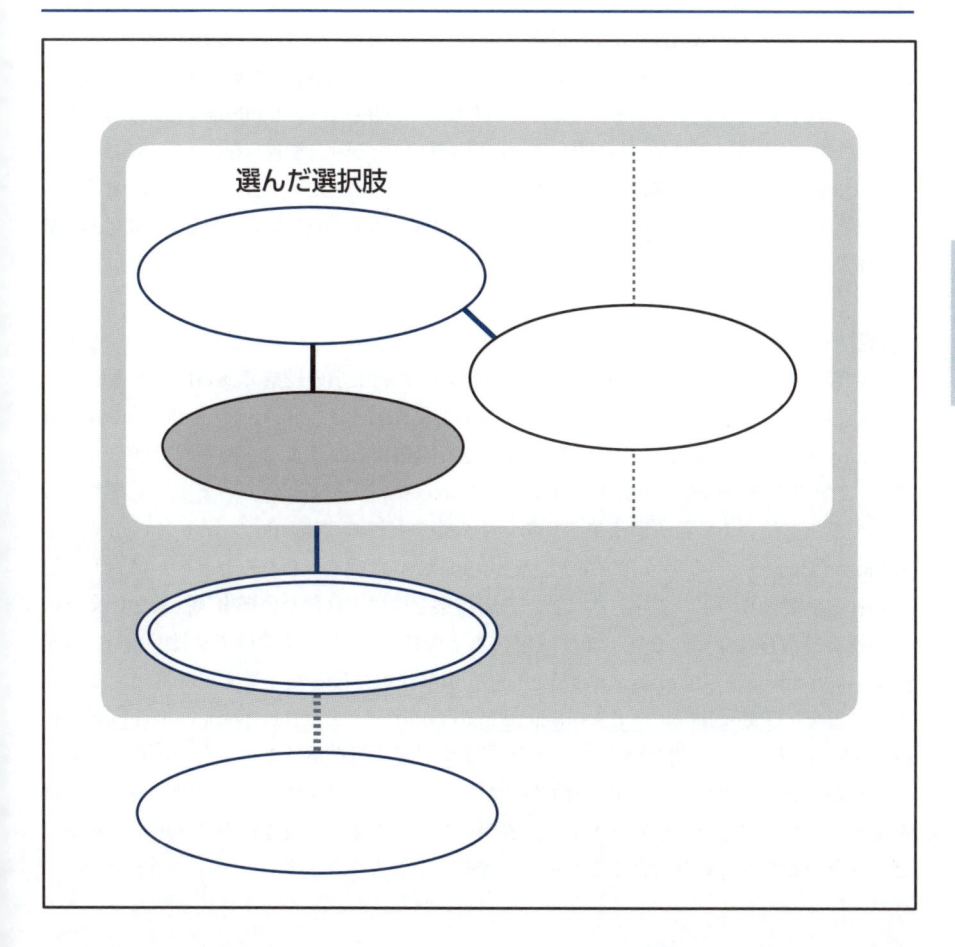

選んだ選択肢

【解答例】

 CD 1-96

The man's problem is that he does not understand what to write for his literature essay. One solution to the problem is to go to the professor's office and ask for help. Another possible solution is to get help from one of his classmates. I prefer the second solution. I think the man should get help from one or more of his classmates, because they can probably write better papers if they work together. In my experience, other students in my classes tend to have interesting ideas and observations that I cannot think of by myself. I agree that it is difficult asking strangers for help, but in this case it will probably lead to good results. Besides, the man has to miss class in order to visit the professor's office during his office hours. (135 words)

（男性の抱えている問題は，文学の授業の作文に何を書けばよいかわからないことです。この問題に対する１つの解決策は，教授の研究室を訪ねて助言を求めることです。もう１つ可能性のある解決策は，同じクラスの誰かから助けを得ることです。私は，２つ目の解決策のほうがよいと思います。男性は，１人かそれ以上の同級生から助けをもらうべきだと思います。クラスの人たちで協力すれば，よりよいレポートが書けるかもしれないからです。私の経験では，クラスの他の学生たちは，私１人では思いつかないような興味深いアイディアや見解を持っていることがよくあります。知らない人に助けを求めにくいのはわかりますが，この場合はきっとよい結果につながると思います。それに，男性はオフィスアワーの間に教授の研究室を訪ねるためには，授業を休まなければなりません。）

【解説】

会話の最初のほうで，男性がロビンソン教授の19世紀文学の授業で長い作文を書かなくてはならないことが明らかになり，それに続いて彼が言う I don't really understand what I'm supposed to write という部分が彼の抱える問題にあたります。解答例ではここまでを，「文学の授業の作文に何を書けばよいかわからない」とまとめています。提案される２つの解決方法の１つ目（解決策１）を示すのが，女性の Why don't you just go to Dr. Robinson's office ...? という発言です。Why don't you ...?（…したらどう？）は，よく用いられる提案表現の１つです。次に彼がこの提案を受け入れがたい理由（授業を休まないと教授を訪ねられない）を述べます（解決策１の短所）。それを受けて女性が言う Have you asked any of your classmates for help? が解決策２にあたります。解答例では２つの解決策を，One solution to the problem is to go to ～と Another possible solution is to get help ～ という表現で整理して示しています。解決策を挙げたら，次はどちらがよいと思うかとその理由を述べます。解答例では，中ほどで意見を表明した後で，自分の経験を交えながら理由を説明しています。解答例のように会話で言及された解決策１，解決策２の長所や短所を含めることで文章を膨らませることもできます。

Question 5 | 解答のエッセンス

```
┌─────────────────────────────────────────────┐
│ 論理マップ                                    │
│   ┌───────────────────────────────────────┐ │
│   │       ❸ 解決策 2                       │ │
│   │  ╭──────────────╮                     │ │
│   │  │ to get help   │                     │ │
│   │  │ from one of   │ ╭──────────────╮   │ │
│   │  │ his classmates│ │ do not       │   │ │
│   │  ╰──────────────╯ │ understand   │   │ │
│   │    ╭──────────────╮│ what to write│   │ │
│   │    │ difficult    ││ for literature│  │ │
│   │    │ asking       ││ essay        │   │ │
│   │    │ strangers    │╰──────────────╯   │ │
│   │    │ for help     │   ❶ 主題           │ │
│   │    ╰──────────────╯                    │ │
│   │                                        │ │
│   │   ╭──────────────╮                    │ │
│   │   │ write better │ ❺ 意見に対する理由   │ │
│   │   │ papers if    │                    │ │
│   │   │ they work    │                    │ │
│   │   │ together     │                    │ │
│   │   ╰──────────────╯                    │ │
│   └───────────────────────────────────────┘ │
│        ╭──────────────╮                     │
│        │ other students│                    │
│        │ tend to have  │                    │
│        │ interesting   │                    │
│        │ ideas and     │                    │
│        │ observations  │                    │
│        ╰──────────────╯                     │
└─────────────────────────────────────────────┘
```

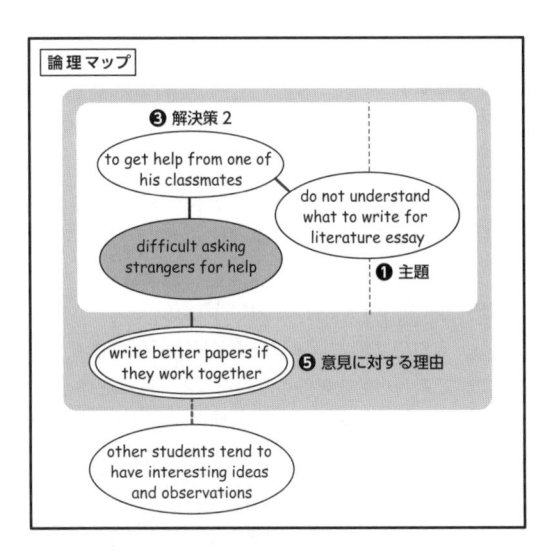

【リスニングスクリプト】

Listen to a conversation between two students.

M: Hey, have you ever taken Dr. Robinson's 19th century literature course?

W: No, I haven't. Why do you ask?

M: I'm taking that course now, and I have to write this big essay, but I don't really understand what I'm supposed to write. I always get bad grades on my papers for that class, so I really want to write a good one this time.

W: Why don't you just go to Dr. Robinson's office and ask him to help you?

M: I would, but I have class during his office hours, so I can't meet with him. I don't want to skip class just so that I can get his advice on an essay.

W: Yeah, I hate it when professors have inconvenient office hours. Have you asked any of your classmates for help? Maybe you could set up a study group or something.

M: I guess I could do that, but I feel kind of uncomfortable asking my classmates, because I don't know any of them that well. Also, I don't even know if they'll be able to help me.

W: There's no harm in asking, right? You might even make some new friends.

M: Yeah, maybe. I'll think about it.

【リスニングスクリプト訳】
2人の学生の会話を聞きなさい。
男性：ねえ，ロビンソン先生の19世紀の文学の授業を取ったことはある？
女性：ううん，ないわ。どうしてそんなこと聞くの？
男性：僕は今，その授業を取っていて，こんなに長い作文を書かないといけないんだけど，何を書けばいいのか全然わからなくて。この授業のレポートではいつも成績が悪いから，今回は本当にいいレポートが書きたいんだ。
女性：ロビンソン先生の研究室に行って，助言を求めてみたら？
男性：そうしたいんだけど，先生のオフィスアワーの時間帯，僕は授業があるから，会いに行けないんだ。作文についてアドバイスを得るためだけに，授業を休みたくないし。
女性：そうね，教授のオフィスアワーが都合の悪い時間にあると嫌よね。同じクラスの誰かに手伝ってもらえないか聞いてみた？ 勉強会か何かを立ち上げてみるとか。
男性：それもできるとは思うんだけど，クラスの人に聞くのはちょっと気まずいんだよね。誰もそれほどよく知らないから。それに，彼らが僕を助けてくれるかどうかさえわからないよ。
女性：聞いてみても悪くないんじゃないの？ 新しい友達ができるかもしれないわよ。
男性：そうかもしれないね。考えてみるよ。

【設問訳】
2人の学生が，男子学生が抱えている問題に対する2つの解決策について話しています。その問題について述べなさい。そしてあなたはどちらの解決策を選ぶかを理由とともに説明しなさい。

✓ 重要表現チェック
解答例
- ☐ tend to *do*「…する傾向がある」
- ☐ observation「見解；観察」
- ☐ think of 〜「〜を思いつく」
- ☐ besides「それに，その上」

リスニングスクリプト
- ☐ be supposed to *do*「…しなければならない〔することになっている〕」
- ☐ skip class「授業を休む」(miss class も同様の意味)
- ☐ There is no harm in *doing*「…しても悪くない〔問題はない〕」

Question 5 | 解答のエッセンス

【2】 準備時間：40秒　→　解答時間：60秒

音声を聞いて設問に答えましょう。今度は頭の中で情報を整理し，制限時間を守って解答しましょう。準備時間は本番の倍の長さにしてあります。

Listen to a conversation between a student and a clerk at the student affairs office.　　　　　　　　　　　　　　　　　　　　　　　　🔘 CD 2-01

The student and the clerk discuss two possible solutions to the student's problem. Describe the problem. Then state which of the solutions you prefer and explain why.

【解答例】　　　　　　　　　　　　　　　　　　　　　　　　🔘 CD 2-02

The woman's problem is that she needs to find a place to live next semester, but she does not have a roommate. One solution to the problem is to use the university's roommate service. Another possible solution is to live in a single room. I prefer the first solution. I think the woman should use the roommate matching service, because she might be able to find a very good roommate that way. I agree that living with a stranger is scary, but it is also an important part of the college experience. If she is lucky, she might even find a great new friend. In any case, getting a single room is a bad solution, because it will be very expensive, and this will cause her to feel even more stressed.　　　　　　　　(131 words)

（女性の抱えている問題は，来学期住む場所を見つけなければならないのに，ルームメイトがいないことです。この問題に対する1つの解決策は，大学のルームメイトサービスを利用することです。もう1つ可能性のある解決策は，シングルルームに住むことです。私は1つ目の解決策のほうがよいと思います。女性は，ルームメイト・マッチングサービスを利用するべきだと思います。そうすれば，とてもよいルームメイトを見つけられるかもしれないからです。知らない人と住むのが怖いのはわかりますが，それも大学での経験の大事な一部だと思います。もし彼女の運がよければ，新しい素敵な友人まで見つかるかもしれません。いずれにしても，シングルルームを確保することはよくない解決策です。とても高くつき，それによって彼女はさらにストレスを感じることになるからです。）

【解説】

女性の最初の発言が示すように，彼女が抱える問題は「来学期はキャンパス内のアパートに住みたいけれど，一緒に住む人がいない」ことです。まずはこの内容をまとめて述べましょう。解答例では，The woman's problem is that ...という書き出しを用いています。続いて，男性の提案に基づき，2つの解決策を簡潔に示しましょう。解答例では，One solution to the problem is 〜. Another possible solution is 〜という形にまとめています。次に，「よいと思う選択肢とその理由」を述べますが，解答例では，2 つの解決策のどちらを支持するかを明確にした上で，I think the woman should use the roommate matching service, because 〜 とより具体的に，because という接続詞に続けて理由を含めて説明しています。さらに I agree that living with a stranger is scary, で，女性の発言 I'm not sure if I'm comfortable living with a stranger（解決策 1 の短所）に対する理解を示した上で，but it is also an important part 以下でそれでもこの解決策がよいと思う理由を追加しています。余裕があれば，解決策 2 を選ばない理由，解決策 2 の短所についても言及し，話を膨らませてみましょう。解答例では最後の，In any case, getting a single room is a bad solution 〜の一文がそのような言及に該当します。

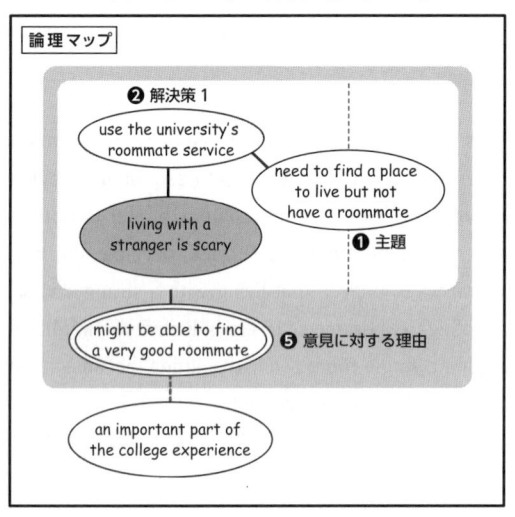

論理マップ

❷ 解決策 1
use the university's roommate service

need to find a place to live but not have a roommate
❶ 主題

living with a stranger is scary

might be able to find a very good roommate
❺ 意見に対する理由

an important part of the college experience

【リスニングスクリプト】

Listen to a conversation between a student and a clerk at the student affairs office.

Clerk : Hi there, how can I help you?

Student: Hi. I was planning on living in the on-campus apartments next semester with my current roommate, but I just found out that she's studying abroad next semester. So now I have no roommate, and I'm not really sure what to do. I was hoping that maybe you could help me.

C : I see. You know, there are quite a lot of students in the same situation as you. Have you thought about trying out our roommate matching service?

S : Roommate matching service? How does it work?

C : Students that need roommates for next semester submit their information to us, and then

we pair them with other students that seem like good candidates for living together.
S: I suppose that is one option. I'm not sure if I'm comfortable living with a stranger, though.
C: If you're interested, we also have single rooms available in the on-campus apartments.
S: You do? I didn't know that. How much are they?
C: Well, it depends on what building you live in, but most of them are around twelve hundred dollars per month.
S: Wow, that's expensive. That's almost double what I'm paying now. I'll have to think about it. Anyway, thank you for your help.
C: No problem at all. Please come back if you have any more questions.

【リスニングスクリプト訳】
学生と学生課職員との会話を聞きなさい。
職員：こんにちは。どうしましたか。
学生：こんにちは。今一緒に住んでいるルームメイトと来学期からキャンパス内のアパートに住もうと思っていたのですが，彼女が来学期は留学することがわかったのです。それで，ルームメイトがいなくなるので，どうしたらいいかわからなくなってしまいました。こちらで何か助けが得られるかもしれないと思ったものですから。
職員：なるほど。あなたと同じ状況にある学生は結構たくさんいるんです。我々のルームメイト・マッチングサービスを試してみることは考えましたか。
学生：ルームメイト・マッチングサービス？ それはどういう仕組みですか。
職員：来学期のルームメイトを必要としている学生に自分の情報を提出してもらい，その学生たちを，一緒に住むのによさそうな候補と思われる他の学生と引き合わせます。
学生：それは１つの選択肢になりそうです。でも，知らない人と一緒に住んで平気かどうか自信がありません。
職員：もし関心があれば，キャンパス内のアパートにはシングルルームもありますよ。
学生：そうなんですか。知りませんでした。いくらかかりますか。
職員：どの建物に入居するかにもよりますが，ほとんどが月額1,200ドル前後です。
学生：うわぁ，高いですね。今払っている額の２倍近くです。それも考えてみないといけないと思います。でもとにかく，相談に乗ってくださってありがとうございました。
職員：いえいえ。さらに質問があれば，いつでも来てください。

【設問訳】
学生と大学職員が，学生が抱えている問題に対する２つの解決策について話しています。その問題について述べなさい。そしてあなたはどちらの解決策を選ぶかを理由とともに説明しなさい。

✅重要表現チェック

解答例
- [ ] that way「そのやり方で」
- [ ] scary「恐ろしい」
- [ ] in any case「いずれにしても〔とにかく〕」

リスニングスクリプト
- [ ] clerk「(事務) 職員」
- [ ] student affairs office「学生課」
- [ ] How does it work?「どういう仕組みか?〔どのように機能するか?〕」
- [ ] candidate for ～「～の候補」

MEMO

Integrated Task Question 5

集中トレーニング

　ここまで見てきた Question 5 の解答の組み立て方をもとに，実戦形式の集中トレーニングにチャレンジしましょう。まずはリスニング音声を聞き，本番と同じように時間を計りながらスピーチを行います。できれば自分自身の解答を録音しておき，復習に役立てましょう。

問題 1

Listen to a conversation between a student and a librarian.　　　 CD 2-03

> The student and the librarian discuss two possible solutions to the student's problem. Describe the problem. Then state which of the solutions you prefer and explain why.
>
> 　　　　　　　　Preparation Time: 20 seconds
> 　　　　　　　　Response Time: 60 seconds

【リスニングスクリプト】
Listen to a conversation between a student and a librarian.

Student : I want to check out some books, but I lost my student ID. The books I want to check out are very important for my class next week.

Librarian : That is a problem. Well, there are two things you can do. One is to cancel your ID now and have student services issue you a new card. It'll cost you 20 dollars, though. A new card will take a couple of hours to prepare.

S : OK, I see. What's my other option?

L : Go check where you think you lost it. Retrace your steps and see if someone turned it in. Maybe you can find it yourself. If you find it, it'll save you both time and money.

S : What about these books? If I don't check them out now, someone else might take them. I really need to start using them today.

L : I'll put them aside until 4:00 this afternoon. After that, I'll have to reshelve them for other people to check out.

S : I wonder if I can make it back by then...

【リスニングスクリプト訳】

学生と図書館員の会話を聞きなさい。

学生　　：何冊か本を借りたいのですが，学生証をなくしてしまいました。僕が借りたかった本は，来週の授業のためにとても大事なものなんです。

図書館員：それは困りましたね。そうね，あなたができることは2つありますよ。1つは，今すぐに学生証を失効させて，学生課に新しいカードを再発行してもらうこと。それには20ドルかかってしまいますけどね。新しいカードは2時間で発行されます。

学生　　：なるほど，わかりました。もう1つの方法はどんなものですか。

図書館員：あなたがなくしたと思える場所に行って探してみることですよ。来た道を戻ってみて，誰かが届けてくれていないか確認するといいでしょう。もしかしたら，自分で見つけられるかもしれないわ。もし見つけられたら，時間とお金の両方の節約になりますね。

学生　　：この本はどうしたらいいですか。今借りなければ，誰か他の人が借りて行ってしまうかもしれません。僕はぜひ今日からこの本を使いたいんです。

図書館員：今日の午後4時までは私が取っておきましょう。それ以降は他の人に貸し出すために，棚に戻さなくてはならないけれど。

学生　　：それまでに戻って来られるとよいのですが…。

【設問訳】

学生と図書館員は，学生が抱えている問題に対する2つの解決策について話しています。その問題について述べなさい。そしてあなたはどちらを選ぶかを理由とともに説明しなさい。

解答例

不十分な解答例

★1 The man wants to check out some books. He has lost student ID card (→**lost his student ID card**). ★2 He could have a new card issued. It cost (→**will cost**) him ★3 12 dollars. ★2 Or he could go back where he thinks he may lost (→**may have lost**) his card and try to find it. ★4 The librarian says she put (→**will put**) aside the books by (→**until**) four o'clock. But she will reshelve them after that for other people to check out. I think the man should have a new card made, ★5 because he needs to study for classes. Of course, he has to pay money for the new card, but studying is more important for a student.

●構成と内容の改善ポイント

★1 2つの文の間に接続表現がなく，「本を借りたい」ことと，「学生証を紛失した」ことの関連が聞き手に伝わりにくい可能性があります。
　➡ 「本を借りるのに学生証が必要であるが，紛失してしまった」という文にまとめ

るとよいでしょう。また，冒頭で The man's problem is ~ と述べると，聞き手は状況をより理解しやすくなります。

★2 解決策の内容が唐突に提示されています。
➡ 最初に One solution to the problem is ~ という言葉を付けると，「今から述べる情報は，問題に対する1つの解決策である」ということを聞き手に予告することができます。2つ目の解決策を述べる際にも，Or の1語のみでは明確さに欠けるため，Another possible solution is ~ などの表現を使うとよいでしょう。

★3 数字を正確に聞き取れていません。
➡ 数字の情報は間違えないように，しっかりメモしましょう。メモできなかった場合には，some money などの表現を使い，具体的な数字を使うのを避けます。また，「20ドルかかる」というこの情報は，1つ目の解決策（新しいカードの発行）のデメリットなので，but や though などの接続詞を用いて前の文につなげたほうが，関連性が明確になります。

★4 解決策についての詳細情報を述べるのに時間を使いすぎ，その結果，自分の意見を言う時間がごくわずかしか残らないという事態になるのを避けましょう。自分の意見を述べる時間は，少なくても20秒程度残すようにするべきです。なお，解決策に関する詳細情報は，自分の意見をサポートする理由を述べる際に利用することができます。

★5 ただ「勉強する必要がある」と述べるだけでは，「学生証を発行してもらう」という解決策をサポートする理由として不十分で，聞き手を納得させることはできないでしょう。
➡ 学生証を発行してもらうメリット，すなわち「確実に本が借りられ，それによって来週の授業に向けて必要な勉強ができる」という点に触れる必要があります。なお，会話の中で述べられていた「本は4時までは取り置きされるものの，それ以降になると他の人に借りられる可能性がある」という情報にはここで言及するとよいでしょう。

《構成の改善例》

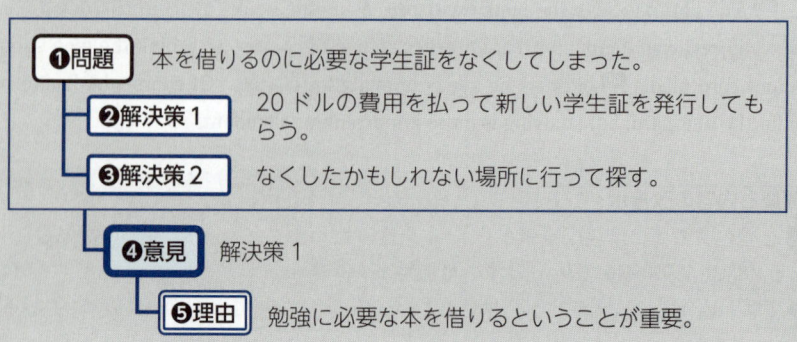

❶問題	本を借りるのに必要な学生証をなくしてしまった。
❷解決策1	20ドルの費用を払って新しい学生証を発行してもらう。
❸解決策2	なくしたかもしれない場所に行って探す。
❹意見	解決策1
❺理由	勉強に必要な本を借りるということが重要。

適切な解答例　　　CD 2-04

★1 The man's problem is that he needs a student ID card to check out some books, but he has lost his. ★2 One solution to the problem is to have a new card issued, though it will cost him ★3 20 dollars. ★4 Another possible solution is to go back where he thinks he may have lost his card and try to find it. I think the man should have a new card made, ★5 because it is important that he be able to borrow the books, which he needs for his class next week. The librarian says she will put them aside until four o'clock. If he spends a lot of time looking for his card and still cannot find it, the books will be reshelved, and someone else might check them out. Twenty dollars may be a lot of money for a student, but studying for classes is more important.

(142 words)

（男性の問題は，本を借りるのに学生証が必要なのに，自分の学生証をなくしてしまったことです。この問題の解決策の1つは，新しい学生証を発行してもらうことですが，それには20ドルの費用がかかります。別の解決策は，学生証をなくしたかもしれないと思われる場所に戻って，探してみることです。私は，男性は新しいカードを作ってもらうべきだと考えます。というのも，その本を借りられるということが重要だからです。彼は来週の授業のためにその本を必要としています。図書館員は4時までその本を取り置きしておいてくれると言っています。学生証を探すのに長い時間がかかり，それでもなお見つけられなかったら，本は棚に戻され，誰かに借りられてしまう可能性があります。20ドルというのは学生にとってかなりのお金かもしれませんが，授業のために勉強することのほうがより重要です。）

✓ 重要表現チェック

リスニングスクリプト　□ check out ～「～を借り出す」
　　　　　　　　　　□ issue「～を発行する」
　　　　　　　　　　□ put aside ～「～を脇へ取りのけておく」
　　　　　　　　　　□ reshelve「～を棚に戻す」

問題 2

Listen to a conversation between a student and a professor. ● CD 2-05

> The student and the professor discuss two possible solutions to the student's problem. Describe the problem. Then state which of the solutions you prefer and explain why.
>
> Preparation Time: 20 seconds
> Response Time: 60 seconds

【リスニングスクリプト】

Listen to a conversation between a student and a professor.

Student : Dr. Martin, I'm afraid I'm going to miss this class the Friday after next, the day of our examination. My geology class has an overnight field trip. We leave Thursday and come back Friday afternoon. If possible, I'd like to take the exam before I leave for the field trip.

Professor : I'm afraid that won't be possible. Is there any way you can get out of the field trip?

S : I wish I could, but I am the group leader this year. Dr. Martin, if I don't take the exam, will it really affect my credit?

P : It sure does. The exam on that day is very important, and if you get a zero on the test, you may not get any credit for the class.

S : I certainly don't want to get a zero on a test. I suppose I'll talk to Dr. Wilson, have him get someone else as the group leader, and skip the field work.

P : Well, there is another possibility. You could take the exam in my office after you come back. However, the score of the test will be 20 percent reduced. That's because you might have talked with someone from the class after their exam.

S : Thanks. I'll be in class next week and I'll tell you what I will do.

【リスニングスクリプト訳】

学生と教授の会話を聞きなさい。

学生：マーティン先生，再来週の金曜日，試験のある日にこの授業に出られないんです。地質学の授業で，1泊の実地調査があって，木曜日に出発して金曜日の午後に帰ってくるんです。もし可能でしたら，実地調査に出かける前に試験を受けたいのですけど。

教授：残念だけど，それはできないわねえ。その実地調査を欠席することはできないの？

学生：そうできればいいんですけど，今年，僕はグループリーダーなんですよ。マーティン先生，

教授：もしその試験を受けなければ，単位にずいぶん影響しますか。

教授：もちろん，しますよ。その日の試験はとても重要ですからね。もし試験で0点だったら，授業の単位をもらえないかもしれないわね。

学生：もちろんテストで0点なんて取りたくはないですよ。ウィルソン先生に話をして他の人をグループリーダーにしてもらって，実地調査を休むようにします。

教授：もう1つ可能性があります。帰ってきてから，私の研究室で試験を受けてもいいですよ。だけど，点数を20パーセント下げることになります。試験の後，友達とあなたが話をしているかもしれませんからね。

学生：ありがとうございます。来週の授業に出た時，どうするかお話しします。

【設問訳】
学生と教授は，学生が抱えている問題に対する2つの解決策について話しています。その問題について述べなさい。そしてあなたはどちらを選ぶかを理由とともに説明しなさい。

解答例

不十分な解答例

The student's problem is that he can't attend Dr. Martin's class and take an important exam because of another class event, which (→**for which**) he is the group leader. ★1 He wants to take the exam before the field trip, but the professor says it is impossible. One solution to the problem is ★2 not to go to (→**go on**) the field trip. Other (→**Another**) possible solution is to take the exam in the professor's office and ★3 his score will be down. If I were the student, I would skip the field trip. If he will take (→**takes**) the exam during the regular class, he may get very good score (→**a very good score**). ★4 But if he will take (→**takes**) the exam after the trip, he can't get good score (→**a good score**). ★5 So I think the first solution is better.

●構成と内容の改善ポイント

★1 この情報は，会話の中で言及されている正しい情報ですが，問題の解決策とは直接関係していません。会話の中のあまり重要度の高くない情報を入れるよりは，後半で自分の選択に対する理由をしっかり述べるのに時間を使ったほうが高得点につながる可能性が高くなります。

★2 「校外学習に行かない」と述べるだけでは，解決策の説明として不完全です。
→学生は，「自分がグループリーダーであるため，校外学習を欠席しにくい」と述べているので，ただ「欠席する」というだけでなく，自分の代わりとなるグループリーダーを立ててもらうという情報にも言及したほうがよいでしょう。

★3 his score will be down という表現は意味がはっきりせず，適切ではありません。

➡ his score will be reduced [lowered] であれば可。またここは，Another possible solution is <u>to take the exam in the professor's office</u> and <u>(to) ...</u> のように，and の前後の形を合わせて並列の形にするべきであるため，get a reduced score という表現を使うとよいでしょう。

★4 校外学習後に試験を受けると，なぜ「よい得点がとれないのか」が説明されていません。

➡ たとえ試験で健闘したとしても，得点を（自動的に）20 パーセント割り引かれることに言及するべきです。

★5 時間的な余裕があれば，ただ自分の選択を繰り返すだけでなく，自分が選んだ解決策のメリット，もしくは自分が選ばなかった解決策のデメリットを強調することでスピーチを締めくくると，説得力が増し，聞き手に強い印象を残すことができます。

《構成の改善例》

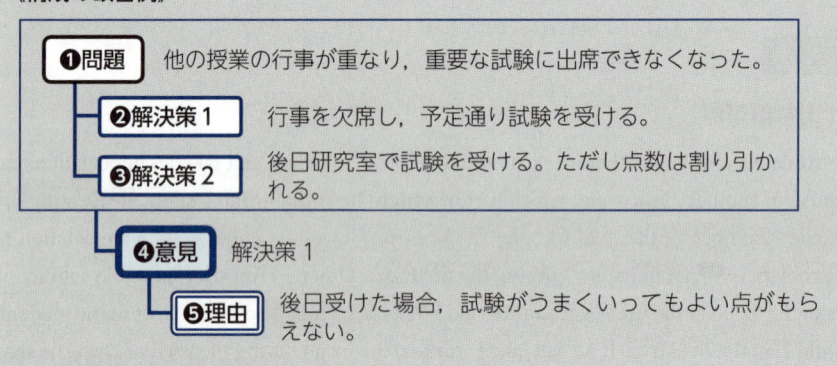

- **❶問題**　他の授業の行事が重なり，重要な試験に出席できなくなった。
  - **❷解決策1**　行事を欠席し，予定通り試験を受ける。
  - **❸解決策2**　後日研究室で試験を受ける。ただし点数は割り引かれる。
    - **❹意見**　解決策1
      - **❺理由**　後日受けた場合，試験がうまくいってもよい点がもらえない。

適切な解答例　　　　　　　　　　　　　　　　　　　　CD 2-06

The student's problem is that he can't attend Dr. Martin's class and take an important exam because of another class event, for which he is the group leader. One solution to the problem is **★2**<u>to skip the event in his other class and have his professor for that class choose another group leader</u>. Another possible solution is to take the exam in the professor's office and **★3**<u>get a reduced score</u>. If I were the student, I would skip the field trip. If he takes the exam during the regular class, he may get a very good score. **★4**<u>But if he takes the exam after the field trip, his score will be lowered by 20 percent no matter how well he may do on the exam.</u> **★5**<u>He will probably have another chance to go on a field trip, but the score for his class will be on his school records forever.</u>

(146 words)

Question 5 | 集中トレーニング

（その学生の問題は，自分がグループリーダーを務める別のクラスの行事のため，マーティン教授の授業クラスに出席し，重要なテストを受けることができないことです。この問題に対する解決策の1つは，その別のクラスの行事を休み，そのクラスの教授に別のグループリーダーを選んでもらうことです。もう1つの考えられる解決策は，教授のオフィスで試験を受け，割り引かれた点数をもらうことです。私がもしその学生だったら，校外学習を休みます。通常の授業の中で試験を受ければ，非常によい点が取れるかもしれません。けれども，校外学習後に試験を受ければ，どんなに健闘しても，得点は 20 パーセント下げられてしまいます。校外学習に行くチャンスはおそらくまたあるでしょうが，授業の点数は学校の成績に永久に残るのです。）

✓ **重要表現チェック**

リスニングスクリプト　　□ field trip「校外学習，現地調査旅行」
　　　　　　　　　　　　□ credit「履修単位」
適切な解答例　　　　　　□ no matter how ...「どんなに…でも」
　　　　　　　　　　　　□ school records「学校の成績」

問題 3

Listen to a conversation between a student and a clerk at the student affairs office.   ● CD 2-07

> The student and the clerk discuss two possible solutions to the student's problem. Describe the problem. Then state which of the solutions you prefer and explain why.
>
> Preparation Time: 20 seconds
> Response Time: 60 seconds

【リスニングスクリプト】

Listen to a conversation between a student and a clerk at the student affairs office.

Student : I want to get some experience before I start looking for a job. But I'm not sure what to do.

Clerk : That would be a good idea. You need to plan ahead, though. We have two excellent programs that can give you work experience. First, you can get a summer internship. They're offered during the summer between the junior and the senior years. It's very competitive to get in, but they're at major corporations, and companies are really impressed when they hire people with that level of experience.

S : That would be great, but I'm not sure if I have the qualifications.

C : You'd need recommendations from two professors and a good grade average. The recommendations are due by the end of the term, so you still have plenty of time.

S : That would be a great way to get experience. But would that mean I'd have to live off-campus?

C : Probably. You may still qualify for campus housing, but the available spots are usually given first to students and employees. If you want to stay on campus, then I would suggest the other option, which is employment here at the university.

S : How would that help? Aren't those just jobs in food service or cleaning classroom buildings?

C : No, we have many jobs on campus. You could work in an office, such as administration or financial aid. It's nearly the same work that interns do. The pay would be the same, too. In some cases it may be even better.

Question 5 | 集中トレーニング

【リスニングスクリプト訳】
学生と学生課職員との会話を聞きなさい。

学生：就職活動を始める前に，経験を積みたいと思っています。でも，何をすべきなのかわからないんです。

職員：それはいい考えですね。前もって計画を立てる必要がありますからね。実務経験を積むことができるいいプログラムが2つありますよ。まず，夏のインターンシップに参加することができます。3年生と4年生の間の夏に提供されるものです。参加するには競争が非常に激しいですが，大企業でのプログラムですから，そのようなレベルの経験を持つ人を雇う時，会社はずいぶん感銘を受けるんですよ。

学生：それはすごいですが，私に資格があるのでしょうか。

職員：2人の教授からの推薦状と良好な平均成績が必要です。推薦状の締め切りは学期末ですから，まだたっぷり時間はありますよ。

学生：それは経験を積むよい方法ですね。ですが，キャンパス外に住むことになるのでしょうか。

職員：おそらくそうでしょう。キャンパス内の住居に住む資格を満たす可能性もありますが，空きはたいてい，まず学生や職員に割り当てられますから。キャンパスにとどまりたいのであれば，もう1つの選択肢をお勧めします。すなわち，大学で仕事をするというものです。

学生：それは，どういうことに役立つのでしょうか。それって，飲食店の仕事とか講義棟の掃除とかだけじゃないんですか。

職員：いや，キャンパス内にはたくさんの仕事があるんですよ。管理や学資援助などの事務の仕事もあります。インターンとほとんど同じ仕事ですよ。給料も同じですしね。もっとよい場合もあるかもしれません。

【設問訳】
学生と職員は，学生が抱えている問題に対する2つの解決策について話しています。その問題について述べなさい。そしてあなたはどちらを選ぶかを理由とともに説明しなさい。

解答例

不十分な解答例

The student needs work experience before <u>she will graduate</u> (→**she graduates**). The clerk <u>introduces</u> (→**suggests / explains**) her two different programs. One option is a summer internship at a major company. ★1 That requires professor's recommendation. ★2 The other option is work on campus. I think taking an internship program would be the better choice. She wants to get some experience to look for a good job, ★3 so she should choose the first option. Also, ★4 I heard it is important to make connections through an internship if you want to get a job at a good company. ★5 So if I <u>am</u> (→**were**) the student's friend, I

225

recommend (→**would recommend**) an internship.

●構成と内容の改善ポイント

★1 会話の内容の理解がやや不正確です。
- ➡ インターシップに参加するための条件は，2人の教授からの推薦状です。また，詳細情報ではありますが，「よい成績」にも言及できると正確にリスニングができていることをアピールできます。なお，この「インターンシップに参加する」という選択肢のデメリットは，「キャンパス外にアパートを借りなければならないこと」ですが，ここで無理に触れる必要はありません。

★2 2つ目の解決策の説明が短く，情報が不十分です。
- ➡ ここでも同様に，会話の中で述べられているこの選択肢に関する詳細情報（仕事内容や給料のことなど）に，時間が許す範囲でもう少し触れられると，正確にリスニングができていることをアピールでき，高得点につながりやすくなります。

★3 後半部分が直前の文の単なる繰り返しで，理由になっていません。
- ➡ 例えば，「大企業でのインターシップ経験は企業の採用担当者に好印象をもたらす」という大学職員の言葉を引用するなどして，自分の選択の根拠を示します。

★4 自分の選択の根拠として会話で触れられていない情報（例えば，自分が実生活において経験したことなど）に言及することは基本的に問題ありませんが，その「情報源」を明示しなければ，会話の中で述べられた情報と区別することができません。また，make connections という表現は「接続する」という意味で，文意が通りません。
- ➡ I heard と言った後に，例えば from a friend of mine などを加え，会話の中の情報でないことを明確にしましょう。また，「人脈（コネ）を築く」という意味であれば，build personal connections という表現を使うことができます。

★5 自分の選択を単に繰り返すのではなく，もう少し工夫を凝らした締めくくりにしましょう。
- ➡ 「長期的なキャリアに有利」など，自分の選択のメリットを強調したほうが聞き手に強い印象を残せます。

《構成の改善例》

- **❶問題** 卒業前に実務経験を積みたいが，何をすべきなのかわからない。
  - **❷解決策1** 大企業での夏のインターンシップに参加する。
  - **❸解決策2** 大学で事務の仕事をする。
    - **❹意見** 解決策1
      - **❺理由** 優先事項は経験を積むことであり，大企業での経験のほうが好印象を与えられる。

適切な解答例

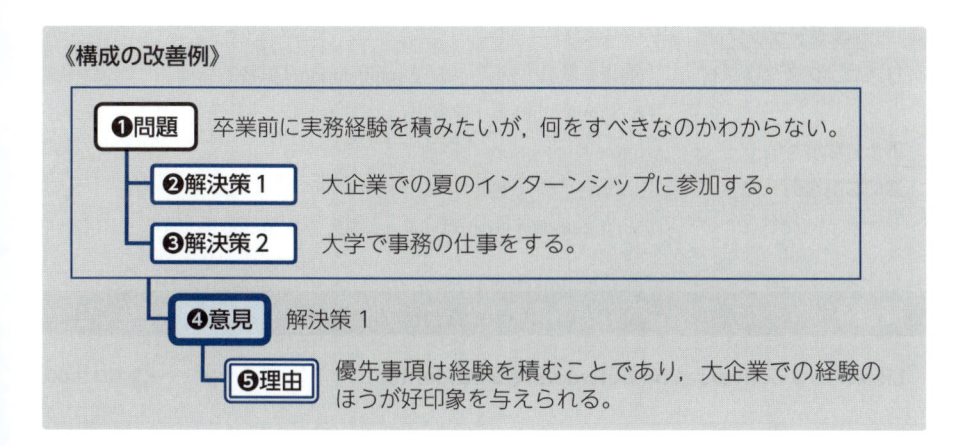

🎧 CD 2-08

The student needs work experience before she graduates. The clerk suggests two different programs. One option is a summer internship at a major company. **★1That requires recommendations from two professors and good grades.** **★2The other option is a job in a university office. The clerk says it wouldn't be different from what interns do, and the pay would be similar, too.** I think taking an internship program would be the better choice. Her main priority is getting experience, and **★3as the clerk says, the experience at a big company is more impressive.** Also, **★4I heard from a friend of mine that it is important to build personal connections through an internship if you want to get a job at a good company.** Even though she may have to spend money on renting an apartment off-campus, **★5her long-term career would benefit more from an internship**. (145 words)

（その学生は卒業前に実務経験を積む必要があります。職員は2つの異なるプログラムを提案します。1つの選択肢は大企業での夏のインターンシップです。それには2人の教授からの推薦状とよい成績が必要です。もう1つの選択肢は大学のオフィスでの仕事です。それはインターンがすることと変わりない仕事で，その上給料も同じくらいだと職員は言います。私はインターンシップ・プログラムに参加するほうがよい選択だと思います。彼女の主たる優先事項は経験を積むことで，職員が言うように，大企業での経験のほうが好印象を与えます。また，よい会社に就職したければ，インターンシップを通じて人脈を築いておくことが重要だと友人から聞きました。キャンパス外でアパートを借りるのにお金を使わなければならないかもしれませんが，インターンシップは彼女の長期的なキャリアにより有利に働くでしょう。）

✓ 重要表現チェック

リスニングスクリプト	☐ clerk「職員」　　☐ qualification「資格」
	☐ recommendation「推薦状」
不十分な解答例	☐ make connections「接続する，連結する」
適切な解答例	☐ priority「優先事項」　☐ impressive「印象的な」
	☐ build personal connections「人脈を築く」

問題 4

Listen to a conversation between two students.　　● CD 2-09

The students discuss two possible solutions to the woman's problem. Describe the problem. Then state which of the solutions you prefer and explain why.

Preparation Time: 20 seconds
Response Time: 60 seconds

【リスニングスクリプト】

Listen to a conversation between two students.

M : Hey, what's the matter?

W : I'm really stressed out about my schedule for next semester.

M : You couldn't get the classes you need?

W : No, it's not that. The problem is that I want to graduate next semester, but I still need 21 more credits. I was thinking about trying to get all of them next semester, but that's seven classes! I just don't think it's possible while also working at my part-time job.

M : 21 credits and a part-time job? Yeah, I think that's impossible. Why don't you just quit your part-time job?

W : I thought about it, but I don't think I have enough savings to last a full semester of not working. I might run out of money.

M : That would be bad.

W : Yeah, I'm totally lost.

M : Have you thought about taking fewer classes and doing an extra semester? If you spread 21 credits out over a full year, you'd only need to take three or four classes at one time. Then you could keep working at your part-time job and have some more free time.

W : I thought about that, but I really don't want to stay in school for an extra six months. I might miss out on the chance to get a good job.

【リスニングスクリプト訳】

２人の学生の会話を聞きなさい。

男性：やあ，どうしたんだい？

女性：次の学期の時間割のことで参ってしまって。

男性：必要な授業が取れなかったの？

女性：ううん，そうじゃないの。問題はね，次の学期で卒業したいのに，まだあと21単位も取らないといけないということなの。次の学期に全部を履修しようと思っているんだけど，7クラスにもなるの！ アルバイトもしながらじゃ，無理なような気がするわ。

男性：21単位にアルバイトも？ うん，僕も無理だと思うな。アルバイトを辞めたらどう？

女性：それも考えたんだけど，1学期間まるまる働かずに過ごすのに十分な貯金がなさそうなの。お金がなくなるかもしれないわ。

男性：それは困るね。

女性：そうなの，どうしたらいいかすっかりわからなくなっちゃって。

男性：授業を少なくして，あともう1学期残ることは考えてみた？ 21単位を1年に分ければ，1学期に3クラスか4クラスを取るだけで済むじゃない。そうすれば，アルバイトも続けられるし，自由な時間も増えるよ。

女性：それも考えたの。でも，大学にさらに6カ月は残りたくないの。よい就職の機会を逃すかもしれないでしょう。

【設問訳】

２人の学生が，女子学生が抱えている問題に対する２つの解決策について話しています。その問題について述べなさい。そしてあなたはどちらを選ぶかを理由とともに説明しなさい。

解答例

▲ 不十分な解答例

The woman's problem is that she wants to graduate next semester, but she still need (→**needs**) to take 21 credits. ★1 She doesn't think it is possible for her to get all the credits. One solution to the problem is to quit her job and having (→**have**) enough time to study, though she might run out of money before the semester will end (→**ends**). ★2 Another solution is to take fewer classes and keep working. ★3 I prefer the second solution. The woman should take fewer classes and keep working, because I do not think that students should try to graduate early. ★4 College is a precious time. Student (→**Students**) should enjoy the opportunity to learn. ★5 So I agree (→**agree with**) the man's opinion that the woman should quit her job. I think she needs to concentrate on studying to take the credits.

● **構成と内容の改善ポイント**

★1 情報が不足していて，状況を正確に説明できていません。
→「（卒業に必要な）単位をすべて取得できない」のは，「アルバイトを続けた場合」です。「アルバイトを続けながら」という文言を入れて，学生の問題を正確に説明しましょう。これによって解決策1へのつながりも明確になります。

★2 誤りではありませんが，情報が不完全です。
→アルバイトを続け，授業数を減らすということは，来学期には卒業できず，あともう2学期の間，学校に残るということを意味します。「2学期」というキーワードを説明の中に加えれば，状況の説明として完璧です。

★3 「2つ目の解決策のほうがよいと思う」と，「取る授業を減らし，アルバイトを続けるべきだと思う」というのはまったく同じことの繰り返しですので，どちらか一方だけで十分です。
→この場合は，直前の文と同じ表現の重複を避けるため，後者を消し，前者を残すほうがよいでしょう。

★4 「大学時代は貴重な時間である」という意見が述べられているのみで，その根拠となる事例を示すなどして，議論を発展させていないため，説得力に欠けます。また，次の文との論理的つながりもはっきりしません。
→例えば自分の父親など，すでに大学を卒業した人が大学時代についてどのように述べているかなどのエピソードを紹介するとよいでしょう。

★5 ここで「アルバイトを辞めるべき」と述べてしまうと，解決策1を支持したことになってしまいます。
→自分が最初に選んだ選択肢と異なる立場を支持する意見を途中で入れることは絶対に避けましょう。最後まで一貫して同じ立場をとり続けることが必要不可欠です。

《構成の改善例》

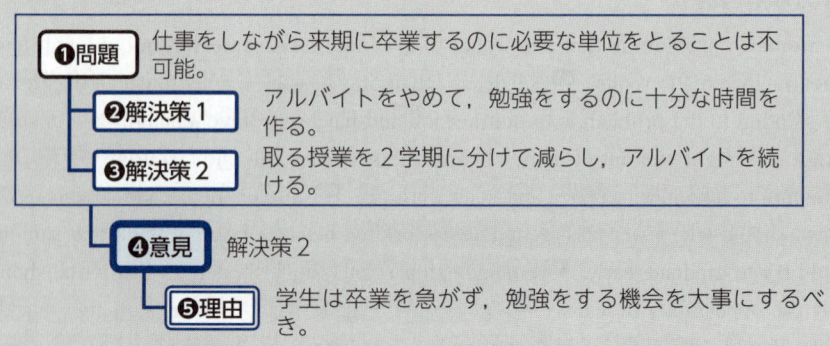

- ❶問題：仕事をしながら来期に卒業するのに必要な単位をとることは不可能。
    - ❷解決策1：アルバイトをやめて，勉強をするのに十分な時間を作る。
    - ❸解決策2：取る授業を2学期に分けて減らし，アルバイトを続ける。
        - ❹意見：解決策2
            - ❺理由：学生は卒業を急がず，勉強をする機会を大事にするべき。

適切な解答例

CD 2-10

The woman's problem is that she wants to graduate next semester, but she still needs to take 21 credits. ★1 <u>She doesn't think it is possible for her to get all the credits while working at her part-time job.</u> One solution to the problem is to quit her job and have enough time to study, though she might run out of money before the semester ends. ★2 <u>Another solution is to take fewer classes for two semesters and keep working.</u> ★3 <u>I prefer the second solution,</u> because I do not think students should try to graduate early. ★4 <u>College is a precious time in a person's life, and many older people miss their school days. My father always tells me that he wishes he could go back to college and study.</u> Students should enjoy the opportunity to learn. ★5 <u>I think the female student will appreciate her classes more if she takes her time studying.</u> (150 words)

（女性の問題は，次の学期で卒業したいのに，さらに21単位を取る必要があることです。彼女はアルバイトをしながら，その単位をすべて取ることは可能でないと考えています。その問題に対する1つの解決策は，アルバイトを辞め，勉強をする十分な時間を持つことですが，学期が終わる前にお金がなくなってしまう恐れがあります。もう1つの解決策は，取る授業を2学期に分けて減らし，アルバイトを続けることです。私は2つ目の解決策のほうがいいと思います。というのも，学生は卒業を急がないほうがいいと思うからです。大学時代は，人生の中で貴重な時間で，年上の世代の多くの人々が学校時代を懐かしく思っています。私の父はいつも私に，大学のころに戻り，勉強ができたらと言います。学生は，勉強をする機会を楽しむべきです。この女子学生は，勉強の時間を取れば，授業をもっと大事に思うようになるだろうと思います。）

✓ 重要表現チェック

リスニングスクリプト	□ stress out「(人)の神経をすり減らす」
	□ semester「学期」
	□ run out of ～「～を切らす，使い果たす」
	□ miss out on ～「～を逃す，逸する」
適切な解答例	□ take *one's* time「時間をかけてやる，じっくりやる」

問題 5

Listen to a conversation between two students.　　　　　● CD 2-11

The speakers discuss two possible solutions to the man's problem. Describe the problem. Then state which of the solutions you prefer and explain why.

Preparation Time: 20 seconds
Response Time: 60 seconds

【リスニングスクリプト】
Listen to a conversation between two students.
M : Hey, can I get your advice about something?
W : Yeah, of course. What's up?
M : So I'm planning on studying abroad next spring, and I really want to sign up for this great-looking program in Italy, but it doesn't guarantee college credits for our university. I don't know what to do.
W : Have you thought about going through one of the university's pre-approved study abroad programs? They have some pretty great options. My friend Alice studied with their program in France, and she said it was fantastic.
M : I thought about doing that, but our university only has pre-approved programs in other countries like France and Spain. I really want to go to Italy so I can study Italian.
W : Italy would be amazing, huh?
M : Yeah, it looks incredible. That's why I'm so lost. The application deadline is three days from now.
W : Why don't you just apply for the Italy program, then try to get the credits approved before you go? That way, you could guarantee getting credit before leaving for Italy. And if they turn down your request, you could just drop out of the course and stay here.
M : That's one option, but the application fee is $200. If the university denies my request to approve the credits, then that's a lot of money wasted.

【リスニングスクリプト訳】
２人の学生の会話を聞きなさい。
男性：ねえ，ちょっとアドバイスをもらえないかな？
女性：ええ，もちろん。どうしたの？
男性：うん，来年の春に留学を考えていて，このイタリアへの留学プログラムがよさそうなので

申し込みたいんだけど，その場合大学の履修単位として認められる保証がないんだ。どうしたらいいかわからなくて。

女性：大学の事前認定留学プログラムを検討してみることは考えた？ かなりいい選択肢もあるのよ。友達のアリスは，そのプログラムでフランスに留学したけれど，素晴らしかったと言っていたわ。

男性：僕もそれを考えたのだけれど，うちの大学はフランスやスペインのようなイタリア以外の国にしか事前認定プログラムがないんだ。本当はイタリアに行って，イタリア語を勉強したいのだけれど。

女性：イタリアは素敵でしょうね。

男性：うん，信じられないくらい素敵だと思うよ。それですごく迷っていて。申し込みの締め切りは今日から3日後なんだ。

女性：ひとまずイタリア留学のプログラムに申し込んで，留学前に単位認定を受けられるよう試してみたら？ そうすれば，イタリアへ行く前に単位認定を受けられるかもしれないわ。もし大学があなたの申請を却下したら，そのコースはやめて大学に留まればいいじゃない。

男性：それも1つの選択肢だけど，申し込み費用が200ドルなんだ。大学に単位認定の申請を断られたら，大金を無駄にすることになってしまうよ。

【設問訳】
2人は男性が抱えている問題に対する2つの解決策について話しています。その問題について述べなさい。そしてあなたはどちらを選ぶかを理由とともに説明しなさい。

| 解答例 |

不十分な解答例

★1 The man's problem is that a study abroad program does not guarantee college credit. One solution to the problem is to study at (→with) one of the university's pre-approved study abroad programs in the (→a) different country. Another thinkable solution is ★2 to apply for the Italy program whether or not he can get the credits. ★3 It seems hard to decide but I think the man doesn't have to give up the Italy program, because he wants to study Italian. It might be disappointing if he loses 200 dollars, but it would be more disappointing to miss his (→追加) chance to go to Italy. My older sister studied abroad in Canada ★4 because our favorite aunt live there, and she told me it was a great decision.

● 構成と内容の改善ポイント

★1 プログラムについての客観的情報の言及にとどまっており，男性が抱える問題点がどんなことなのかが具体的にわかりません。
→ まずは男性の状況として「イタリア留学に応募したい」という点を述べ，「しかし…」(but ...) とつないで事情の説明へ移ると，問題の経緯がよく伝わります。

★2 2つ目の選択肢について述べていますが，手順の説明が正確ではありません。
→ 単位の認定に関わらずに申し込むのではなく，「一旦申し込んでから単位認定を受けられるよう試みる」という内容にします。「一旦…した後に」という意味の(..., then) を使って，行動の順序を正しく示しましょう。

★3 この問題に対する自分の考えを述べてはいますが，これでは解決策を選択したことにはなりません。設問の指示に従い，必ずいずれかを選んで述べる必要があります。
→ I think the man should apply for the Italy program. や I prefer the second solution. のような表現を用いて，自分の意見をはっきり示しましょう。

★4 エピソードの事例を挙げていますが，主題との関連づけが弱く，十分な意見のサポートとはなっていません。
→ 姉の留学のエピソードで，カナダを選んだ理由が「大好きな叔母がいるから」ではなく，「英語力をつけるため」などとすればイタリア留学の話と関連性ができ，選んだ解決策の裏付けとしてより効果的でしょう。

《構成の改善例》

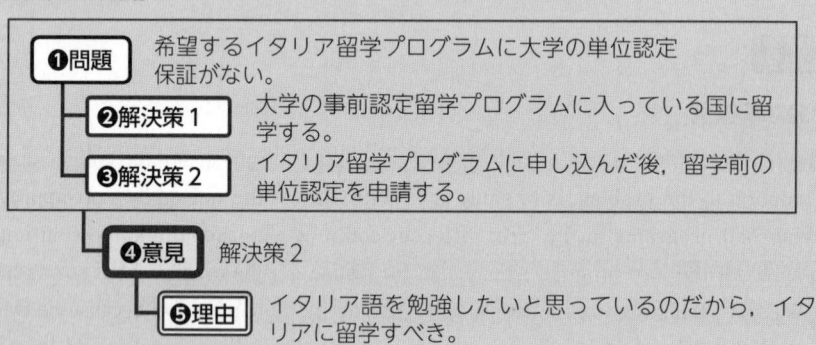

❶問題	希望するイタリア留学プログラムに大学の単位認定保証がない。
❷解決策1	大学の事前認定留学プログラムに入っている国に留学する。
❸解決策2	イタリア留学プログラムに申し込んだ後，留学前の単位認定を申請する。
❹意見	解決策2
❺理由	イタリア語を勉強したいと思っているのだから，イタリアに留学すべき。

適切な解答例

🔊 CD 2-12

▶*1 The man's problem is that he wants to sign up for a study abroad program in Italy, but it does not guarantee college credits. One solution to the problem is to study with one of the university's pre-approved study abroad programs in a different country. Another possible solution is ▶*2 to apply for the Italy program, then try to get the credits approved before he leaves. ▶*3 I prefer the second solution. I think the man should apply for the Italy program, because he wants to study Italian. It might be disappointing if he loses 200 dollars, but it would be more disappointing to miss his chance to go to Italy. My older sister studied abroad in Canada, ▶*4 because she wanted to improve her English skills, and she told me it was a great decision. (132 words)

（男性が抱えている問題は，イタリアへの留学プログラムに申し込みたいのに，大学の単位が保証されていないことです。この問題に対する1つの解決策は，大学の事前認定留学プログラムに含まれている他の国に留学することです。もう1つ選択可能な解決策は，一旦イタリアへの留学プログラムに申し込んで，留学前に単位認定を受けられないか試してみることです。私は2つ目の解決策のほうがいいと思います。男性は，イタリア語を勉強したいと思っているのですから，イタリアへの留学プログラムに申し込むべきだと思います。200ドルを失ったら残念かもしれませんが，イタリアへ行くチャンスを逃すほうがもっと残念だと思います。私の姉は，英語力を向上させたかったので，カナダへ留学し，あれは素晴らしい決断だったと私に話してくれました。）

✓ 重要表現チェック

リスニングスクリプト	□ sign up for ～「～に申し込む」
	□ pre-approved「事前承認された」
	□ incredible「素晴らしい，とてつもない」
不十分な解答例	□ at a loss「困っている」
	□ either option「どちらの選択肢でも」
	□ regret「後悔する」
適切な解答例	□ disappointing「がっかりさせる」

問題6

Listen to a conversation between two students. CD 2-13

The speakers discuss two possible solutions to the woman's problem. Describe the problem. Then explain what you think the woman should do and why.

Preparation Time: 20 seconds
Response Time: 60 seconds

【リスニングスクリプト】

Listen to a conversation between two students.

M : Hi Emily, I heard your roommate is going to move out soon.
W : Yeah, she's going to transfer to another school at the end of the semester.
M : So you'll have the whole dorm room to yourself then. That sounds nice.
W : Yeah, but her lease only lasts through the semester. I'll have to pay twice as much if I want to keep the room to myself.
M : That sounds rough. Do you have enough money to spend that much on rent?
W : Actually, I think I might. I don't really like having roommates either. Maybe I'll go ahead and just pay the money so I can have a nice, peaceful place all to myself. Then again, it might be better to just save that money.
M : You should probably decide soon. Once the next semester starts, it will be hard to find people who need somewhere to stay. They all will have found a place by that point.
W : You're right. It's too bad I can't try it for a while and see if it's worth it. I'll let you know if I need a roommate so you can ask your friends if they need somewhere to stay.
M : Will do.

【リスニングスクリプト訳】

2人の学生の会話を聞きなさい。

男性：やあ，エミリー。君のルームメイトが近々出て行くそうだね。
女性：ええ，学期末に別の学校に移るのよ。
男性：じゃあ，学生寮の部屋を独り占めできるんだ。いいね。
女性：そうなの。でも，彼女の寮の部屋の賃貸契約は今学期末までなの。もし今後も部屋を自分 1人で使いたかったら，部屋代を今の倍払わなければならないのよ。
男性：それは厳しいな。家賃をそんなにたくさん払う余裕はあるの？
女性：実はね，そうしてもいいかなって思っているの。ルームメイトがいるっていうのも，本当

男性：はあんまり好きじゃないのよ。思い切ってお金を払って，素敵で落ち着く場所を独占しようかなと思っているわ。でも同時に，そのお金を節約したほうがいいかなとも思って。

男性：でもすぐ決めないといけないんじゃないかな。次の学期が始まったら，部屋探しをしている人を見つけるのが難しくなるよ。その時点ではみんなもう部屋を見つけてしまっているだろうから。

女性：その通りね。試しにしばらく1人で住んでみて，お金に見合うかどうか考えられないのが残念。新しいルームメイトが必要な時は知らせるわね。そうしたら，あなたの友達に，住むところが必要かどうか聞いてくれるわよね。

男性：うん，いいよ。

【設問訳】
2人は女性が抱えている問題に対する2つの解決策について話しています。その問題について述べなさい。そしてあなたは女性がどうすべきだと思うかを理由とともに説明しなさい。

解答例

不十分な解答例

★1 The woman's roommate is moving out on (→at) the end of the semester. If she won't (→doesn't) find the (→a) new roommate, she will have to pay for the whole dorm room herself. ★2 She needs to find a new roommate to share her room with or has to pay as (→不要) twice as much to have it to herself. I think she should find a roommate. ★3 She will end up paying double. I think that will be far too much. Also, if she changes her mind, it will be hard to find a roommate during the middle of the (→追加) semester. It would be very inconvenient to try and complete school work and look forward (→for) a roommate at the same time. ★4 Yet, I personally think having the dorm to herself might be nice, too.

●構成と内容の改善ポイント

★1 設問では女性が抱える問題がどんなものであるか説明するよう求められていますが，これでは状況をただ述べているだけに聞こえ，明確に伝わりません。
➡ The woman's problem is that ... などと始めると，その後に述べられることが女性にとっての問題の説明であるということが，はっきりとわかりやすくなります。

★2 2つの選択肢を説明しようとしていますが，要素を瞬時につかむことが難しく，相手が理解しにくい表現になっています。
➡ She needs to A or B という文の形自体は間違っていませんが，A，Bに該当する要素が長く，聞いた瞬間にそれらをつかむことは難しいかもしれません。これを She can either A or B という表現に変えると，AとBの選択肢があることを

明確に示せるので，内容をつかみやすくなります。

★3 前の文とのつながりがスムーズでなく，唐突にこの文が述べられている印象を受けます。
→ 直前に述べた自分の意見とは反対の場合のことを述べる文なので，Otherwise, Or（さもなければ）などで始めるか，If she stays by herself, she will have to ... のような文にして家賃が2倍になる条件を明確にすると，論理的な展開となります。

★4 選んだ解決策とは矛盾する締めくくりとなっており，主張の一貫性が保たれていません。
→ 「たしかに〜ではあるけれども，私は…と思う」というように，自分の主張の裏付けのために反対意見に言及するのであれば，必ず後ろに but や however を用いて自分の選択した意見で締めくくり，一貫性を持たせなければなりません。

《構成の改善例》

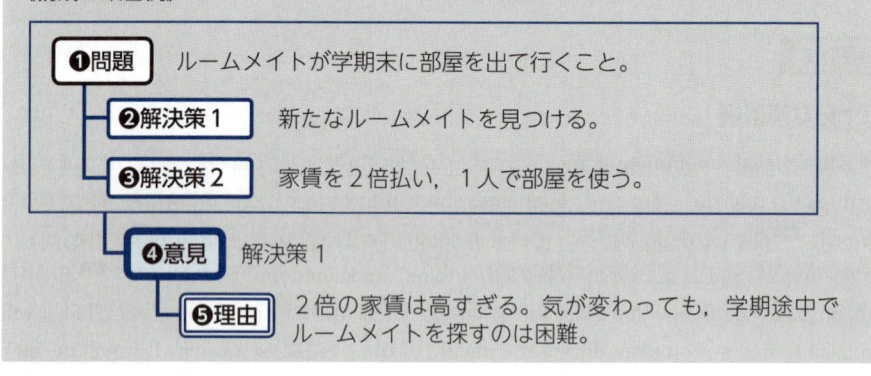

- **❶問題** ルームメイトが学期末に部屋を出て行くこと。
  - **❷解決策1** 新たなルームメイトを見つける。
  - **❸解決策2** 家賃を2倍払い，1人で部屋を使う。
    - **❹意見** 解決策1
      - **❺理由** 2倍の家賃は高すぎる。気が変わっても，学期途中でルームメイトを探すのは困難。

適切な解答例　　　　　　　　　　　　　　　　　　　CD 2-14

★1 <u>The woman's problem is that her roommate is moving out at the end of the semester.</u> If she doesn't find a new roommate, she will have to pay for the whole dorm room herself. **★2** <u>She can either find a new roommate to share her room with or pay twice as much to have it to herself.</u> I think she should find a roommate. **★3** <u>If she stays by herself, she will have to pay double.</u> I think that will be far too much. Also, if she changes her mind, it will be hard to find a roommate during the middle of the semester. It would be very inconvenient to try and complete school work and look for a roommate at the same time. **★4** <u>Having the dorm to herself might be nice, but the safer option would be to find a roommate.</u> (138 words)

（女性の問題とは，ルームメイトが学期末に部屋を出て行くことです。もし新しいルームメイト

が見つからなければ，寮の1部屋分の家賃を自分で払わなければならなくなります。部屋を一緒に使う新たなルームメイトを見つけるか，1人で部屋を使うために現在の2倍の家賃を払うかどちらかです。私はルームメイトを見つけるべきだと思います。もし1人で住めば，2倍のお金を払わなければなりません。それはあまりにも多すぎると思います。また，もし彼女の気が変わったとしても，学期の途中でルームメイトを見つけることは困難でしょう。学校の勉強をこなそうとしながら，同時にルームメイトを探すのはとても面倒なことでしょう。寮の部屋を1人で使うのは快適でしょうが，ルームメイトを見つけるほうが安全な選択だと思います。）

✓ 重要表現チェック

リスニングスクリプト	□ move out「引っ越す，出て行く」⇔ move in「引っ越してくる」
	□ twice as much「2倍の額」
不十分な解答例	□ share *one's* room with ～「～と部屋をシェアする，～と相部屋となる」
	□ pay double「2倍支払う」
	□ change *one's* mind「気が変わる」
適切な解答例	□ inconvenient「不都合な」

問題7

Listen to a conversation between two students. 　　　　🔘 CD 2-15

> The speakers discuss two possible solutions to the man's problem. Describe the problem. Then explain what you think the man should do and why.
>
> 　　　　　Preparation Time: 20 seconds
> 　　　　　Response Time: 60 seconds

【リスニングスクリプト】

Listen to a conversation between two students.

W : Have you scheduled your classes for next semester yet?
M : Not quite. I'm having a lot of trouble deciding if I should take one class or not.
W : Which class is it?
M : It's Advanced Calculus. It's only available on Tuesdays and Thursdays, but I already have a lot of classes on those days. If I sign up for Advanced Calculus, I'll have 12 hours of classes on those days. I'm not sure I want to have so many classes in one day. I think I might have to skip signing up for it.
W : That doesn't sound very good. Can you just take it the semester after this next one?
M : No, they're not offering it in the spring. If I skip it this year, I have to wait a whole year before I can do it again.
W : Are there other classes you plan to take that have Advanced Calculus as a prerequisite?
M : Yeah. I'm worried I'll just be waiting around for the next time it's offered if I don't do it this time. Maybe I'll have to schedule it for next semester after all.
W : I hope it all works out for you.

【リスニングスクリプト訳】

２人の学生の会話を聞きなさい。

女性：もう来学期の時間割を組んだ？
男性：まだ完全には。取るかどうかで，すごく迷っている講義が１つあって。
女性：どの講義？
男性：微積分上級。この講義は火曜と木曜しかないんだけど，その曜日はもうたくさん授業を入れてしまっていてね。微積分上級を取ると，この曜日の授業時間が12時間になるんだ。１日にそんなにたくさん授業を取りたくないって気がする。登録するのはやめたほうがいいかと思っているんだよ。

女性：それは大変そうね。来学期の次の学期には取れないの？
男性：だめなんだ。春にはその講義はない。今年取らないと，次回取れる時まで丸1年待たなくてはならないんだよ。
女性：他に取る予定の講義で，微積分上級が必須基礎科目になっているものはあるの？
男性：それがあるんだ。今回微積分上級を取っておかないと，次に開講されるのをただじりじりと待つことになるのが心配なんだ。やっぱり来学期に取っておかないとだめかな。
女性：なんとかなるといいわね。

【設問訳】
2人は男性が抱えている問題に対する2つの解決策について話しています。その問題について述べなさい。そしてあなたは男性がどうすべきだと思うかを理由とともに説明しなさい。

解答例

不十分な解答例

The problem the man has is with scheduling a math course. ★1 He wants to take the course but it's scheduled at <u>the</u> (→**an**) inconvenient time. If he <u>will sign</u> (→**signs**) up for it, he will have **a** (→追加) lot of classes on Tuesdays and Thursdays. ★2 It won't be offered for another year. He can either take the class and manage a tough schedule or ★3 wait until he has more free time. I think he should take the class now. It might be at another inconvenient time next year <u>again</u> (→不要) and then he will have waited an entire year in vain. It might be hard in <u>the</u> (→追加) short term, but ★4 it's better than being just lazy. One semester of a tough schedule isn't so bad and his Mondays, Wednesdays, and Fridays will probably be nice and free.

●構成と内容の改善ポイント

★1 問題の背景説明が不十分で，男子学生の置かれている状況がうまく伝わりません。
　➡取りたいのは単なる数学の科目ではなく，学位取得に必須の科目であるという情報を入れましょう。

★2 問題の詳細を述べていますが，前の文との関係がよくわかりません。
　➡接続詞を補って流れを改善しましょう。前文を受け However（しかしながら）や Nevertheless（とは言っても）などを加えると，相手は先を予測しながらスムーズに聞くことができます。

★3 2つ目の選択肢の内容が不正確です。
　➡「暇な時間ができるまで待つ」というのではなく，「次に開講されるまで待つ」

というのが正しい情報です。

★4 この内容では、文の前半からの展開が不自然であるうえ、意見をサポートするものとしても弱いでしょう。自分の考えを入れるにしても、会話から得られた情報に関連づけることで説得力が出ます。

➡ 前半で「短期的に見れば」という話をして but でつないでいるため、it's better than waiting so long など「長期的」な事例で、説得力のある内容を対照的に加えるのがよいでしょう。

《構成の改善例》

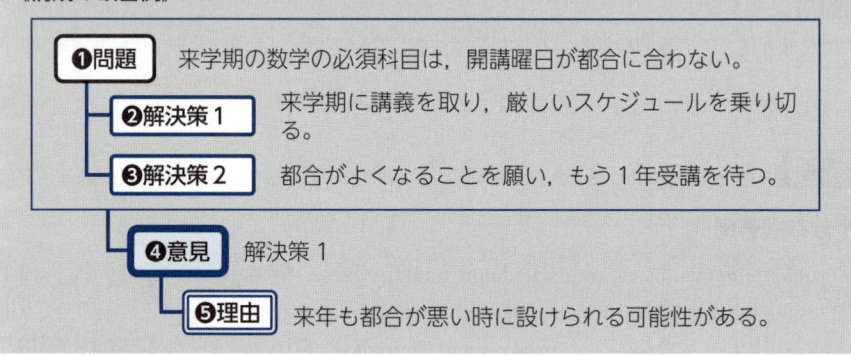

- **❶問題** 来学期の数学の必須科目は、開講曜日が都合に合わない。
  - **❷解決策1** 来学期に講義を取り、厳しいスケジュールを乗り切る。
  - **❸解決策2** 都合がよくなることを願い、もう1年受講を待つ。
    - **❹意見** 解決策1
      - **❺理由** 来年も都合が悪い時に設けられる可能性がある。

適切な解答例

CD 2-16

The problem the man has is with scheduling a math course. **★1** <u>It's required for his degree,</u> but it's scheduled at an inconvenient time. If he signs up for it, he will have a lot of classes on Tuesdays and Thursdays. **★2** <u>However, it won't be offered for another year</u>. He can either take the class and deal with a tough schedule or **★3** <u>wait another year when it could be at a more convenient time</u>. I think he should take the class now. It might be at another inconvenient time next year and then he will have wasted an entire year. It might be hard in the short term, **★4** <u>but it's better than waiting around so long</u>. One semester of a tough schedule isn't so bad and his Mondays, Wednesdays, and Fridays will probably be nice and free. (132 words)

（男性の抱えている問題は、数学の講義を受講する計画についてです。学位取得に必須の講義ですが、彼の都合の悪い曜日に設けられています。彼がそれを取ることにすると、火曜と木曜は非常に多くの講義を受けることになってしまいます。しかし、もう1年はその講義は設けられていません。彼は、その科目を受講して厳しいスケジュールをこなすか、またはもう1年待って、もっと都合のよい時に受講するかのどちらかです。私は、彼が今その講義を取るべきだと思います。その科目が来年もまた都合の悪い時に設けられる可能性があり、そうなると丸1年無駄にしたことになります。短期的に見ればきついかもしれませんが、それほど長く待つよりはましです。厳

しいスケジュールでも，1学期間ならばそれほど悪いものではありませんし，月曜，水曜，金曜はたぶん自由で快適なものになるでしょう。）

✓ 重要表現チェック

リスニングスクリプト	□ calcurus「微積分」
	□ prerequisite「（他の科目を取るための）必修科目，必須科目」
不十分な解答例	□ be sure to be ～「きっと～になる」
適切な解答例	□ degree「学位」
	□ in the short term「短期的に見れば」

Integrated Task　Question 6

解答のエッセンス

出題内容
《設問形式》大学での講義の一部を聞き，設問に従って内容を要約して述べる。
《ジャンル》ある学問分野のテーマに関する解説。
《制限時間》準備時間：20秒，解答時間：60秒

Question 6 は，大学での講義の一部を聞いて，設問に答える形式となっています。講義の内容は，実際の大学での講義を部分的に抜粋したような，アカデミックなものとなっています。通常，ある1つのテーマを中心に話が展開され，さらにそのテーマについて，いくつかの例や，関連する情報が示されます。この問題では，講義の中で示されている例を用いて要約，説明する形で，問われていることに答えるよう求められます。

課題文がないため，講義を聞いて確実に主題とそれに関連する重要な情報を逃さずに聞き取る必要があります。講義は大学での講義そのものを聞くような形式です。教授がある主題に沿って解説をする中で，いくつかの例や具体的な説明を述べていきますので，それを確実に聞き取ることが第一歩です。その例などの情報が，主題に対してどのような意味を持つのかを考えながら聞いていきましょう。

講義の内容を要約するという点では Question 4 と似ていますが，Question 6 は課題文がないために情報をすべて講義から得なければならないので，一層リスニング力が重要となります。

解答の構成としては，以下のような形があります。

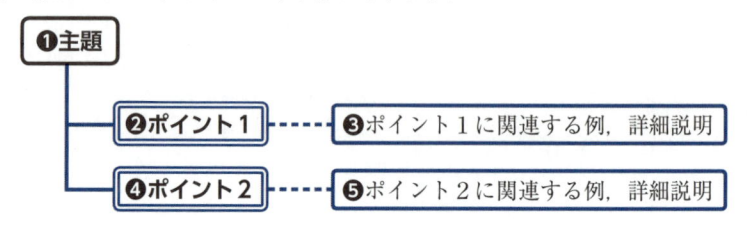

```
❶主題
   ├── ❷ポイント1 ---- ❸ポイント1に関連する例，詳細説明
   └── ❹ポイント2 ---- ❺ポイント2に関連する例，詳細説明
```

それでは，Question 6 の出題例を用いて，設問に答えるための考え方を学びましょう。まずは以下の問題にチャレンジしてみてください。適宜メモをとりながら取り組みましょう。

例題

Listen to part of a lecture in a biology class. 　　　　CD 2-17

Using points and examples from the lecture, explain the role isolation plays in creating new species.

　　　　　　　Preparation Time: 20 seconds
　　　　　　　Response Time: 60 seconds

【設問訳】
講義の中の要点と例を用いて，新しい種の創造において隔離が果たす役割を説明しなさい。

リスニングスクリプト➡p.249

(メモ)

I アイディア・情報を論理マップに整理する

例題について、次の手順に沿って論理マップを使った情報整理のしかたを見てみましょう。

(1) 講義で話されていることの主題、中心となる概念を書き出します（❶）。
(2) ❶に関連づける形で、論点となるポイントや、概念に対する主要な例などの重要な要素が述べられているので、その内容を書き出しましょう（❷, ❹）。ポイントは2点程度含まれているのが一般的です。
(3) ❷❹それぞれについて、さらなる詳しい説明や具体例が述べられます。これらについても要点をとらえ、書き出します（❸, ❺）。どちらについての情報なのかを整理しながらまとめていきます。

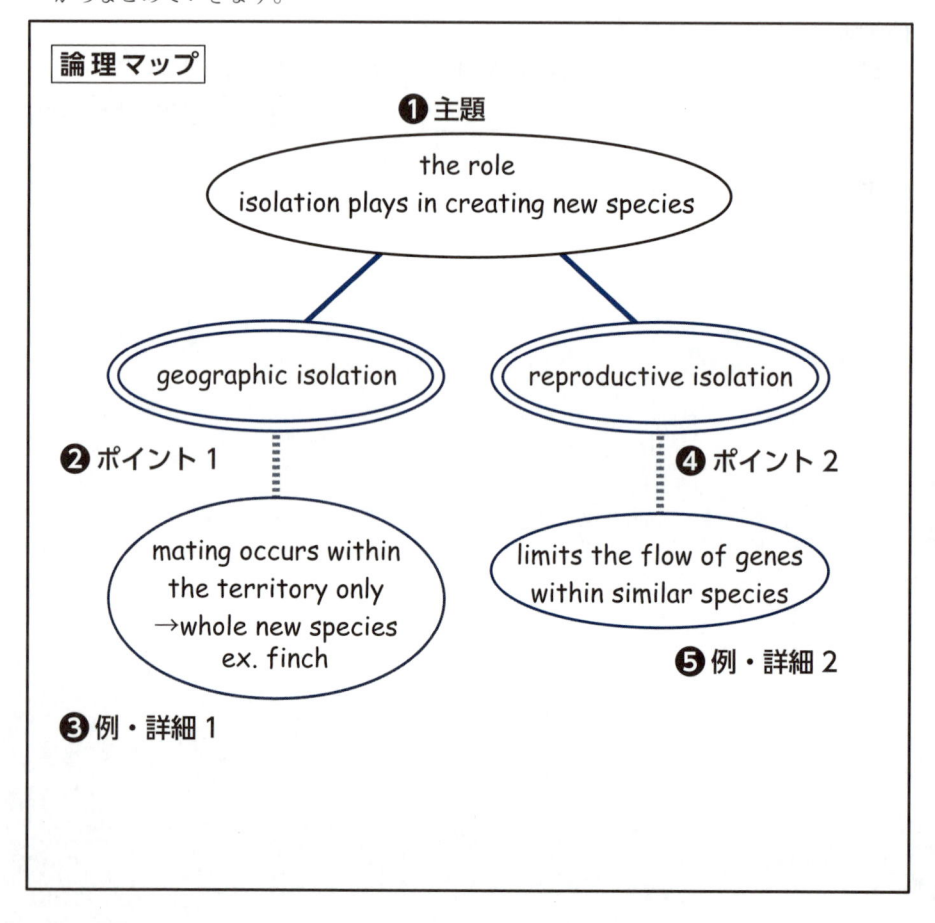

論理マップ

❶ 主題
the role isolation plays in creating new species

├─ geographic isolation （❷ ポイント1）
│   └─ mating occurs within the territory only → whole new species ex. finch （❸ 例・詳細1）
│
└─ reproductive isolation （❹ ポイント2）
    └─ limits the flow of genes within similar species （❺ 例・詳細2）

論理マップのポイント

☆要旨をまとめるために必要な情報を確実につかむ

要旨をまとめるためには，英文の内容を的確に把握しなければなりませんが，すべての内容をつかむのは難しいので，**ポイントとなるトピックセンテンスをつかみ，それらをまとめて述べる**のがコツです。リスニングの場合，英文を読む時のように「段落」がどこで切れるのかわかりにくいのですが，ディスコースマーカーに注目すると流れをつかみやすくなります。また，例えば例題の講義の第3文のように we will look at <u>two different factors</u>: geographic (isolation) and reproductive isolation などと述べられている場合，この後にこれら two different factors についての説明や例示が続くという見当をつけてから聞くと，聞き取りやすくなります。

☆専門用語が出てきても後で言い換えられる場合が多いので集中力を持って聞く

いきなり geographic isolation や reproductive isolation と出てきても，何のことかわからなくてとまどう人も多いでしょう。このような**キーワードは，後に続く部分で，例を挙げて説明がなされたり，言い換えられたりするので，あきらめずに聞いて情報を拾うことが重要**です。例題では，具体的説明が続いた後，さらに最終文で reproductive isolation, or 〜, and geographic isolation, or ... のようにもう一度説明されています。この or は「すなわち，言い換えれば」という意味です。なお，「言い換えれば」という意味の役立つ表現としては，in other words, that is (to say), namely, to put it in another way などがあります。

Ⅱ 解答を組み立てる

解答の構成を意識しながら，論理マップに書いたキーワードを用いて内容をまとめます。まずは以下に骨格となる文を1〜2文簡単に書いてみましょう。

- **❶主題** New species evolve when groups of individuals become cut off from other members of their species.
  - **❷ポイント1** ---- **❸ポイント1に関連する例，詳細説明**
    Geographic isolation
    Sometimes new species result from this isolation.
  - **❹ポイント2** ---- **❺ポイント2に関連する例，詳細説明**
    Reproductive isolation
    Specific changes are limited to the groups that are able to reproduce together.

● キーワードに注意して要旨をまとめる

　まずは講義の全体構成を理解することが大切です。例題ではまず，導入として「新しい種が創造される仕組みとはどんなものか」というテーマのもと，「地理的隔離」「生殖的隔離」という2つのキーワードを示しています。そしてその後，各キーワードの説明と例示を行っているという構成です。設問には「例を用いて」という指示があるので，話の中に示されている例を必ず含めるようにしましょう。

　講義で話されていた内容の要点を引用していることを示す表現には，次のようなものがあります。

［役に立つ表現］

According to the lecture [this talk / professor / speaker], ...
This speaker says [mentions, states, explains] that ....
The speaker gives two 〜 . One of them is 〜 . The other is ....
The speaker discusses two 〜 . One 〜 . The other ....

【解答例】　　　：ディスコースマーカー　　　　　　　　　　CD 2-18

New species evolve when groups of individuals become cut off from other members of their species. First, plants and animals may be separated into different groups by where they are. This is geographic isolation. Changes occur in both the old and the new areas that help the species live in those particular environments. They spread around that group through reproduction. Those changes will not spread into separate areas. Sometimes new species result from this isolation, as well as new diseases. Second, plants and animals may be separated from similar species occupying the same territory by behavioral or physical differences. This is reproductive isolation. For animals, differences in behavior limit reproduction. For plants, differences in structure limit reproduction. Specific changes are limited to the groups that are able to reproduce together.　　　　　　　(130 words)

（個体群が，同じ種の他の個体から切り離される時に，新しい種が進化します。第一に，植物や動物は存在する場所によって，別のグループと分離されることがあります。これが地理的隔離です。もともといた地域，新しい地域の両方において，その種が特定の環境で生きるのに役立つ変化が起こります。それらは，繁殖を通してそのグループに広がります。その変化は，分離された地域には広がりません。時に，この隔離から新しい種，また新しい病気が生まれます。第二に，植物や動物は，同じ地域に住んでいても，行動や物理的な違いによって似た種とは分離されることがあります。これが生殖的隔離です。動物にとって，行動の違いが繁殖を制限します。植物にとっては，構造の違いが繁殖を制限します。特有の変化は，繁殖を可能にするグループに限定されているのです。）

Question 6 | 解答のエッセンス

【リスニングスクリプト】
Listen to part of a lecture in a biology class.

Evolutionary theory dictates that separate species of plants and animals arose from common stock. What are the mechanisms through which new species develop? Today, we will look at two different factors: geographic and reproductive isolation.

Geographic isolation is when a population occupies a new territory and mating occurs within that territory only. In geographic isolation, genes will be exchanged and increase local crossbreeding. Genes will not flow back and forth with the members of the species in the original territory. Any adaptive changes in the original territory will not be seen in the new population. Equally, adaptive changes needed to survive in the new territory will not show up in the population of the old territory. Sometimes geographic isolation leads to whole new species, as with a type of bird on the Galapagos Islands called the finch. It can also lead to the development of diseases among species in certain areas, as has happened with some chimpanzees.

Likewise, reproductive isolation limits the flow of genes within populations of similar species. In animals, these are primarily behavioral limitations. Animals will not reproduce with other animals that act differently. In plants, these are mechanical limitations. Differences in flower structure prevent pollination by similar species.

This sort of reproductive isolation, or interchange of genes within one population pool, and geographic isolation, or the lack of interchange with members of the species elsewhere, drive separate evolution.

【リスニングスクリプト訳】
進化論は，別個の植物や動物の種は，一般的な種族から発生するということを決定づけています。新しい種が発展する仕組みとは何でしょうか。今日は，2つの異なる要因について考察してみましょう。それは，地理的隔離と生殖的隔離です。

地理的隔離というのは，ある個体群が新しい生息地に住みついて，その中でだけ交配するという時です。地理的隔離においては，遺伝子が交換され，その場所だけの異種交配動物が増えるのです。もともと暮らしていた生息地にいる同じ種の個体とは，遺伝子の行き来がなくなります。もともと暮らしていた生息地のどんな適応変化も，新しい個体群には見られません。同様に，新しい生息地で生き残るために必要とされる適応変化は，古い生息地で暮らしている個体群には表れません。時に地理的隔離によってまったく新しい種が生まれる場合もあります。例えばガラパゴス諸島のフィンチと呼ばれる鳥の一種がそうです。また，地理的隔離によって，ある地域の種の間で病気が発生する場合もあって，これは数種類のチンパンジーに発生したようなものです。

同じく，生殖的隔離というのは，遺伝子の交流を，似たような種の中のみに限定してしまうものです。動物においては，これらはまず第一に行動に関する制限です。動物は行動が異なるほか

の動物との間に繁殖はしないものです。植物においては，これらは構造に関する制限です。花の構造が違うと，似たような種でも授粉できないのです。

　このような生殖的隔離，つまり1つの個体群の中でのみ遺伝子が交換される場合，そして地理的隔離，つまり他の地域にいる同じ種の個体との遺伝子交換がない場合に，独立した進化が起こるのです。

✓ 重要表現チェック
- species「種」
- isolation「隔離，孤立」
- specific「特有の，固有の」

> **仕上げ**
> □音声を聞いた後，実際に制限時間60秒を計りながら，上の解答例を音読しましょう。音声を聞く際には，発音や音のつながり，抑揚，リズム，強弱のつけ方に注意するとよいでしょう。また，音読する時には，英文の意味を考えながら話し，英語の音と意味とを一体化させることを意識すると効果的です。
> □自分自身で改めて論理マップを作成し，解答をまとめてみましょう。解答を作成したら，時間を計って60秒でスピーチをしてみましょう。

演習問題

【1】 準備時間：制限なし → 解答時間：60秒

音声を聞いて設問に答えましょう。下のスペースに情報を整理し，解答を組み立ててください。円や線は自由に書き加えて構いません。

Listen to part of a lecture in a biology class. 🔊 CD 2-19

> Using points and examples from the professor's lecture, describe how oxygen levels affect the health of humans.

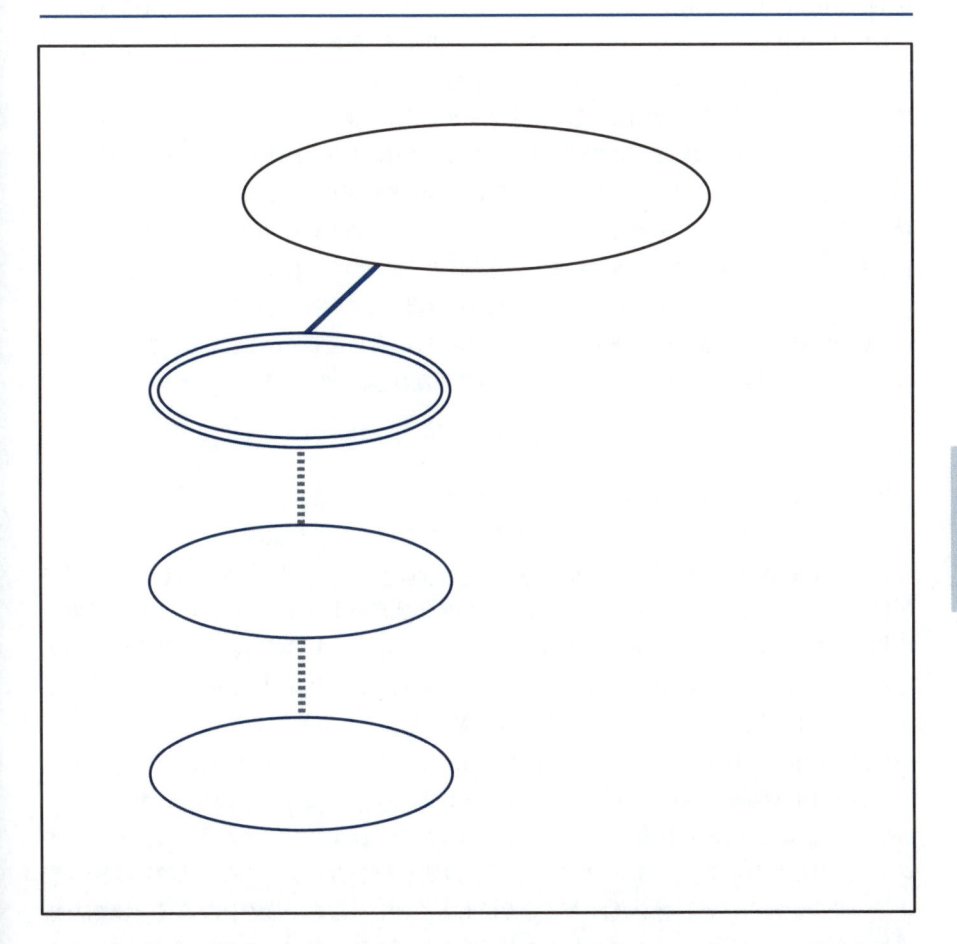

【解答例】

🎵 CD 2-20

The professor talks about oxygen. In particular, he discusses how the health of humans is influenced by oxygen levels. He first refers to how increases in oxygen would affect humans. He explains that humans enjoy increased levels of oxygen, because it makes us feel happier and more energetic. However, it would also make our lives shorter, so increased oxygen is not necessarily a good thing. Second, he looks at what would happen to humans if oxygen levels decreased. Specifically, he mentions that some scientists say the earth's oxygen levels are decreasing, and this could be bad for our health. For example, low oxygen levels in mountain towns may cause depression. Also, very low oxygen levels can cause serious health problems and even death. This lecture taught me that humans need steady oxygen levels to live comfortably. (136 words)

（教授は，酸素について語っています。特に，人間の健康が酸素濃度にどのような影響を受けているかについて話しています。彼はまず，酸素の増加が人間にどのような影響を与えるかについて述べています。酸素濃度が増加すると，人は幸せな気分になってエネルギーに満ちた感じがするので，これを喜ぶと彼は説明しています。しかし，これは寿命を縮めることもあり，酸素の増加は必ずしもよいことではありません。次に彼は，酸素濃度が低下した場合に，人間にどのようなことが起こるかについて考察しています。具体的には，地球の酸素濃度が低下していると言う科学者がいることに触れて，これは私たちの健康によくないかもしれないと言っています。例えば，山間部にある町の低い酸素濃度が，うつ病を引き起こしている可能性があります。また，極めて低い酸素濃度は，重大な健康上の問題を引き起こし，死に至ることさえあります。この講義は私に，人間が快適に暮らすためには安定した酸素濃度が必要なのだと教えてくれました。）

【解説】

設問では oxygen level（酸素濃度）が人の健康に及ぼす影響を説明するように指示されているので，まずはこの点に言及し，講義の2つのポイントを整理しましょう。教授は influence the overall health of humans <u>in a number of ways</u>... と，<u>First</u> に続けて最初の影響について説明しています。この説明部分の最重要ワードは increase であり，「酸素が増加した場合に何が起きるか」が「ポイント1」にあたります。講義では酸素の増加がもたらす利点を挙げた後で，対比を表す On the other hand に続けて短所を紹介していますが，この内容を「例・詳細1」としてまとめましょう。解答例では長所と短所を，He explains that .... However, ... という流れで紹介しています。その後教授は，<u>Next</u>, let's look at what would happen if the earth's oxygen <u>decreased</u> significantly ... と述べており，increase と decrease が反意語であることから，酸素が減少した場合どうなるかが「ポイント2」だとわかります。講義でのこれに続く説明が「例・詳細2」であり，解答の際は「酸素量の減少が健康に悪影響を及ぼす可能性があること」，「酸素濃度が低すぎると深刻な健康被害や死の原因となる可能性もあること」等を挙げることができます。解答例ではこの

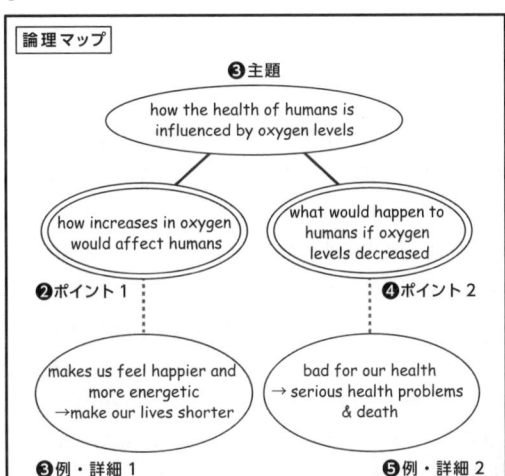

部分で，For example や Also といったディスコースマーカーを活用しています。

論理マップ

❸主題: how the health of humans is influenced by oxygen levels

❷ポイント1: how increases in oxygen would affect humans

❹ポイント2: what would happen to humans if oxygen levels decreased

❸例・詳細1: makes us feel happier and more energetic →make our lives shorter

❺例・詳細2: bad for our health → serious health problems & death

【リスニングスクリプト】

Today I'd like to talk about oxygen, the third most abundant element in the universe. When most people think of oxygen, they just think of breathing. This is because humans, like virtually all other animals on this planet, need oxygen to breathe... In reality, however, oxygen levels influence the overall health of humans in a number of ways.

First, let's talk about how it would affect humans if the earth's oxygen levels suddenly increased. Initially, an increase in oxygen would seem like a really good thing to people. This is because increased oxygen makes humans feel good. With higher levels of oxygen exposure, we feel happier and more energetic, and we can think more clearly. This is why some people enjoy using oxygen bars or oxygen therapy. On the other hand, high levels of oxygen can cause a condition called oxygen toxicity, which would probably decrease the lifespan of humans.

Next, let's look at what would happen if the earth's oxygen decreased significantly. Some experts point out that the earth's oxygen levels are actually decreasing quite rapidly, especially in heavily populated and highly polluted areas such as big cities... This is particularly frightening, because scientists still don't fully understand the long-term health effects of low oxygen levels. For example, one recent study found that low oxygen levels in mountain towns may lead to depression and higher suicide rates... When there is an extremely low level of oxygen —— anything under 10% of the air we breathe —— it can cause serious injury, brain damage, or even death.

As you can see, humans are highly sensitive to oxygen levels, and keeping those levels stable is a major concern.

【リスニングスクリプト訳】
生物学の講義の一部を聞きなさい。

　今日は酸素についてお話ししたいと思います。酸素は宇宙で3番目に多い元素です。ほとんどの人は、酸素について考える時、呼吸のことを思い浮かべるでしょう。これはなぜなら、人間は地球上にいる他の事実上すべての動物と同じで、呼吸をするために酸素を必要とするからです。しかし、現実には、酸素濃度は人間の健康全体にさまざまな面で影響を与えているのです。

　まず、もし地球の酸素濃度が突然増えたら、人間にどのような影響があるのかお話ししましょう。最初は、酸素の増加は人間にとって実によいことのように思えるでしょう。これは、酸素が増えると、人は気分がよくなるからです。さらされる酸素濃度が高いほど、我々は幸せでエネルギーに満ちている感じがして、思考もはっきりとします。これが酸素バーや酸素セラピーを喜んで利用する人がいる理由です。他方、高濃度の酸素は、人間の寿命を縮める恐れのある、酸素中毒と呼ばれる状態も引き起こすことがあります。

　次に、もし地球の酸素が著しく減少したら、何が起こるかを考えてみましょう。地球の酸素濃度は、実はかなり急速に減少していると指摘している専門家もいて、とりわけ、大都市のような人口密度が高く、汚染のひどい地域はそうだといいます。科学者たちはまだ、酸素濃度が低いことによる健康への長期的な影響について完全には理解していないので、このことは特に怖いことです。例えば、最近のある研究では、山間部の町の酸素濃度の低さが、うつ病と自殺率の増加につながる可能性が判明しています。酸素濃度が極めて低下すると、すなわち私たちが吸い込む空気の10パーセントを切ると、重い外傷や脳の損傷につながることがあり、死に至ることさえあります。

　皆さんもおわかりのように、人間は酸素濃度に極めて敏感で、酸素濃度を安定させることは大きな関心事になっています。

【設問訳】
教授の講義の中の要点と事例を用いて、酸素濃度が人間の健康にどのように影響を与えるかを説明しなさい。

✓ 重要表現チェック

リスニングスクリプト
- □ abundant「豊富な」
- □ element「元素；要素」
- □ oxygen toxicity「酸素中毒」
- □ heavy populated「人口密度が高い〔人口が多い〕」
- □ depression「うつ病」
- □ oxygen level「酸素濃度」
- □ virtually「事実上」
- □ lifespan「寿命」
- □ suicide「自殺」

【2】 準備時間：40秒　→　解答時間：60秒

音声を聞いて設問に答えましょう。今度は頭の中で情報を整理し，制限時間を守って解答しましょう。準備時間は本番の倍の長さにしてあります。

Listen to part of a lecture in a psychology class.　　　　　🔊 **CD 2-21**

> **Using points and examples from the professor's lecture, describe the possible origins of morality.**

【解答例】　　　　　　　　　　　　　　　　　　　　　　　　　🔊 **CD 2-22**

The professor talks about the origins of morality. In particular, she discusses two possible theories regarding why humans have a sense of morality. She first refers to how some people believe that society teaches humans the difference between right and wrong. To illustrate this, she talks about how parents need to teach their children that it is bad to steal from other people. Second, she looks at the possibility that humans have a natural instinct for morality. As an example, she talks about other intelligent, social animals like monkeys, whales, and dolphins. These animals behave in ways that benefit their groups, and this is similar to moral behavior. She then explains that humans probably acted the same way tens of thousands of years ago. This lecture taught me that humans' sense of morality might be natural, or it might be learned.　　　　　　　　　　　　　　　　　　　　　　　　(141 words)

（教授は，道徳の起源について語っています。特に彼女は，なぜ人間には道徳の感覚があるのかに関して，可能性のある理論を2つ述べています。彼女はまず，正しいことと間違っていることの違いを，社会が人間に教えると考えている人たちがいることに触れています。これを説明するために，親が子供に他人からものを盗むのはよくないと教える必要があることについて話しています。次に，人間が道徳を生まれながらの本能として持っている可能性について考察しています。例として彼女は，サルやクジラ，イルカのような知能が高く社会的な他の動物について話しています。こうした動物は，集団にとって有益になるようにふるまい，これが道徳的な行動と似ています。彼女はそれから，人間はおそらく，数万年前にも同じように行動していただろうと説明しています。この講義は私に，人間が持つ道徳の感覚は，生まれながらに備わっている可能性と，後から習得される可能性とがあることを教えてくれました。）

【解説】

　道徳の起源について，講義に基づき説明しましょう。教授は，First と Another idea is that が導く2つのパートで，2つの理論を説明しています。1つ目の理論（ポイント1）は，First の後の people learn morality from society です。解答例では，society teaches humans the difference between right and wrong と言い換えています。これに対する「詳細・例１」として，教授が For example で示す，「親が子供にものを盗むのはよくないと教える」例を挙げましょう。解答例の To illustrate this は「（例や比較による）説明」を示すのに便利な表現です。２つ目の理論（ポイント２）は，Another idea is that に続く「道徳は進化上の特性（evolutionary trait）」であるという考え方です。解答例では，このポイントを Second に続けて，natural instinct for morality（道徳は生まれながらの本能）と言い換えています。「詳細・例２」としては，講義での次の For example 以降で説明される，社会性のある動物の行動との類似について言及するとよいでしょう。解答例の最後の文では，上記の２つのポイントを humans' sense of morality might be natural, or it might be learned. としてまとめているので参考にしてください。

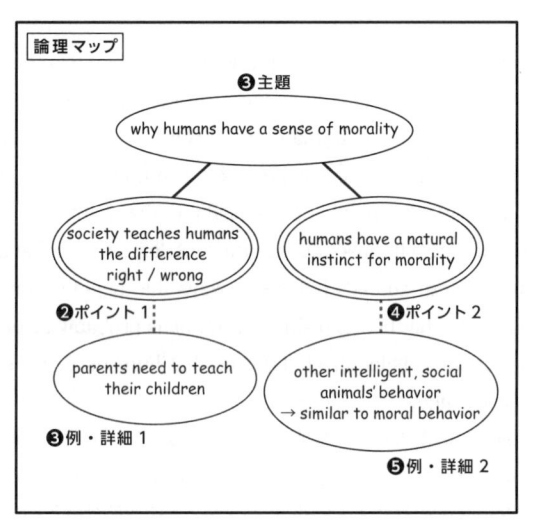

```
論理マップ

                    ❸主題
          ┌─────────────────────┐
          │ why humans have a   │
          │  sense of morality  │
          └─────────────────────┘
            ／              ＼
  ┌──────────────────┐   ┌──────────────────┐
  │society teaches   │   │ humans have a    │
  │humans the        │   │ natural instinct │
  │difference        │   │ for morality     │
  │right / wrong     │   │                  │
  └──────────────────┘   └──────────────────┘
   ❷ポイント１              ❹ポイント２
        ┊                       ┊
  ┌──────────────────┐   ┌──────────────────┐
  │parents need to   │   │other intelligent,│
  │teach their       │   │social animals'   │
  │children          │   │behavior          │
  │                  │   │→ similar to      │
  │                  │   │moral behavior    │
  └──────────────────┘   └──────────────────┘
   ❸例・詳細１             ❺例・詳細２
```

【リスニングスクリプト】

Listen to part of a lecture in a psychology class.

　Morality is the separation between what is good and right and what is bad and wrong... I think we can all agree that acts like killing and stealing are wrong. At the same time, helping people that are in trouble is the right thing to do. But why do humans have this sense of right and wrong—this sense of morality? Well, this is a complicated question. Today we're going to explore some ideas about the origins of morality.

　First, let's look at the idea that people learn morality from society. People that support this idea believe that humans teach each other the difference between right and wrong, because we are intelligent. For example, a child might steal a toy from his friend, because he wants it. The boy's parents then need to teach him that it is wrong to steal from other people.

On a wider scale, this theory supports the idea that humans learn morals from religion, laws, and society in general.

Another idea is that morality is an evolutionary trait that humans have inherited. For example, many social animals such as chimpanzees, dolphins, and whales have what scientists refer to as "pre-moral sentiments." In other words, these animals show very basic forms of moral behavior. Specifically, they cooperate, build relationships, care for the community, and solve conflicts between group members. This behavior benefits the group as a whole. Humans are social animals, too. Tens of thousands of years ago, before societies as we know them existed, humans lived in small groups and tribes… and basic moral behavior was probably very important for their survival.

【リスニングスクリプト訳】
心理学の講義の一部を聞きなさい。

　道徳とは，よいこと・正しいことと，悪いこと・間違っていることとの間の区別のことです。私たちは皆，殺人や盗みなどの行為は間違っているということに同意できると思います。同時に，困っている人を助けることは正しい行いですね。しかし，人間はなぜ，正しい，間違っているというこの感覚，つまり，この道徳という感覚を持つのでしょうか。えー，これは複雑な問題です。今日は道徳の起源に関するいくつかの考え方を見てみましょう。

　まず，人間は社会から道徳を学ぶという考え方について見てみましょう。この考えを支持する人々は，人間は知的であるので，正しいことと間違っていることの違いをお互いに教え合うと考えています。例えば，ある子供が友達のおもちゃが欲しくて，友達からおもちゃを盗んだとします。そうしたら，その男の子の両親は，他人のものを盗むことはよくないことだとその子に教えなければなりません。さらに広い規模では，この理論は，人間は宗教，法律，社会全体から道徳を学ぶという考えを支持しています。

　もう1つの考え方は，道徳は人間が受け継いでいる進化上の特性だというものです…。例えば，チンパンジーやイルカ，クジラなど社会的な動物の多くは，科学者が「道徳の元となる感情」と呼ぶものを有しています。言い換えると，これらの動物は非常に基本的な形の道徳的な行動を見せるということです。具体的には，こうした動物は協力し，関係を築き，コミュニティを思いやり，集団の構成員内での衝突を解決します。こうした行動は，集団全体に有益です。人間も社会的な動物です。何万年も前，私たちが知っているような社会が存在するよりも前に，人間は小さな集団や部族で暮らしていました。そして，基本的な道徳的な行動は，おそらく，彼らが生き残る上でとても重要だったのでしょう。

【設問訳】
教授の講義の要点と事例を用いて，道徳の起源と考えられているものについて説明しなさい。

✓ 重要表現チェック

リスニングスクリプト
- [ ] evolutionary「進化の」
- [ ] trait「特性」
- [ ] inherit「〜を受け継ぐ」
- [ ] sentiment「感情」
- [ ] conflict「衝突〔対立〕」
- [ ] as a whole「全体として」
- [ ] survival「生存，生き残り」

MEMO

Integrated Task　Question 6
集中トレーニング

ここまで見てきた Question 6 の解答の組み立て方をもとに，実戦形式の集中トレーニングにチャレンジしましょう。まずはリスニング音声を聞き，本番と同じように時間を計りながらスピーチを行います。できれば自分自身の解答を録音しておき，復習に役立てましょう。

問題 1

Listen to part of a lecture in a biology class.　　　　　🔘 CD 2-23

> **Using points and examples from the lecture, describe the difference between genetic variation and environmental variation.**
> 　　　　　　Preparation Time: 20 seconds
> 　　　　　　Response Time: 60 seconds

【リスニングスクリプト】
Listen to part of a lecture in a biology class.

　Why do some people look different than other people? Some people are tall, some are short. Some people are skinny, some are fat. This isn't news to any of you. No two humans on earth are exactly alike. That's because, in nature, living organisms naturally develop variations. Specifically, we develop variations due to environmental factors or genetic factors or both.

　To start, let's look at genetic variation. Genetic variation refers to the differences between organisms that are caused by varying genes. This is why tall parents often have tall children, whereas short parents often have short children. Genetic variation, for example, is the reason that identical twins look so similar. Because they were born with the same genes, they have very little genetic variation. This is why identical twins tend to have the same height, weight, and eye color.

　In contrast to this, environmental variation refers to the differences between organisms that are caused by environmental factors. Like I said, identical twins will usually be the same height, because they have little genetic variation. However, if one of them does not get proper nutrients as a child, then he is less likely to grow properly, and he may turn out to be shorter than his identical twin. The same type of thing can happen with skin color, too. Let's say one twin stays indoors as much as possible. On the other hand, his brother lives in the Bahamas and works as a lifeguard, out in the sun all day, every day. Here, the second brother is likely to have darker skin, because he's in the sun more often. This environmental factor —— lots of sunlight —— changes his appearance.

Question 6 集中トレーニング

【リスニングスクリプト訳】
生物学の授業の講義の一部を聞きなさい。

なぜ，人それぞれ見た目が異なるのでしょうか。背の高い人もいれば，低い人もいます。やせている人もいれば，太っている人もいます。これは，誰もが知っていることでしょう。地球上にまったく同じ人間は1人としていません。それは，本来，生物は自然に変異を発達させていくからです。特に，私たちは環境的な要因や遺伝的な要因，またはその両方によって，変異を発達させます。

まず，遺伝的変異について考えてみましょう。遺伝的変異とは，遺伝子の変化によって起こる生物間の違いのことです。このため，背の高い親は背の高い子を持つことが多く，背の低い親は背の低い子を持つことが多いのです。例えば，一卵性双生児がそっくりに見えるのは，遺伝的変異が理由です。双子は同じ遺伝子を持って生まれているので，遺伝的変異はほとんどありません。そのため，一卵性双生児は同じ身長，体重，目の色を持つ傾向があるのです。

これに対して，環境変異とは，環境的な要因によって起こる生物間の違いのことです。前述のように，一卵性双生児にはほとんど遺伝的変異がないので，たいてい同じ身長になります。しかし，双子の一方が幼少期に十分な栄養を得なかった場合，適切に成長する可能性が低くなり，もう一方よりも背が低くなるかもしれません。これと同じようなことが，肌の色にも起こり得ます。例えば，双子の一方が可能な限り屋内で過ごすとしましょう。かたや，もう一方はバハマに住んでいて，水難救助員として働いており，毎日外で1日中太陽を浴びているとします。この場合，後者のほうが，太陽によく当たっているので，肌の色が黒くなるでしょう。この環境的な要因，つまりたっぷりの太陽光が外見に違いをもたらします。

【設問訳】
講義で述べられている要点や例を用いて，遺伝的変異と環境変異の違いを説明しなさい。

解答例

不十分な解答例

★1 The professor talks about people's appearances. In particular, he discusses the differences between <u>environment</u> (→**environmental**) variation. **★2** He first talks about genetic variation, which refers to differences <u>of peoples appearance</u> (→**in people's appearance**). **★3** He talks about how tall parents tend to have tall children, and short parents tend to have short children. He also mentions how identical twins usually look much <u>the</u> (→追加) same, because they have <u>a</u> (→不要) little genetic difference. **★4** He mentions environmental variation, which refers to differences caused by environmental factors. For instance, he points to how identical twins can have different heights if one of them does not have a habit of eating properly as a child. **★5** If one of the twin lives in a hot country being in the sun more often, he might have darker skin. These, he explains, are environmental variations.

●構成と内容の改善ポイント

★1 講義の主題は,「人の見た目」ではなく,「見た目の違いの要因」でなので,このままでは言葉足らずです。
➡ 主題は大切な情報ですので,適切な表現で明確に示したいところです。The professor talks about what causes people to look different. などとすれば要点をまとめて伝えることができます。

★2 重要な用語の説明が不十分なため,意味にずれが生じています。
➡ genetic variation は遺伝子の多様性によって生じる違い(differences caused by varying genes)のことで,直接外見の違いを意味する言葉ではありません。キーワードの説明は後の話の展開にあたり重要なので,注意が必要です。

★3 前の文章とのつながりが悪く,唐突な印象になっています。接続表現を用いて,流れよく説明しましょう。
➡ To illustrate this, As an explanation for this, など,これから実例を挙げることを示すディスコースマーカーを使い,相手に話の筋道を示しましょう。

★4 ここから2つ目のポイントの説明が始まりますが,前の文との区切りが曖昧になっています。
➡ Next, Second, など,「次に」や「2番目に」という意味の接続表現を用いて,話の展開をわかりやすく示しましょう。

★5 話の流れが途切れてしまっています。前の文とどのような関係にあるのかを意識しましょう。
➡ ここでは環境変異の説明として,2例目を紹介しているところです。前の文に続くように,Also, Likewise(同様に)といった意味の言葉を補うと,唐突な印象がなくなり,聞き手に理解してもらいやすい内容になります。

《構成の改善例》

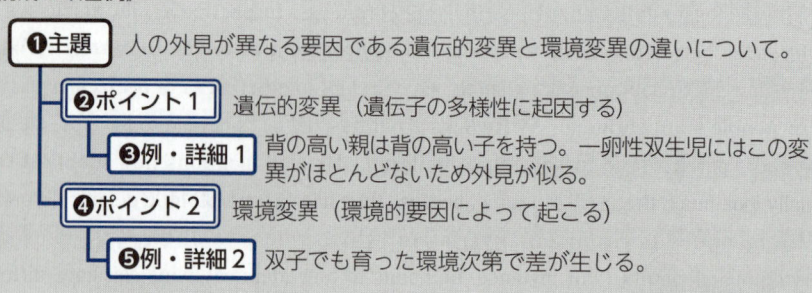

- ❶主題　人の外見が異なる要因である遺伝的変異と環境変異の違いについて。
  - ❷ポイント1　遺伝的変異(遺伝子の多様性に起因する)
    - ❸例・詳細1　背の高い親は背の高い子を持つ。一卵性双生児にはこの変異がほとんどないため外見が似る。
  - ❹ポイント2　環境変異(環境的要因によって起こる)
    - ❺例・詳細2　双子でも育った環境次第で差が生じる。

適切な解答例　　　CD 2-24

★1 The professor talks about what causes people to look different. In particular, he discusses the differences between genetic variation and environmental variation. **★2 He first refers to genetic variation, which refers to differences caused by varying genes.** **★3 To illustrate this,** he talks about how tall parents usually have tall children, and short parents usually have short children. He also mentions how identical twins usually look the same, because they have very little genetic variation. **★4 Second,** he looks at environmental variation, which refers to differences caused by environmental factors. As an example, he points to how identical twins can have different heights if one of them does not receive enough nutrition as a child. **★5 Also, he says that one twin might have darker skin if he is in the sun more often.** These, he explains, are environmental variations.　　（136words）

（教授は，人の外見が異なるのはなぜかについて語っています。特に，遺伝的変異と環境変異の違いについて話しています。彼はまず，遺伝的変異に言及しています。これは，遺伝子の多様性によって起こる違いのことです。これを説明するために，背の高い親は背の高い子を持ち，背の低い親は背の低い子を持つことが多いと話しています。彼はまた，一卵性双生児には遺伝的変異がほとんどないため，たいてい見た目がそっくりになるということにも触れています。次に，環境変異を取り上げています。これは，環境的な要因によって起こる違いのことです。例として，彼は，一方が幼少期に十分な栄養を摂取しなかった場合，一卵性双生児でも異なる身長になり得ることを指摘しています。また，太陽をより頻繁に浴びた双子の1人は，肌の色が黒くなる可能性があるとも言っています。これらが環境変異であると，彼は説明しています。）

✓ 重要表現チェック

リスニングスクリプト	□ skinny「やせこけた」
	□ variation「変異」
	□ identical twin「一卵性双生児」
	□ nutrient「栄養素」
不十分な解答例	□ much the same「ほぼ同じ」
	□ for instance「例を挙げると」
適切な解答例	□ in particular「特に」

問題 2

Listen to part of a lecture in a literature class.   ● CD 2-25

> Using points and examples from the lecture, describe how people determine what types of novels qualify as 'literature.' Why are some books considered literary, but others are not?
>
> Preparation Time: 20 seconds
> Response Time: 60 seconds

【リスニングスクリプト】
Llisten to part of a lecture in a literature class.

Why don't they teach contemporary mystery novels in literature classes? Many of them are widely praised, popular, entertaining. And yet, you're not likely to encounter them in any college literature course... What makes a novel qualify as literature? This is actually a difficult question for professors, too. In fact, I myself am not sure where to draw the line between literature and simple genre fiction... But here is what some other people say defines literature.

First, some people say that the defining characteristic of literature is that literary novels are about ideas. If you think about non-literary novels like popular sci-fi fiction, romance novels, or the latest mystery thrillers, the purpose of those books is, first and foremost, to entertain readers... So a horror novel might entertain you... A mystery novel might even make you think a lot... But a literary novel — something that can be called 'literature' — should change the way you think. Or at least, that's what proponents of this theory would have you believe.

There are also many people who say that writing style is more important for literary fiction. Literature, they say, has beautiful sentences that you want to stop and read multiple times. They argue that the stylistic goal of non-literary fiction is to get you from getting bored, whereas, the stylistic goal of literary fiction is to think about the language and its deeper meanings... Note that I'm not talking about 'flowery language.' For example, Ernest Hemingway has a very basic, simple writing style. However, literature professors will point out to you that the words and sentences in his novels are packed with many layers of meaning. That, they say, makes them literature.

【リスニングスクリプト訳】
文学の授業の講義の一部を聞きなさい。

文学の授業で現代のミステリー小説を教えないのはなぜでしょうか。それらの多くは，広く称賛され，人気があり，おもしろい作品です。それなのにどの大学の文学課程でもこれらを見かけることはまずありません…。小説を文学とみなす要件とは何なのでしょうか。これは実のところ，大学の教授たちにとっても難しい質問です。実は，私自身も文学と単なる小説の類いの間では，どこで線引きをすべきか確信が持てません…。ですが，文学を定義するとある人々が言っているものを紹介しましょう。

　まず，文学の決定的な特徴は，文学小説が思想を題材にしていることだと言う人もいます。人気のある SF や，恋愛小説，最近の推理小説のような純文学でない小説について考えてみると，これらの本の目的は，何よりもまず読者を楽しませることです…。ですから，ホラー小説はあなたを楽しませるかもしれません…。推理小説はあなたにたくさん考えさせさえするかもしれません…。しかし，文学小説，つまり「文学」と呼べるものは，あなたの考え方を変えるはずです。少なくとも，この理論を提唱する人々はそう言うでしょう。

　文学小説では，文体がさらに重要だと言う人もたくさんいます。こうした人たちは，文学には読み進めるのを中断し，何度も読みたくなる美しい文があると言います。彼らの主張によると，非文学小説の文体は読者を退屈させないことを目的としています。それに対し，文学小説の文体は，言葉とその言葉が持つ深い意味について考えることを目的としています。ちなみに，私は「美辞麗句」のことを言っているのではありません。例えば，アーネスト・ヘミングウェイの文体はとても簡易でシンプルです。しかし，文学の教授は皆さんに，彼の小説の言葉と文章には，多層的な意味が詰まっていると指摘するでしょう。彼らは，それゆえヘミングウェイの小説は文学と呼べるのだ，と言うのです。

【設問訳】
講義で述べられている要点や例を用いて，人は「文学」と呼ぶに値する小説の種類をどのように決めるのかを説明しなさい。文学とみなされる本もあれば，みなされない本もあるのはなぜですか。

解答例

不十分な解答例

★1 The professor told (→**talks**) about how to write a literature novel. In particular, she discusses the purpose of novels and their writing styles. To begin with, she refers to how some people argue that literary novels are about ideas. ★2 To illustrate this, she talks about how the books like mystery thrillers and romance novels are only entertaining readers and less impressive. However, literary novels should change the way you think. Second, she looks at how writing style relate (→**relates**) to literature. ★3 Although Ernest Hemingway has a simple writing style, he packed much meaning into his words and sentences. ★4 The main stylistic goal of non-literary fiction is to attract readers and keep them from getting bored. But the professor admits that there is no simple definition of 'literature,' and it is difficult to determine what makes a novel 'literary.'

> ●構成と内容の改善ポイント
> ★1 講義の主題は文学小説の書き方ではなく，文学小説の定義についてです。
> ➡主題を取り違えないよう，慎重に情報を拾いましょう。how to write ～の部分を what makes a novel qualify as literature や what types of novel qualify as literature などとします。
> ★2 講義の内容に沿った文学と非文学の特徴の比較になっておらず，主観や推測を交えた内容になってしまっています。
> ➡講義では，「推理小説や恋愛小説は単なる娯楽にすぎない」とまでは言っておらず，文学小説と比較する形で，非文学小説の目的を述べています。よって，the purpose of books like ～ is to entertaint readers のような表現を用いるのが適切です。また，「それほど素晴らしくはない」とは述べていないので，less impressive という部分は不適切です。断片的な情報から推測で話をまとめないようにしましょう。
> ★3 前の文からのつながりが不明瞭で，ヘミングウェイの話が突然現れている印象を受けます。
> ➡文体と文学作品の関わりを説明するため，一例としてヘミングウェイの話を出していることがわかるように伝えなければなりません。As an example, she points to Earnest Hemingway. などの一言を入れると，聞き手にスムーズに伝わります。
> ★4 前の文で文学作品の説明をしていたので，間をつなぐ言葉がないと何の話なのかがつかみにくく，聞き手の理解が妨げられます。
> ➡まず文頭に「一方で」という意味の On the other hand, Meanwhile などを置くことで，相手は話の流れが変わることを予想できるようになります。

《構成の改善例》

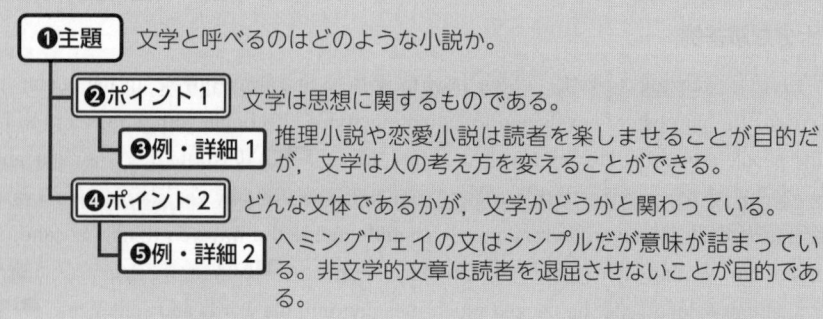

❶主題	文学と呼べるのはどのような小説か。
❷ポイント1	文学は思想に関するものである。
❸例・詳細1	推理小説や恋愛小説は読者を楽しませることが目的だが，文学は人の考え方を変えることができる。
❹ポイント2	どんな文体であるかが，文学かどうかと関わっている。
❺例・詳細2	ヘミングウェイの文はシンプルだが意味が詰まっている。非文学的文章は読者を退屈させないことが目的である。

適切な解答例

🎧 CD 2-26

★1 The professor talks about what types of novel qualify as literature. In particular, she discusses the purpose of novels and their writing styles. She first refers to how some people argue that literary novels are about ideas. ★2 To illustrate this, she talks about how the purpose of books like mystery thrillers and romance novels is to entertain readers. However, literary novels should change the way you think. Second, she looks at how writing style relates to literature. ★3 As an example, she points to Ernest Hemingway. Although his books have a simple writing style, his words and sentences are packed with meaning. ★4 On the other hand, the main stylistic goal of non-literary fiction is to keep readers from getting bored. But the professor admits that there is no simple definition of 'literature,' and it is difficult to determine what makes a novel 'literary.'

(142 words)

（教授は，文学と呼べるのはどんな種類の小説なのかについて語っています。特に，小説の目的と，その文体について話しています。彼女はまず，文学小説が思想に関するものであると主張する人がいることに触れています。これを説明するために，推理小説や恋愛小説のような本の目的が，読者を楽しませることであると述べています。しかし，文学小説は，人の考え方を変えるはずだと言います。次に，文体が文学にどのように関わっているのかについて話しています。例として，アーネスト・ヘミングウェイを挙げています。ヘミングウェイの本は，シンプルな文体ですが，彼の言葉と文章には意味が詰まっています。それに対して，非文学的な小説の文体の主な目的は，読者を退屈させないことです。しかし教授は，「文学」の単純な定義はなく，小説を「文学的」にしているものを決めるのは難しいと認めています。）

✓ 重要表現チェック

リスニングスクリプト	□ contemporary「現代の」
	□ qualify as ~「~と見なす」
	□ foremost「真っ先に，何よりも」
	□ the way (you) think「(あなたの)考え方」
不十分な解答例	□ impressive「素晴らしい」
	□ relate to ~「~と関わる」
適切な解答例	□ point to ~「~を挙げる」
	□ be packed with ~「~が詰め込まれている」

問題3

Listen to part of a lecture in an industrial art class.　　● CD 2-27

Using points and examples from the lecture, explain what the professor says about the value of gemstones.

　　　　　Preparation Time: 20 seconds
　　　　　Response Time: 60 seconds

【リスニングスクリプト】
Listen to part of a lecture in an industrial art class.

　People value gems because they symbolize wealth. We know that certain gems are worth more than others. When gems are mined, or found in the rough, they are found in varying degrees of quality. How can gems of various types be compared to determine relative value? Well, the value of each stone can be decided using a scale that takes into consideration a number of factors.

　There are several different factors that are considered when calculating the value of a stone. Two of the key factors are color and clarity. Color is the most important factor, usually determining about 50 to 70% of a gem's value. Colors are measured in terms of their hue, their brightness, and their intensity. Certain colors are considered more valuable than others. The best stones are completely uniform without any variation in coloring. Jewelers identify a huge number of colors, and a perfect match to a standardized color is best.

　The other key factor is clarity. This is the degree to which a stone is free of imperfections. As a gem forms in nature, sometimes foreign objects are trapped inside it. These are called inclusions. Now, some of these inclusions are good, and some are not. Diamonds are generally considered more valuable if they do not have inclusions. With sapphires, on the other hand, inclusions can make the stone more valuable. They can look like crystals, bubbles, or feathers.

【リスニングスクリプト訳】
工業技術の講義の一部を聞きなさい。

　人は富の象徴として宝石を評価します。宝石はものにより価値が違うことは皆が知っています。発掘された時，つまり未加工の状態で発見された時の宝石の品質ランクはさまざまです。多様な種類の宝石をどのように比較して相対的価値を決めるのでしょうか。いくつかの要素を考慮した評価基準を利用して，宝石それぞれの価値が決められるんですね。

　宝石の価値を計算する時には，いくつかの異なる評価要素が考慮されます。その中の主な2つ

の要素が色彩と透明度です。色彩は最も重要な要素で，通常宝石の価値の 50 〜 70 パーセントが色彩で決まります。色彩は色合い，明るさ，そして彩度によって測定されます。ある色彩は他の色彩よりも高価であるとみなされます。最高質の宝石は，色彩などにむらがなく，完璧に単一色です。宝石職人は，膨大な数の色を識別しますが，標準色に完璧に一致するものが最高品質のものなのです。

　もう 1 つの主な評価要素は透明度です。これは宝石の不完全性がいかに少ないかを示します。宝石は自然の中で形成されるため，時には異物が混入することもあります。これらを含有物と言います。それで，こういった含有物にはよいものとよくないものがあります。一般的に，ダイヤモンドは含有物がないほど価値があるとされています。一方サファイアの場合は，含有物により価値が上がることがあります。含有物が水晶や気泡，あるいは羽毛のように見えることがあるのです。

【設問訳】
講義で述べられている要点や例を用いて，教授が宝石の価値についてどのように述べているか説明しなさい。

解答例

不十分な解答例

The lecture is about how to value gems. ★1 Some gems are more (→不要) worth more (→追加) than others, dependig on the type of stones. ★2 The professor talked about color and clarity. Color is the most important factor determining much of a stone's value. There are various ways to measure colors and ★3 jewelers are looking for match to their customers' taste. Clarity is one more (→ the other) factor. ★4 If the stone is clear, it is transparent and has nothing impure inside. These imperfections result in (→from) the gem's formation in nature. Diamonds are most valuable with no imperfections, but sapphires are valuable if they are not clear.

●構成と内容の改善ポイント
★1 主題について述べた部分ですが，内容に問題があります。宝石の価値は，その種類によって決まるのではありません。
　➡ 同じ種類の宝石でも，個別に価値が異なると述べられているので，後半部分は even for the same type of stone あるいは regardless of the type of stone などとします。
★2 情報は間違っていませんが，単に宝石の color と clarity について話したのではないので，不十分です。

➡ 設問では，宝石の価値についてどのように述べているかを説明するように指示されているため，「宝石の価値を決める」(to measure a stone's value) 上で color と clarity が２つの主な要因（two main factors）となるということに触れておきましょう。

★3 後半の内容が間違っており，先に挙げた宝石の価値を決める基準から話がそれてきています。

➡ 宝石職人が求めているのは顧客の好みに合う色彩ではなく，標準色に完璧に一致するものです。ここは，a match to a standardized color is what jewelers are looking for. などとすると，内容も正しく理解しやすい文になります。

★4 講義で語られていない情報が述べられており，本来の内容から離れてしまっています。

➡ clarity の定義は講義ではっきり示されており，不完全性（imperfection）がいかに少ないかということです。よって，stone is free from imperfection または，stone has few or no imperfections とすると正確です。

《構成の改善例》

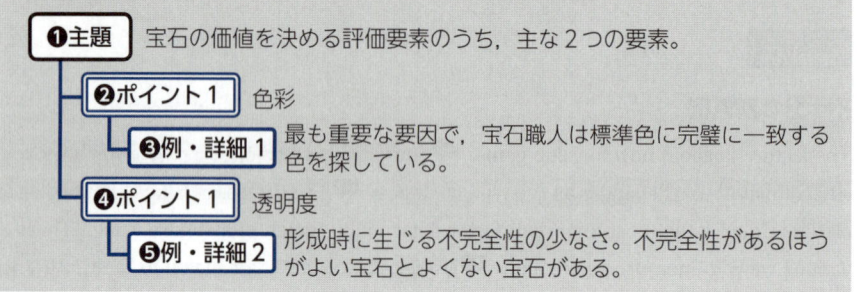

- **❶主題** 宝石の価値を決める評価要素のうち，主な２つの要素。
  - **❷ポイント１** 色彩
    - **❸例・詳細１** 最も重要な要因で，宝石職人は標準色に完璧に一致する色を探している。
  - **❹ポイント１** 透明度
    - **❺例・詳細２** 形成時に生じる不完全性の少なさ。不完全性があるほうがよい宝石とよくない宝石がある。

適切な解答例　　　　　　　　　　　　　　　　　　　　● CD 2-28

This lecture is about how to value gems.　**★1**<u>Some gems are worth more than others, even for the same type of stone.</u>　**★2**<u>The professor mentions two main factors that are used to measure a stone's value. These are color and clarity.</u>　Color is the most important factor and the thing that determines much of a stone's value. There are various ways to measure color and　**★3**<u>a match to a standardized color is what jewelers are looking for.</u>　Clarity is the other factor.　**★4**<u>Clarity means a stone has few or no imperfections.</u>　These imperfections result from the gem's formation in nature. Diamonds are most valuable when they have no imperfections, but sapphires can be more valuable if they are not completely clear.

(114 words)

（この講義は宝石の評価のしかたに関するものです。同じ種類の宝石でも価値が異なることがあ

ります。教授は宝石の価値の測定に使用する２つの主な要素について述べています。色彩と透明度です。色彩は最も重要な要素で，宝石の価値決定に大きく関わります。色彩の測定にはさまざまな方法があり，宝石職人は標準色に完璧に一致するものを探し求めています。もう一方の要素は透明度です。透明度とは宝石にほぼ，またはまったく不完全性がないということです。宝石は自然の中で形成されるためこういった不完全性が生じます。ダイヤモンドは不完全性のないものが最も高価ですが，サファイアの場合は透明でないものに価値があります。）

☑重要表現チェック

リスニングスクリプト	□ value「〜を評価する」	
	□ mine「〜を採掘する」	
	□ take into consideration「〜を考慮する」	
	□ valuable「価値がある」	
	□ uniform「均一の」	
	□ imperfection「不完全さ」	
不十分な解答例	□ jeweler「宝石職人」	
	□ transparent「透明な」	
	□ impure「澄んでいない」	
適切な解答例	□ standardized color「標準色」	
	□ result from 〜「〜に由来する」	

問題 4

Listen to part of a lecture in a history class. ● CD 2-29

Using points and examples from the lecture, explain how these two early New World civilizations were alike and how they were different.

Preparation Time: 20 seconds
Response Time: 60 seconds

【リスニングスクリプト】
Listen to part of a lecture in a history class.

Two civilizations laid the foundation for the later development of civilization on the Latin American continent. One was the Olmec civilization, which by 1200 B.C. had extended from western Mexico to as far as El Salvador. The other was the Chavin, a similarly widespread civilization that had developed in Peru by 1000 B.C.

The two civilizations did not interact, but their arts extended over a wide area. Olmec figures and styles spread throughout what is now Mexico and Central America, while Chavin-style pottery and textiles have been found in Ecuador and southern Peru. Elaborate gold work continued from the Chavin civilization until the time of the Spanish conquest.

However, their works in sculpture were quite different. The Olmecs as sculptors had great skill in the ability to depict the human form. They are known for being quite talented, and although few of their works remain today, scholars say they were far ahead of their time. One striking example of their sculpture is the massive heads they made, some as big as ten feet tall.

The Chavin made massive stone buildings, subterranean galleries with stone sculptures that combine human and feline features and formal gardens. Entirely unlike the Olmecs, Chavin sculpture was mysterious with wild abstractions that might strike the modern observer as being grotesque. Chavin sculptures are not nearly as realistic as the Olmecs' works. Nevertheless, they were both very important historically. From the Olmecs and the Chavin later arose the Aztec and Inca civilizations of the New World in Mexico and Peru, respectively.

【リスニングスクリプト訳】
歴史学の講義の一部を聞きなさい。

　２つの文明が，その後の南米大陸の文明発展の基礎を築きました。その１つはオルメカ文明で，紀元前1200年にはメキシコ西部からはるかエルサルバドルまで広がっていました。もう１つはチャビン文化といい，紀元前1000年にはペルーで発達し，同様に広範囲に及んだ文明でした。

　両文明に交流はありませんでしたが，その芸術は広い地域に広がりました。オルメカのスタイルや様式は今日のメキシコおよび中米に広がり，チャビン様式の器や織物はエクアドルやペルー南部でも発見されています。精巧な金細工はチャビン文化の時代からスペイン人による征服の時代まで続きました。

　しかし彫刻作品は両者の間でかなり異なっています。彫刻家としてのオルメカ人は人物像を表現する能力に非常に優れていました。彼らは非常に有能として知られ，その作品は今日ほとんど残っていないにもかかわらず，時代を先取りしていたと学者らは言います。その彫像の衝撃的な一例は彼らが作った巨石人頭像で，中には高さが10フィートにもなる大きいものもあります。

　チャビン文化では巨大な石の建造物，人と猫の特徴を合わせ持つ石の彫刻が置かれた地下回廊や整然とした庭が造られました。オルメカ文明とはまったく異なり，チャビン文化の彫刻は神秘的で，現代人が見ると奇怪な印象を受けそうな大胆な抽象的芸術作品があります。チャビン文化の彫刻は，オルメカ文明の作品のような写実主義からは程遠いのです。にもかかわらず，両者はともに歴史的に大変重要です。オルメカ文明とチャビン文化の後，メキシコとペルーにそれぞれ新世界のアステカ文明とインカ文明が起こったのです。

【設問訳】
講義で述べられている要点や例を用いて，これら２つの初期新世界文明がどのように似通っていたか，そしてどのように異なっていたのかについて説明しなさい。

解答例

不十分な解答例

★1 There were two native civilizations across large parts of Mexico and Peru. They spread across large parts of Mexico and Peru. The areas they occupied were different, but ★2 both civilizations developed (→had developed) in (→by) BC1000 (→1000 B.C). ★3 Challenging one another, their works spread across large areas. These works include pottery, textiles, and gold. But their sculptures have different features. The Olmecs had great skill as sculptors. Their sculptures of people were realistic. Scholars say their style was far advanced for their time. ★4 The Chavin in South America also made many sculptures and their sytle was very innovative. These two civilizations were the basis for later civilizations. ★5 The Chabin was followed by (→追加) Inca civilization in Peru. The Aztecs followed the Olmecs in Mexico and Central America.

●構成と内容の改善ポイント

★1 この表現では，南米大陸に存在していた文明が2つだけであるように受け取られます。
➡ 地域のその後の文明の基礎を築いたのがこの2つの原始文明であったということが伝わる表現にするため，文の前か後に before the Aztecs and the Incas を加えましょう。

★2 時間のとらえ方に問題があります。紀元前1000年に発展したのではなく，この時点ではすでに発展していました。
➡ 時制や前置詞を正しく用いましょう。had developed by 1000 B.C. あるいは，exsisted before 1000 B.C. などとすると，正しく伝わります。細かい点ではありますが，使い方を誤ると大きく意味が変わってしまう場合があるので，注意しましょう。

★3 講義で述べられていない情報が含まれており，内容にずれがあります。
➡ 同時代に発展し類似点はあるものの，互いに刺激し合ったという情報はありません。ここでは The two cultures did not interact. などとして交流がなかったことを明確にしましょう。講義で述べられている内容に沿ってまとめることを求められているので，自分の推測や意見などは混ぜないようにしましょう。

★4 情報を取り違えて述べています。inovative はオルメカ文明の彫刻の特徴です。
➡ 2つの要素が比較して述べられている場合，両者についての情報をしっかり区別して聞き取ることが重要です。この講義では Entirely unlike the Olmecs など区別のヒントとなる表現が用いられていますので，このような点を聞き逃さないようにしたいところです。

★5 文が細切れで話のつながりがわかりにくくなっています。唐突に具体的説明が始まる印象を受けるので，流れをスムーズにする工夫をしましょう。
➡ まず，From them, two famous civilizations followed. など，両文明の後に2大文明が続いたという情報を示した上で，どんな文明が続いたかの詳細説明に移りましょう。なお，動詞を能動態か受動態どちらかにそろえるとすっきりして伝わりやすくなります。

《構成の改善例》

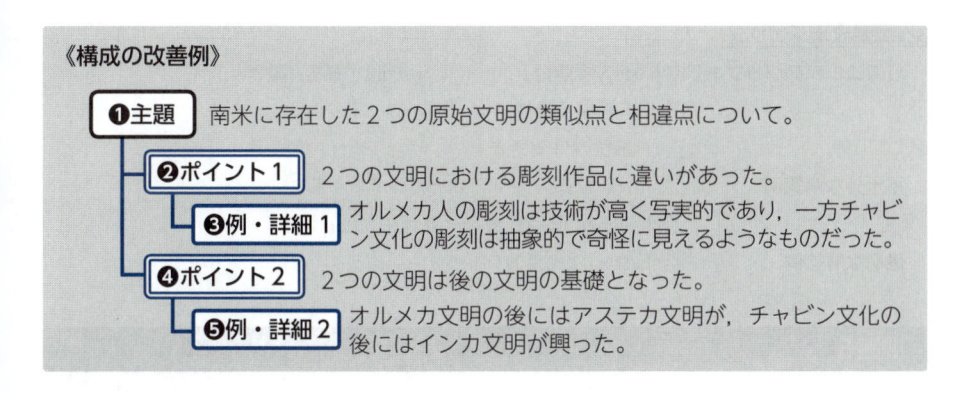

- **❶主題** 南米に存在した2つの原始文明の類似点と相違点について。
  - **❷ポイント1** 2つの文明における彫刻作品に違いがあった。
    - **❸例・詳細1** オルメカ人の彫刻は技術が高く写実的であり、一方チャビン文化の彫刻は抽象的で奇怪に見えるようなものだった。
  - **❹ポイント2** 2つの文明は後の文明の基礎となった。
    - **❺例・詳細2** オルメカ文明の後にはアステカ文明が、チャビン文化の後にはインカ文明が興った。

適切な解答例　　　　　　　　　　　　　　　　　CD 2-30

★1 Before the Aztecs and the Incas, two other native civilizations spread across large parts of Mexico and Peru. The areas they occupied were different, but ★2 both civilizations existed before 1000 B.C. ★3 The two cultures did not interact, but their works spread across large areas. These works include pottery, textiles, and gold. Where they were different is in their sculptures. The Olmecs had great skill as sculptors. Their sculptures of people were realistic. Scholars say they were quite innovative. ★4 The Chavin in South America made abstract sculptures that we would consider grotesque today. They are much less realistic. These two civilizations were the basis for later civilizations. ★5 From them, two famous civilizations followed. The Aztecs followed the Olmecs in Mexico and the Incas followed the Chavin in Peru.

（アステカ文明やインカ文明以前、他の2つの原始文明がメキシコとペルーの広い地域に伝わりました。広がった地域は異なりますが、両文明とも紀元前1000年以前に存在しました。2つの文化に交流はありませんでしたが、作品は広範囲に伝わりました。それらの作品には器、織物や金などがあります。両文化の違いは彫刻にあります。オルメカ人は彫刻家として素晴らしい技術を持っていました。彼らの人物の彫刻は写実的でした。学者らはかなり革新的であったと言っています。南米のチャビン文化は今日の我々には奇怪に思えるような抽象的な彫刻を作りました。それらは写実的とは程遠いのです。この2つの文明は後の文明の基礎となりました。両文明の後に2つの有名な文明が続きました。メキシコではアステカ文明がオルメカ文明に続き、ペルーではインカ文明がチャビン文化に続きました。）

✓ 重要表現チェック

リスニングスクリプト	☐ pottery「陶器」　☐ textile「布地，織物」
	☐ sculpture「彫刻」　☐ depict「〜を描写する」
	☐ realistic「写実的な」
不十分な解答例	☐ spread across 〜「〜にわたって広がる」
	☐ challenge one another「互いに刺激し合う」
適切な解答例	☐ abstract「抽象的な」

問題 5

Listen to part of a lecture in an aerospace engineering class.　● CD 2-31

> Using points and examples from the lecture, describe how the ISS is being used.
>
> Preparation Time: 20 seconds
> Response Time: 60 seconds

【リスニングスクリプト】

Listen to part of a lecture in an aerospace engineering class.

　More than 200 people have visited the International Space Station since November 2000. Now there are two main reasons the ISS is being used. One is to develop space transportation capabilities. The other is to conduct scientific research in space.

　Now, to get things to the ISS, you need to send rockets from Earth. For this purpose, many companies and governments are working to develop new vessels, spacecraft and equipment to carry cargo, as well as people. One of these is the Progress cargo spacecraft developed by Russia. It takes maintenance items as well as food and water and air for the people on the ISS to use. It flies up to the ISS and then docks with the station, where it stays for a while. There have been 140 Progress flights so far.

　Apart from space-related research, there's also a lot of scientific research not related to space that's happening in the ISS. That's because it provides a unique environment that can't be replicated on Earth. Life sciences and physical sciences are some of the fields in which research is being conducted. Some experiments are monitoring plants and animals as they grow in space. They are looking at how the zero-gravity environment affects the evolution, development, and internal processes of plants and animals. They are also measuring the effects of weightlessness on certain materials.

【リスニングスクリプト訳】
航空宇宙工学の講義の一部を聞きなさい。

　2000年の11月以降，200人以上が国際宇宙ステーション（ISS）を訪れています。ISSを利用している理由は主に2つあるんですね。1つは宇宙輸送機関の開発です。もう1つは宇宙空間で科学的調査を実施することです。

　さて，ISSまで物を運ぶには，地球からロケットを送る必要があります。この目的のため，多くの企業や政府が積荷や人を運ぶための新しい乗り物，宇宙船，設備の開発に取り組んでいます。その1つはロシアが開発した貨物宇宙船プログレスです。同船はISS乗組員のための食料や飲料水，空気はもちろんメンテナンス品も運搬します。ISSまで飛んで行って同ステーションとドッキングし，そこでしばらく留まるのです。これまでにプログレスの飛行は140回ありました。

　ISSでは宇宙関連の調査以外にも，宇宙に関係のない科学的調査を数多く実施しています。というのも，そこでは地球上では再現できない，珍しい環境が得られるからです。現在，生命科学や物理科学などの分野において調査が行われています。宇宙における植物や動物の成長を観察している実験もいくつかあります。これらの実験では植物や動物の進化，成長，および内部作用に無重力環境がいかに影響するのかを調べています。また一定の物質に無重力が及ぼす影響の評価も行っています。

【設問訳】
講義で述べられている要点や例を用いて，ISSがどのように利用されているのかについて述べなさい。

解答例

▲ 不十分な解答例

The ISS has been in use <u>after</u> (→**since**) 2000. ★1 It is being used to develop space transportation and is also to do scientific research for the most part. In the development of transportation, new spacecraft are being made to meet the need of the ISS. The people working there need supplies from Earth, so new spacecraft have to be developed to make those trips. ★2 Russia developed new spacecraft to carry equipment and food. Progress has made those trips. Also crew members are doing scientific research <u>in</u> (→**on**) the ISS. ★3 The environment is quite different from that on Earth. ★4 Researchers are doing many experiments on life science, physical science, and other kinds of study. They are seeing how being in space affects the evolution and development of plants and animals. Materials are also being tested.

●構成と内容の改善ポイント

★1 文構造がやや混み入っており，意味が伝わりにくくなっています。
→ ISS の 2 つの目的を簡潔にまとめて述べましょう。文構造を複雑にするとわかりにくくなるので，It is mainly used to ～ and to …. のように整理して述べると，聞き手が理解しやすくなります。

★2 Progress という名称が唐突に示されており，前の文の new spacecraft と Progess との関係がわかりにくくなっています。
→ まず One example is Progress. のように前置きし，一例が「プログレス」というものであることを伝えてから，具体的な説明に移るとよいでしょう。

★3 比較の対照が明確に示されていないため，具体性に欠けており，わかりにくい表現になっています。
→ 「ISS の環境」と「地球の環境」がまったく異なっているということを言いたいので，ともに〈the environment on +（場所）〉の形にそろえるとわかりやすくなります。聞き手が意図を推測しなければならない伝え方にならないよう，明確に述べましょう。

★4 「ISS の無重力という特殊な環境を利用している」という重要な要素が含まれていません。
→ 内容としては間違っていなくても，情報が不十分だと高い評価は得られません。Researchers are using the zero-gravity environment と加えるなど，ISS ならではの環境を利用していることを伝えましょう。

《構成の改善例》

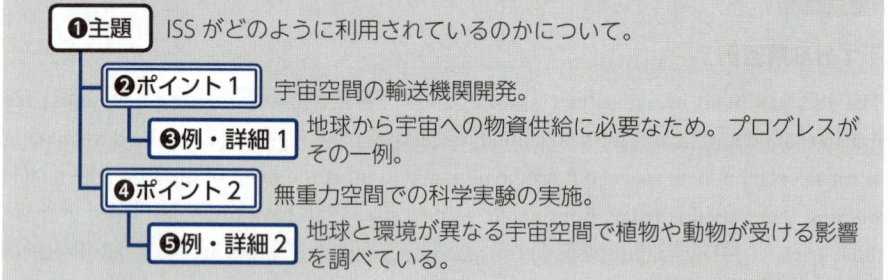

- **❶主題** ISS がどのように利用されているのかについて。
  - **❷ポイント1** 宇宙空間の輸送機関開発。
    - **❸例・詳細1** 地球から宇宙への物資供給に必要なため。プログレスがその一例。
  - **❹ポイント2** 無重力空間での科学実験の実施。
    - **❺例・詳細2** 地球と環境が異なる宇宙空間で植物や動物が受ける影響を調べている。

適切な解答例

The ISS has been in use since 2000. **★1** It is mainly being used to develop space transportation and to do scientific research. In the development of transportation, new spacecraft are being made because of the demands of the ISS. The people working there need supplies from Earth, so new spacecraft have to be developed to make those trips.

★2 One example is called Progress. It was developed by Russia and carries equipment and food. There is also scientific research being done on the ISS. ★3 The environment on the ISS is completely different from that on Earth. ★4 Researchers are using the zero-gravity environment for life science, physical science, and other kinds of study. They are seeing how being in space affects the evolution and development of plants and animals. Materials are also being tested.　　　　　　　(132 words)

(ISS は 2000 年から利用されています。宇宙空間の輸送機関開発と科学実験の実施が主な目的です。輸送機関の開発において ISS の要請により新しい宇宙船が製造されています。ISS で作業をしている人たちには地球からの供給物資が必要となるので，その飛行のため新たに宇宙船を開発する必要があるわけです。その一例はプログレスと呼ばれています。ロシアによって開発され，物資や食料を運搬しています。ISS では科学実験も行われています。ISS の環境は地球の環境とまったく異なります。研究者らは無重力環境を利用して生命科学，物理科学，およびその他の研究をしています。彼らは植物や動物が宇宙空間に置かれることにより，その進化や成長にどのような影響が出るのかを調べています。また物質の試験も行われています。)

✓ 重要表現チェック

リスニングスクリプト　　☐ vessel「大型船，飛行船」
　　　　　　　　　　　☐ replicate「〜を再現する」
　　　　　　　　　　　☐ physical science「物理科学」
不十分な解答例　　　　　☐ for the most part「大部分」
　　　　　　　　　　　☐ meet the need「必要に応える」

問題 6

Listen to part of a lecture in a linguistics class.　　　● CD 2-33

Using points and examples from the lecture, explain the differences between the two definitions of "ungrammatical."

> Preparation Time: 20 seconds
> Response Time: 60 seconds

【リスニングスクリプト】

Listen to part of a lecture in a linguistics class.

When we talk about language, we often talk about if a sentence is ungrammatical, that is, if a sentence doesn't follow correct grammar. Usually we are referring to the rules of grammar we learn in school. We're taught that there are correct and incorrect ways of using language and how to avoid the wrong way of doing things.

However, linguists and those who study languages use a different, stricter definition. For them a sentence is ungrammatical if it wouldn't be said by a native speaker, not if the native speaker shouldn't say the sentence.

For example, in English there is a formal rule that you should not end sentences in prepositions. Teachers and textbooks often tell students not to conclude their sentences with words like "at," "in," or "from." According to this rule, the sentence "Where are you from?" is ungrammatical. However, this rule is not widely followed and lots of people use sentences that end in prepositions when speaking casually. According to the textbook rules, they're being ungrammatical.

Conversely, most linguists say that if a sentence structure is widely used and perfectly understandable it's not ungrammatical. For them, sentences are only ungrammatical if they would not be used by a native speaker. The English sentence "The I would like an apple" would be ungrammatical because no one who speaks English natively would put "the" in front of "I." They wouldn't have to learn this in school, it would simply come naturally. In such cases, it's not so much that you learn a specific rule in school, but that something just doesn't sound right. People who are learning a language are the most likely ones to make these kinds of ungrammatical sentences.

【リスニングスクリプト訳】
言語学の講義の一部を聞きなさい。

　私たちが言語について語る時，ある文章が非文法的かどうか，つまり文が正しい文法に従っていないのかどうかをよく話題にします。文法という時は，たいてい私たちが学校で習った文法規則のことを指しています。私たちは，言語の使い方には正しい方法と正しくない方法があることと，間違った使い方を避けるにはどうすべきかを教わるのです。

　しかし，言語学者や言語を研究する人々は，それとは異なるより厳密な定義を使います。彼らにとっての非文法的な文章とは，ネイティブスピーカーならば使わないだろうという文章であり，使うはずがないという文章のことではありません。

　例えば英語では，前置詞で文を終わらせてはいけないという正式な規則があります。学生は，しばしば at, in, from などの語で文章を締めくくらないようにと，教師や教科書から教わります。この規則によると，Where are you from? という文は非文法的ということになります。しかしこの規則は常に守られているわけではなく，多くの人は普段話す時，文章を前置詞で終えています。教科書の規則によれば，それは非文法的ということになるわけです。

　逆に，ほとんどの言語学者は，もしある文の構造が一般的に使われていて，完全に理解できるものであれば，それは非文法的ではないと言います。彼らから見ると，非文法的な文とは，ネイティブスピーカーなら使わないだろうというものだけです。"The I would like an apple" という英文は，英語のネイティブスピーカーなら誰も "I" の前に "the" を置いたりしないという理由から，非文法的ということになるのです。こんなことを学校で習う必要はないでしょう。それは自然に身につくことです。そういう場合は，ある特定の規則を学校で習うというよりは，むしろ何かおかしい感じがするということです。こういった非文法的な文章を作ることは，言語を学習している人々に大変ありがちです。

【設問訳】
講義で述べられている要点や例を用いて，「非文法的」ということの２つの定義の違いを説明しなさい。

解答例

不十分な解答例

The first definition of ungrammatical is one that would be used in school when teaching language. ★1 This definition is based in (→on) rules taught at school, written at (→in) textbooks, and taught by teachers. Such rules are more formal and are frequently disregarded in everyday language. ★2 So, native speakers may still uses these sentences. The other definition is used for sentences ★3 that a native speaker may not use. ★4 So, this definition is a stricter one used by the ones who use linguistics in most cases. Using this definition, a native speaker wouldn't have to be taught that these sentences <u>are</u> (→**were**) ungrammatical. They simply <u>seem</u> (→**sound**) wrong.   ★5 These rules come naturally, native speakers almost never use ungrammatical sentences and someone who is learning a language might tend to use a lot of them.

●構成と内容の改善ポイント

★1 個々の情報は間違っていませんが,それぞれの動作が個別に行われているように聞こえる文になっており,全体として講義の内容とややずれが生じてしまっています。
 ➡ 「学校で教えられている教科書に書かれた文法規則に基づいている」となるよう,表現を工夫してまとめましょう。

★2 these sentences とありますが,これが何を指すのかが不明瞭です。
 ➡ these の指示対象がわかるように説明を加える必要があります。1つ目の定義において「非文法的」とされる文のことを言いたいので,Sentences that are ungrammatical using this definition という説明を加えましょう。

★3 助動詞の使い方がやや不適切で,意味が正確に伝わらない可能性があります。
 ➡ ここは,「ネイティブスピーカーであれば使用しないと思われるもの」なので,may not よりも否定の意味あいを強めて would never を用いると,意図するニュアンスが伝わります。

★4 接続表現が不適切で,前の文からの話の展開に問題が生じています。また,文中に use や one が何度も使われていて理解しにくいため,表現にも工夫が必要です。
 ➡ 前の文との因果関係はないので,文頭の So は不要です。また,the ones who use linguistics は people[those] who are in the field of linguistics のように表現を変え,in the most cases は mostly として文中に挿入するなどの工夫をすると,わかりやすい文になるでしょう。

★5 事実の羅列となっており,何がポイントなのかがぼやけています。
 ➡ These rules come naturally は後半の節の理由にあたる内容なので,Because で始めましょう。また someone who is learning a language についての説明は,ネイティブスピーカーの場合と対になっているため,and の代わりに although, while, などを使って対比する形をとると,よりわかりやすくなるでしょう。

《構成の改善例》

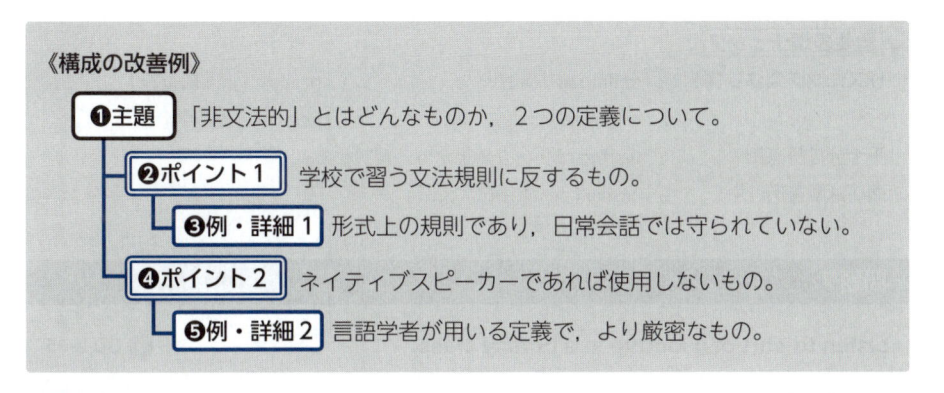

- **❶主題**　「非文法的」とはどんなものか，2つの定義について。
  - **❷ポイント1**　学校で習う文法規則に反するもの。
    - **❸例・詳細1**　形式上の規則であり，日常会話では守られていない。
  - **❹ポイント2**　ネイティブスピーカーであれば使用しないもの。
    - **❺例・詳細2**　言語学者が用いる定義で，より厳密なもの。

適切な解答例　　　　　　　　　　　　　　　CD 2-34

The first definition of ungrammatical is one that would be used in school when teaching language. **★1 This definition is based on rules written in textbooks that are taught in schools.** Such rules are more formal and are often disregarded in casual speech. **★2 Sentences that are ungrammatical using this definition may still be used by native speakers.** The other definition is used for sentences **★3 that a native speaker would never say. ★4 This definition is a stricter one used mostly by people who are in the field of linguistics.** Using this definition, a native speaker wouldn't have to be taught that these sentences were ungrammatical. They simply sound wrong. **★5 Because these rules come naturally, native speakers almost never use ungrammatical sentences while someone who is learning a language might tend to use a lot of them.**

(133 words)

（非文法的の第一の定義は，学校で語学を教える時に用いられる類のものです。この定義は，学校で教えられている教科書に書かれた文法規則に基づいています。そうした規則はむしろ形式的で，日常会話ではたいてい守られていません。この定義では非文法的とされる文も，ネイティブスピーカーには用いられるかもしれません。もう1つの定義は，ネイティブスピーカーならば決して言わないであろうという文に使われます。これは主に言語学の分野の人々に使われる定義で，より厳密なものです。この定義によると，ネイティブスピーカーならそれらの文が非文法的だと教えてもらう必要はありません。明らかにおかしな響きがするのです。言語を学習中の人は非文法的な文を使ってしまうことが多々あるでしょうが，ネイティブスピーカーにとってこの文法規則は自然なものなので，彼らが非文法的な文章を使うことは，ほぼ間違いなくありません。）

✓ 重要表現チェック

リスニングスクリプト	☐ definition「定義」　　　　☐ preposition「前置詞」
	☐ conversely「逆に，反対に」　☐ linguist「言語学者」
不十分な解答例	☐ disregard「～を無視する，軽視する」
適切な解答例	☐ casual speech「日常会話」

問題7

Listen to part of a lecture in a botany class. 　　　🔴 CD 2-35

Using points and examples from the lecture, explain the differences between the two definitions of "weed."

Preparation Time: 20 seconds
Response Time: 60 seconds

【リスニングスクリプト】

Listen to part of a lecture in a botany class.

　Anyone who's ever had a lawn or has grown a garden has experienced picking weeds. We use the term weed a lot, but not many of us take the time to think of what the word really means. In the broadest sense, a weed is simply a plant that is somewhere we don't want it to be. There are no species of plants that are by definition a weed. It all depends on the context of where the plant is.

　One definition of a weed is an invasive species of plant that has invaded a particular area. These plants often crowd out and kill native plant species. These plants might pose no problem in their native habitats and may even have beneficial properties like producing edible fruit, but since they are dangerous to native plants they are considered a weed and efforts are taken to eliminate them.

　Another use of the term weed is mostly used in man-made environments. When people grow gardens, they are usually very picky about what plants they want to appear in them. If an unwanted plant shows up, it is dug up and thrown away. These plants might be native to the area and pose no danger to other plants, but since the gardener didn't intend for them to appear in the garden, they are considered weeds. This definition is much more subjective and dependent on the opinions of people. The dandelion flower is thought of by most people as a weed but some people purposefully grow them for food. What is one man's weed is another man's crop!

【リスニングスクリプト訳】
植物学の授業の講義の一部を聞きなさい。

　芝生を敷いたり，花壇を作ったりしたことのある人なら誰でも，雑草取りを経験したことがあるでしょう。私たちは雑草という用語をよく使いますが，その語が本当はどういう意味なのか，じっくり考えたことのある人はあまりいません。最も広い意味では，雑草というのは単に私たちが生えてほしくないところに生えている植物のことです。雑草と定義されている植物の種があるわけではありません。その植物が生えている場所の事情で決まるだけなのです。

　1つの定義によると，雑草とはある特定の地域に侵入した繁殖力の強い種類の植物であるといいます。このような植物は，しばしばその地に自生する種を押しやり死滅させてしまいます。こういう植物ももともとの場所に生えている分には何の問題もないかもしれませんし，食べられる実がなるなど有益な性質さえあるかもしれません。しかし，在来種の植物にとって危険なので雑草とみなされ，私たちはわざわざ苦労して除去したりします。

　雑草のもう1つ別の定義は，人工的な環境で主に使われます。人々が花壇をしつらえる時，そこにどんな植物が生えてほしいか，たいてい非常に選り好みが激しくなります。望まない植物が生えると，掘り起こされ捨てられてしまいます。このような植物はその場所に自生していて，他の植物に何ら害を及ぼさないものの可能性もあります。しかし花壇を作っている人がその植物にそこに生えてほしくなかったら，それは雑草とみなされるのです。この定義は，1つ目の定義に比べてはるかに主観的で，人間の意見次第で決まります。タンポポの花は多くの人によって雑草とみなされますが，食用にわざわざ栽培している人もいます。ある人には雑草でも，他の人にとっては野菜なのです。

【設問訳】
講義で述べられている要点や例を用いて，「雑草」の2つの定義の違いを説明しなさい。

解答例

不十分な解答例

★1 A weed is different from a plant because it is not welcome there.　The first use of the word can be applied to a plant that <u>was introduced</u> (→**has been introduced**) to an area and is causing troubles.　These plants compete with local plants for resources and overrun them.　**★2** They may not be considered as a weed at first, but if they are found by their weed names later, they are considered unwanted and are targets for elimination.　**★3** A plant that is not wanted in a place like a garden or lawn is also called a weed.　These plants might not be harmful and could be native plants but they are still considered weeds because they are not intended in the garden.　**★4** Therefore, a plant can be called a weed simply because the gardener doesn't want it to be there.

●構成と内容の改善ポイント

★1 「雑草」というもののとらえ方にずれがあり，weed と plant を別のものと区別した言い方になっています。
→ 教授は，あってはならない場所に生えていれば，どんな植物でも雑草と定義され得ると述べています。A weed can be any plant that should not be where it is. または，A plant can be called a weed if it grows in the wrong place. などがよいでしょう。

★2 雑草の1つ目の定義の説明ですが，雑草とみなされる条件の描写が不十分です。
→ たとえ自生環境（native environment）では雑草でなくても，新たな地で被害を出せば雑草として除去対象となるというのが正しい条件です。at first → later と時間の経過により名前が知られて雑草とみなされるわけではありません。重要な情報ですので，正確に聞き取りたい部分です。

★3 前の文との関係性がわかりにくくなっています。
→ ここから2つ目の定義の説明が始まることを明確に示し，聞き手が理解しやすい構成を心がけましょう。The second definition is 〜 という表現から始めて内容を述べると，先に述べた1つ目の定義からのつながりが明確になり，論理的な展開となります。

★4 冒頭の接続表現が不適切であるため，論理展開に違和感が生じ，落ち着きの悪い締めくくりとなっています。
→ 先の例を引き合いに出して説明を加えながら雑草についてまとめているので，In this case（この場合は〜）を用いるほうが適切です。

《構成の改善例》

- ❶主題　「雑草」という用語の2つの定義とその違いについて。
  - ❷ポイント1　侵入した特定の地域で問題を引き起こす植物。
    - ❸例・詳細1　元の自生地では無害でも，新たな地の在来種を死滅させるなど危険である。
  - ❹ポイント2　人工的な環境において望まれない植物。
    - ❺例・詳細2　実害のない在来種でも，人間の主観により不要とされれば雑草となる。

適切な解答例

CD 2-36

★1 A weed can be any plant that should not be where it is. The first use of the word can refer to a plant that has been introduced to an area and is causing problems. These plants compete with local plants for resources and overrun them. ★2 Even if they are not

<u>a weed in their native environment they cause so much damage by killing other plants that they are considered unwanted and are targets for elimination.</u> ★3 <u>The second definition is simply a plant that is not wanted in a place like a garden or lawn.</u> These plants might not be harmful and could be native plants but they are still considered weeds because they are not intended to be in the garden. ★4<u>In this case a plant is a weed simply because the gardener doesn't want it to be there.</u> (136 words)

（あってはならない場所に生えている植物なら何でも雑草と呼ばれる可能性があります。雑草という語の１つ目の使い方は、ある地域に持ち込まれて問題を引き起こしている植物の呼び名としてです。これらの植物はその地に自生する植物と競合し勝ち残ってしまいます。たとえその植物の元の自生環境では雑草ではなくても、新しい所では他の植物を根絶やしにて大きな被害を与えるので望ましくないものと見なされ、除去の対象となってしまうのです。２つ目の定義は、単に花壇や芝生のような場所で望まれない植物ということです。これらの植物は何ら害はなく、もともとその地に自生していたものかもしれませんが、花壇に生えることが想定されていないので雑草と見なされてしまいます。この場合、花壇を作る人がそこに生えてほしくないというだけの理由でその植物は雑草になるのです。）

✓ 重要表現チェック

リスニングスクリプト	☐ man-made「人工の，人造の」
	☐ picky「選り好みする」
不十分な解答例	☐ compete with 〜「〜と競合する」
	☐ overrun「〜を占拠する」
	☐ harmful「有害な」
適切な解答例	☐ elimination「除去」

MEMO

確認テスト

第1回

確認テスト
第1回　問題

【解答にあたっての注意】

●CDを使用する場合：

CDの音声には，準備時間（Preparation Time）および解答時間（Response Time）は含まれていません。設問文が流れた後に合図の音がありますので，そこでCDを一時停止し，時間を計って準備した上で，解答してください。Question 3・4 では，課題文を読むための時間（Reading Time）のみCDの中に含まれています。

●ダウンロード音声を使用する場合：

音声ダウンロードサイトにて提供している音声ファイルには，課題文を読む時間・準備時間・解答時間の分の時間が含まれています。一時停止の必要はありませんので，そのまま音声の指示に従って解答を進めてください。

Question 1 of 6　　CD 2-37

What volunteer work would you be willing to do? Why would you choose it? Give examples and details in your explanation.

Preparation Time: 15 seconds
Response Time: 45 seconds

Question 2 of 6　　CD 2-38

Is it better to live near campus or a little far away from campus? Include reasons and details in your explanation.

Preparation Time: 15 seconds
Response Time: 45 seconds

Question 3 of 6　　　CD 2-39

The university plans to eliminate one of its current services from their libraries. Read the notice posted on the library bulletin boards. Now begin reading.

Reading Time: 45 seconds

University Plans to Close Branch Libraries

Morenston University will close the Bradley Hall and East Campus branch libraries at the end of the year. To cut costs, these facilities will no longer be staffed by a librarian or offer reference materials. Compared to the main library, use of those services at the branch libraries has been infrequent. The branch premises will continue to be available as reading rooms where students can study. An attendant will supervise the room but no library services will be available. There will no longer be any university computer terminals. However, students may bring laptops to the reading rooms, and electrical outlets and Wi-Fi will be provided.

Now listen to two students discussing the notice.

The man expresses his opinion about the library changes. State his opinion and explain the reasons he gives for holding that opinion.

Preparation Time: 30 seconds
Response Time: 60 seconds

Question 4 of 6   ○ CD 2-40

Now read the passage about the properties of aluminum. You have 45 seconds to read the passage. Begin reading now.

Reading Time: 45 seconds

The Spread of Aluminum

Aluminum is one of the most widely-used metals today. It is the most common metal in the Earth's crust, although it is never found in pure form due to its chemical reactivity. While its existence was first recognized at the beginning of the 19th century, almost a century passed before practical methods for extracting aluminum from bauxite ore were developed. These methods drastically reduced the price of aluminum and led to its widespread use throughout the 20th century. Aluminum is lightweight, strong and resists rust, making it an essential item in modern industry and manufacturing.

Now listen to part of a lecture on this topic in a chemistry class.

Using the examples discussed by the professor, explain how aluminum has become so widespread today.

Preparation Time: 30 seconds
Response Time: 60 seconds

Question 5 of 6　　　⬤ CD 2-41

Listen to a conversation between two students.

The two students discuss the problems they would have about lunch. Describe the problem. Then state which of the two solutions you prefer and explain why.

_____

Preparation Time: 20 seconds
Response Time: 60 seconds

Question 6 of 6　　　⬤ CD 2-42

Listen to part of a lecture in a biology class.

Using points and examples from the lecture, explain what the professor says about the endocrine and exocrine systems.

_____

Preparation Time: 20 seconds
Response Time: 60 seconds

確認テスト
第1回　解説

Question 1

[設問訳]

あなたはどんなボランティア活動をしてみたいですか。それを選ぶのはなぜですか。説明には具体例と詳細を含めなさい。

解答例

I would like to volunteer to read books to the visually impaired. I think I can read in a good way to get people excited. I have experience in reading books to kindergarten children. It was such a wonderful experience for me, and they seemed to enjoy my reading. Also, if it takes time to finish a book, the listeners and I would get to know each other during that time. Such people must have very interesting stories to tell and would show me ways of looking at the world that I have never thought of before. In this way, I would be able to make friends and do something helpful. It would be the best volunteer activity for me.　　　(120 words)

（私はボランティア活動として，盲目の人々に本を読んであげたいです。私は人をわくわくさせるようなやり方でうまく本を読むことができると思います。私には幼稚園児に本を読み聞かせた経験があります。私にとっても大変素晴らしい経験でしたし，子供たちも楽しんでいたようでした。また，1冊を読み終えるのに時間がかかるなら，聞き手と私はその間にお互いを知ることができるでしょう。そのような人々にはとても興味深い逸話があるに違いなく，これまで私が決して思いつかなかったような世界の見方を私に教えてくれるでしょう。このようにして，私は友人を作り，何か役に立つことができます。私にとっては最良のボランティア活動と言えるでしょう。）

[解説] 冒頭でまずやりたいボランティア活動をはっきり述べましょう。そして，なぜそのボランティアを選んだのかの理由を述べていきます。そこではこれまでの自分の経験やこの先の目標や展望など，具体例を加えながら詳しく説明すること。解答例では，幼稚園で本を読み聞かせた経験や，今後は盲目の人の役に立ちながら視野を広げたいという自分の気持ちが詳しく述べられており，やりたいボランティアの様子がイメージとともに聞き手に具体的に伝わるものとなっています。このように具体的にやりたいこととその理由をいくつか述べ，最後にもう一度，「こういう理由から，〜のボランティアを選んだ」と結ぶとよいでしょう。

✓重要表現チェック

- impaired「障害のある」
- take time to do「…するのに時間がかかる」
- do something helpful「何か役に立つことをする」

Question 2　　CD 2-38

設問訳

キャンパスの近くに住むほうがよいですか，それともキャンパスから少し離れたところに住むのがよいですか。説明には理由と詳細を含めなさい。

解答例　　CD 2-44

Living near campus is much better than living far away from campus. There are many things to do on campus. If we live closer, we can easily go to club activities and all sorts of university events besides going to everyday classes. Living near campus can save time and money as well. It may cost a lot to go back and forth to one's home if it's far away. If we live near the campus, we can walk or ride a bike. We don't have to pay for transportation. Also the stores and restaurants on campus are cheaper than those off-campus. So, living near campus can be better for our health, and for our finances.　(115 words)

(キャンパスの近くに住むほうが，キャンパスから遠く離れたところに住むよりずっとよいです。キャンパスではすることがたくさんあります。近くに住んでいれば，毎日授業に出席する以外にも，クラブ活動やさまざまな大学のイベントにも容易に行くことができます。それに，キャンパスの近くに住むことは時間とお金の節約にもなります。家が遠ければ，行き来するのに多くのお金がかかってしまうかもしれません。キャンパスの近くに住んでいれば，徒歩や自転車で通うことができます。交通費を払わずに済むのです。それに，キャンパス内のお店やレストランはキャンパス外よりも価格が安くなっています。ですから，健康面でも金銭面でもキャンパスの近くに住むほうがよいのです。)

解説 2つの選択肢のうちどちらがよいかを問われているので，まず冒頭で，どちらを選んだのかをはっきりと述べましょう。その後，そのように思う理由を具体的に説明していきます。解答例では，「キャンパスの近くに住んでいれば，日々の授業に加えて大学でのいろいろな活動やイベントに参加しやすい」という点のほか，「時間とお金の節約になる」という理由を挙げ，詳細説明として，遠方からの通学と比べて時間も交通費もかからなくて済むということ，キャンパス内はキャンパス外よりも物価が安いということを述べています。解答時間に余裕があれば，解答例のように，最後にもう一度「よって，〜の理由からキャンパスの近くに住むほうがよい」と要点をまとめて締めくくるとよいでしょう。

✓重要表現チェック

- □ as well「〜も同様に」
- □ go back and forth「行き来する」

Question 3　　　CD 2-39

解答例　　　CD 2-45

The man opposes the university plan to close the branch libraries. The university says they are not used very much, but he uses this branch library a lot because it's close to his department. He uses the reference materials, such as magazines and dictionaries, often. He needs library services, and they will only be available at the main library. Without library services and the computers, the reading room will not be very useful for him. This is especially true because he does not have a computer of his own yet. He always uses one of the computers at the branch library. He may have to get his own computer, but he cannot afford one at the moment. The man is not happy about using the services at the main library, but he feels he will have to anyway.　　　　　　　　　　　　　　　(138 words)

（男性は図書館の分館を閉鎖するという大学側の計画に反対しています。分館はあまり使われていないと大学は言っていますが，彼は自分の学部に近いため，この分館をよく使っています。彼は雑誌や辞書などの参考資料を頻繁に使っています。彼は図書館のサービスを必要としており，それらは本館でしか利用できなくなるのです。図書館のサービスやコンピュータがなければ，読書室は彼にとってあまり役立つことにはなりません。彼はまだ自分のコンピュータを持っていないため，本当に不便になるのです。彼はいつもその分館のコンピュータを使っています。彼は自分のコンピュータを買わなければならないかもしれませんが，今すぐには買えません。男性は，本館のサービスを利用することに気乗りはしませんが，いずれにしてもそうせざるを得ないだろうと感じています。）

解説 課題文は，大学図書館が今年の年末までに分館を閉鎖する予定だという内容で，閉鎖の理由は「経費の節約」です。男性は頻繁に利用していた図書館の分館が閉鎖されるという計画に不満を持っています。このことを踏まえて，彼の意見をまとめて述べていきましょう。まず冒頭では，男性が大学の計画に反対であるということを明確に示します。反対の根拠は2つあり，1つ目は自分の学部から近い分館で参考資料が利用できなくなると不便であるということ，2つ目は男性が自分のノートパソコンを持っておらず，すぐに買うこともできないので，分館のパソコンが撤去されると困ることです。そして，サービスを利用するためには，自分の学部から遠いにもかかわらず，わざわざ本館まで行かなくてはならなくなることを不満に感じているのです。まず男性の立場を明示したうえで，上記の根拠を整理して説明するようにしましょう。

課題文訳

大学は，図書館の現在のサービスを一部廃止する予定です。図書館の掲示板に貼られた告知文を読みなさい。では，読み始めなさい。

大学図書館の分館閉鎖計画について

モンストン大学では，図書館のブラドリー・ホール分館とイースト・キャンパス分館を今年末で閉鎖します。経費節減のため，これらの施設では参考資料も置かず，図書館員もいなくなります。本館に比べて，分館ではそうしたサービスの利用が少なかったからです。これらの分館は，引き続き学生が勉強できる読書室として利用できます。係員が部屋の監視をしますが，図書館業務はありません。大学のコンピュータ端末も取り外しますが，学生は自分のノートパソコンを読書室に持ち込めば，電気のコンセントと Wi-Fi は使えます。

リスニングスクリプト

Now listen to two students discussing the notice.

M: I've been using this branch library almost daily all year. I can't believe the university will close it down.

W: I see you here quite often. You know, this will still be a reading room. And maybe, you'll get into the habit of studying at the main library. They have a lot of services.

M: Yes, I suppose so. But this branch library is the closest to my department. I make use of the reference services here —— the magazines, the dictionaries. It wouldn't be very useful to me as just a reading room.

W: Can't you read most of those magazines online anyway?

M: The thing is, I've never had a laptop computer of my own. I've always used a computer here. At least, the university should keep the computers for the students to use.

W: Maybe it's time for you to get your own computer. Then, you can use it in your room, here or anywhere.

M: I can't afford one right now. I guess I'll have to go to the main library to get materials and bring them back. It's really going to be a hassle.

リスニングスクリプト訳

図書館の変更点について話している2人の学生の話を聞きなさい。

男性：僕はこの分館を1年中ほとんど毎日使ってきたんだ。大学がそれを閉鎖してしまうなんて信じられないよ。

女性：ここではよくあなたに会うわね。でもほら，まだここは読書室として使えるし。それに本館で勉強するようになるかもしれないわよ。いろんなサービスもあるし。

男性：うん，そうだろうね。でもこの分館は，僕の学部に一番近いんだ。僕は雑誌や辞書なんか

の参考資料をここで利用しているんだよ。単なる読書室では，僕にはあまり便利とは言えないな。

女性：そういう雑誌はほとんどネットでどうにかして読めるんじゃない？

男性：問題は，僕がまだ自分のノートパソコンを持っていないということさ。僕はこの分館でいつもコンピュータを使ってきたんだ。少なくとも，大学側は学生が使えるようにコンピュータは残してくれるべきだと思う。

女性：たぶん，あなたも自分のコンピュータを持つべき時期になったのね。そうすれば，自分の部屋でも，ここでもどこでも使えるじゃない。

男性：今は買う余裕がないんだ。たぶん本館に資料を取りに行って，ここに戻ってくることになるだろうね。ちょっと面倒すぎるなあ。

[設問訳]
男性が図書館の変更点について意見を述べています。彼の意見を述べ，彼がそう思う理由を説明しなさい。

✓ 重要表現チェック

課題文	□ branch library「図書館の分館」
リスニングスクリプト	□ afford「〜を買う余裕がある」
解答例	□ oppose「〜に反対する」
	□ reference materials「参考資料」

確認テスト 第1回 | 解説

Question 4　　　　　　　　　　　　　　　　　　　　　🔘 CD 2-40

解答例　　　　　　　　　　　　　　　　　　　　　🔘 CD 2-46

Aluminum is very common today, and much cheaper than it used to be. The reading passage tells us that at first aluminum was expensive. That was because of its chemical nature. Aluminum is not found in a pure form in nature. Then, a new method of producing it was developed. That reduced the price a lot. The professor explains that aluminum is an important metal for airplanes. It is light, but strong. Planes need to be strong for safety, but also need to be light to reduce fuel costs. Aluminum is both strong and light. Aluminum is also used in computers, even expensive ones. It is easy to shape, it keeps the inside of the computer cool, and it is thin yet durable. People may think of aluminum as cheap and weak because it's used for cans, but aluminum is actually quite strong.　　　　(143 words)

（今日アルミニウムはごく一般的なものであり，価格も以前よりずいぶん安くなっています。課題文では，アルミニウムが最初は高価なものであったと言っています。それは，化学的特質によるものです。アルミニウムは本来，純粋な形をしていません。そこで，新しい製造方法が開発されたのです。これにより価格が大幅に下がりました。教授は，アルミニウムは飛行機にとって重要な金属であると説明しています。軽いけれど強いのです。飛行機は安全のため強く，しかし同時に燃料節約のため軽くなければなりません。アルミニウムは強くて軽いのです。アルミニウムはコンピュータにも使われています。高価な機種にもです。成形するのが簡単で，コンピュータの内部を低温に保ち，薄いけれども丈夫なのです。アルミニウムは缶に使われているため安くて弱いと思われがちですが，実はかなり強いのです。）

解説 課題文では，アルミニウムはその化学的特質によりもともと高価であったのが，新しい製造方法が開発されてから価格が劇的に下がり，それ以後普及していったという経緯が書かれています。講義では，アルミニウムは最も強く，最も軽い金属の1つであり，その特性によって広く普及していったと述べた上で，その理由が実例と共に詳しく説明されています。教授が挙げた実例を使いながらわかりやすく説明していきましょう。まず，アルミニウムの軽くて強いという性質が，安全と燃料節約が重要な飛行機の製造には不可欠だということ，また軽くて強く，更に成形しやすく熱がこもらないという性質は，コンピュータをはじめとした家庭用電子機器にも適しているという2つのポイントを，単なる文章の羅列にならないよう表現を工夫してまとめるとよいでしょう。

▶ 課題文訳

アルミニウムの特性についての文を読みなさい。読む時間は45秒です。では，読み始めなさい。

アルミニウムの普及

アルミニウムは今日もっとも広く使用されている金属の1つである。地殻に含まれる最も一般的な金属ではあるが，その化学反応によって，アルミニウムは決して純粋な状態で発見されることはない。アルミニウムの存在が初めて認められたのは19世紀初頭であったが，それからほぼ1世紀を経て，ボーキサイト鉱石からアルミニウムを抽出する実用的な方法が開発された。この方法によってアルミニウムの価格は劇的に下がり，20世紀を通して広く使用されることとなった。アルミニウムは軽くて強く，非腐食性があるため，現代の工業や製造業に欠かせないものとなっている。

▶ リスニングスクリプト

Now listen to part of a lecture on this topic in a chemistry class.
Aluminum is one of the strongest metals. It is also one of the lightest. Both characteristics make it vital to modern industry. One key area is airplane construction. Nowadays more people are flying than ever before. And aircraft manufacturers need to make planes safer, more durable, and of course lighter, so they can save fuel. Reducing fuel use is almost as important as safety these days. That's why aluminum is used in almost every imaginable part of an aircraft. Various alloys are used, and if you add them up they make up about two-thirds of a plane's total weight. Not just the outside, but also parts of the inside use different alloys. Some can withstand heat and others are made to withstand rust. Another important use of aluminum today is in home electronics, such as computers. Again, people used to think of aluminum as this cheap stuff, the stuff they made cans from. But today the most expensive computers are made of aluminum. That's because it can be formed easily. It also spreads heat well, so the insides of computers don't get hot. And it can be made thin but very durable.

▶ リスニングスクリプト訳

このトピックに関する化学の講義の一部を聞きなさい。
アルミニウムは最も強い金属の1つです。また，最も軽い金属の1つでもあります。その両方の特性によって，アルミニウムは現代の産業には欠かせないものとなっています。その1つの重要分野が飛行機製造です。近頃は，従来以上に多くの人が飛行機を利用しています。飛行機製造業者は，より安全で頑丈な，そして燃料節約のため当然より軽量な飛行機を作らなければなりません。近年，燃料の節約は安全性と同じくらい重要です。そういうわけで，飛行機の想像し得るほとんどすべての箇所にアルミニウムが使われているのです。あらゆる合金が使われており，これらを足すと飛行機の総重量の3分の2ほどにもなります。外側だけでなく，内側の部品にもさま

ざまな合金を使っています。熱に耐えるものもあれば，さびに強いものもあります。今日，アルミニウムのもう1つの重要な用途はコンピュータなどの家庭用電子機器です。ところがこれまでは，アルミニウムは缶を作る安い材料くらいに考えられていました。ですが今日では，最も高価なコンピュータはアルミニウムで作られているのです。これは形成が容易なためです。熱伝導もよいので，コンピュータの内部が熱くなりません。また薄くても大変丈夫な作りを実現できるのです。

設問訳
教授が挙げた例を用いて，今日アルミニウムがどのように普及したのか説明しなさい。

✓重要表現チェック

課題文	☐ extract「〜を抽出する」
	☐ rust「さび」
リスニングスクリプト	☐ durable「丈夫な，耐久性のある」
	☐ alloy「合金」
	☐ withstand「〜に耐える」
解答例	☐ chemical nature「化学的特質」
	☐ in nature「本来は」
	☐ reduce fuel costs「燃料を節約する」

Question 5

解答例

The cafeteria will be raising its prices. It won't be cheaper than off-campus restaurants anymore. Students will have to choose from two options. One is eating at an off-campus restaurant. This could be cheaper than eating at the cafeteria, but it won't be as convenient. The other option is for students to make their own lunch. This would probably be the cheapest option, but it may take extra time and the food won't be as hot and fresh. I think students should make their own lunches. Not only would they save money, but they would also learn how to cook and prepare food better. This would help them throughout their lives. And restaurant food isn't always healthy, either. If you make your own lunch, you know exactly what's in it, and you can control the salt and fat content. (139 words)

（このカフェテリアは値上げをしようとしています。キャンパス外のレストランよりも安価ではなくなるのです。学生たちは2つの選択肢から選ばなければならなくなります。1つはキャンパス外のレストランで食事をすることです。そうすればカフェテリアで食事をするより安いかもしれませんが，あまり便利ではないでしょう。もう1つの選択肢は，学生が自分の昼食を作ることです。これがおそらく最も安く済むでしょうが，余分に時間がかかり，食事はそれほど温かくも新鮮でもないでしょう。私は学生が自分の昼食を作るべきだと考えます。お金を節約できるだけでなく，料理のしかたを覚え，食事の準備が上手になるからです。これは人生を通じて役に立ちます。またレストランの食事が常に健康的とは言えません。自分で昼食を作れば，何が入っているかが正確にわかり，塩分や脂質を抑えることができます。）

解説 この問題は，会話の中で述べられている問題と，その解決策として2つ述べられているものから1つを選んで自分の意見を述べるものです。解答の際には，キャンパス内のカフェテリアが値上げするという問題が起こったこと，これに対する今後の解決策としての選択肢が2つあることを簡潔にまとめた上で，どちらの選択肢が好ましいと思うか，自分の考えとその理由を述べましょう。選択肢はキャンパス外のレストランで食べるか，あるいは自分で作った昼食を持ってくるかということです。解答例では「昼食を持参するのがよい」と述べ，その理由として，料理のしかたを覚えられることや，健康管理が自分でできることなどを挙げています。なお，解答する時には，自分の意見とその理由をしっかり述べきれるよう，時間配分に気をつけましょう。問題とそれに対する選択肢の説明に多くの時間を割いてしまうと，肝心の意見を述べる時間が少なくなってしまうので，注意が必要です。

確認テスト 第1回 | 解説

▶リスニングスクリプト

Listen to a conversation between two students.

M: Did you read the notice over there at the entrance?

W: Yes, the one saying the cafeteria prices are going up, right? Meals here won't be as cheap as they are now.

M: No, they certainly won't. That's going to make it harder for students who have trouble with finances.

W: Also, someone was saying that the portion sizes could get smaller, too.

M: Well, this isn't the only place to eat around here. I bet some restaurants off-campus will be actually cheaper now. I wouldn't be surprised if a lot of students go off-campus for lunch.

W: It would save a bit of money. However, I really don't have much time between classes. Eating in the cafeteria saves a lot of time. The restaurants off-campus would be very crowded with all the people from businesses around there, too.

M: That's true. The other option is to bring your own lunch. It wouldn't be as hot and fresh as restaurant food. But it would be much cheaper. Healthier, too.

W: That would be nice. But I have no time to cook!

M: You'd be surprised. You might be able to make a lunch in less time than it would take to go to a restaurant off-campus.

▶リスニングスクリプト訳

２人の学生の会話を聞きなさい。

男性：向こうの入口にある掲示を読んだ？

女性：ええ，カフェテリアが値段を上げるって言うのでしょ？ここの食事は今ほど安くはなくなるのね。

男性：うん，まったくそのとおりだよ。経済的に困っている学生にはますます厳しくなるなあ。

女性：それに，誰かが言っていたけど，量も減るらしいわ。

男性：まあ，この辺には他にも食べる場所はあるからね。キャンパスの外のレストランのほうが，実質的にきっと安くなるよ。大勢の学生がキャンパスの外にお昼を食べに行っても不思議じゃないよね。

女性：それは少しは節約になるでしょうけど，でも，私は授業の間にあまり時間がないのよ。カフェテリアで食べるほうがずっと時間の節約になるわ。キャンパスの外のレストランは，周りの会社の人たちも来て混んでいるでしょうし。

男性：確かに。他にできることは自分でお昼を持って来ることだね。レストランの食事みたいに温かいものや新鮮なものは無理だろうけど。でもずっと安くて健康的だと思うよ。

女性：それ，いいわね。でも私は料理する時間がないわ！
男性：意外だろうけど，お昼の準備はキャンパス外のレストランへ食事に行くよりもきっと短時間でできるよ。

設問訳
2人の学生は昼食のことで起きそうな問題について話しています。その問題について述べなさい。そして，あなたは2つのうちどちらの解決策を選ぶかを理由とともに説明しなさい。

✓ 重要表現チェック

リスニングスクリプト　　□ portion「分け前，（食べ物の）1人前」
　　　　　　　　　　　　□ I bet (that) ...「きっと…だ」
解答例　　　　　　　　　□ extra time「余分な時間」

Question 6 ● CD 2-42

解答例 ● CD 2-48

The main function of the endocrine system is to control the chemicals produced in the body. Unlike the nervous system, which controls faster processes such as breathing and movements, the endocrine system controls slower processes such as cell growth. The two main parts of the endocrine system are the hormones and the glands. Hormones are chemicals that carry instructions between cells. They only act on specific cells. They regulate growth and digestion, among other processes. The glands are groups of cells that take materials from the blood and make chemical substances that the body uses. Hormones are produced by glands for use inside the body, but other glands make substances used outside the body. These are part of the exocrine system. Two examples are sweat, used for cooling, and saliva, used when eating.　　　　　　　　　　　　　　　　　　　　　(133 words)

（内分泌系の主な機能は，体内で作られる化学物質をコントロールすることです。神経系は呼吸や動作などの速い作用をコントロールしていますが，これとは異なり，内分泌系は細胞の成長などのゆっくりした作用をコントロールしています。内分泌系の主な２つはホルモンと分泌腺です。ホルモンは細胞間で命令を伝達する化学物質です。ホルモンは特定の細胞にのみ働き，成長や消化をはじめ多くの作用をコントロールしています。分泌腺は血液から物質を受け取り，体が使う化学物質を作る細胞のグループです。ホルモンは分泌腺によって体内で使用するために作られますが，その他の分泌腺は体外で使う物質を作ります。これは外分泌系の一環です。それらの２つの例は，冷却に使われる汗と，食事の時に使われる唾液です。）

解説 耳慣れない専門用語が多数出てきますが，要点をしっかり整理しながらリスニングし，解答をまとめましょう。講義ではまず，内分泌系（endocrine system）は細胞の成長のようなゆっくりした変化を司っていることが紹介されています。さらに内分泌系にはホルモン（hormone）と分泌腺（glands）があり，ホルモンは細胞の間（between cells）で伝達係として機能すること，特定の細胞にのみ働くこと，成長（growth），生殖（reproduction），性的発育（sexual development），心拍（heart rate）や消化（digestion）といったさまざまな機能を制御しているとあります。まずはこの２つのポイントをまとめて解答していきましょう。講義では例が多く挙げられているので，要点を見失わないよう確実に把握することがカギとなります。また最後に，分泌腺には内分泌腺の他に外分泌系（exocrine system）があることと，その例が挙げられていますので，解答例のようにこの情報も加えられるとよいでしょう。

▶リスニングスクリプト

Listen to part of a lecture in a biology class.

The body produces its own chemicals, which regulate functions throughout the body. The system that controls these chemicals is called the endocrine system. While the nervous system controls faster processes in the body, such as breathing and body movement, the endocrine system is in charge of processes that happen slowly such as cell growth. The endocrine system has two main parts. These are the hormones and the glands. The hormones are like messengers in the body. They are chemicals that carry instructions from one set of cells to another. There are many kinds of chemicals moving through the bloodstream, but hormones only act on specific cells. They regulate functions such as growth, reproduction, sexual development, heart rate, and digestion. The other main part of the endocrine system is the glands. A gland is a group of cells that produces and releases chemical substances. It does this by taking certain materials from the blood. The substances it produces are used by the body. In the endocrine system, those substances are the hormones that travel inside the body. However, there are other glands that produce substances used outside the body as well. These are part of the exocrine system. For example, when you sweat while running outside on a hot day, that sweat is produced by your sweat glands. Your body senses that you're hot and need to be cooled down, so the sweat glands produce sweat to accomplish that task. The same is true for the saliva in your mouth. When your mouth waters when you eat something delicious, those are your salivary glands at work. That's in the exocrine system.

▶リスニングスクリプト訳

生物学の講義の一部を聞きなさい。

体は自らの化学物質を生成し，それにより体全体の機能をコントロールしています。このような化学物質をコントロールしている組織は内分泌系と呼ばれています。神経系が呼吸や体の動きといった，体の速い作用をコントロールするのに対して，内分泌系は細胞の成長のようにゆっくり起こる作用を担っています。内分泌系は主に２つあります。ホルモンと分泌腺です。ホルモンは体内の伝達係のようなものです。ホルモンはある細胞から別の細胞への命令を運ぶ化学物質なのです。血管を通って移動する化学物質の種類はたくさんありますが，ホルモンは特定の細胞にのみ作用します。成長，生殖，性的発育，心拍や消化といった機能を制御しています。もう一方の主な内分泌系は分泌腺です。分泌腺は化学物質を作って放出している細胞のグループです。これは血液から一定の物質を受け取ることにより起こっています。分泌腺が作る化学物質は体で使われます。内分泌系において，これらの物質は体内を移動するホルモンです。しかし体外で使われる物質を作るための分泌腺もあります。それらは外分泌系の一部です。例えば，暑い日にあなたがたが屋外でランニング中に汗をかく時，その汗は汗腺によって作られます。あなたがたの体は，あなたがたが熱くなっており，温度を下げる必要があると察知するので，汗腺はその任務を遂行

するために汗を作るのです。同じことが口の中の唾液にも言えます。あなたが何か美味しいものを食べてよだれが出る時，あなたの唾液腺が機能しているのです。これが外分泌系です。

[設問訳]
講義で挙げられている要点や例を用いて，教授が内分泌系と外分泌系について述べていることを説明しなさい。

☑重要表現チェック

リスニングスクリプト
- □ regulate「～を調整する」
- □ endocrine「内分泌の」
- □ hormone「ホルモン」
- □ act on ～「～に作用する」
- □ digestion「消化（作用）」
- □ substance「物質」
- □ saliva「唾液」

解答例
- □ among other ～「～の中でもとりわけ」

MEMO

確認テスト
第2回

確認テスト
第2回　問題

【解答にあたっての注意】
●CDを使用する場合：
CDの音声には，準備時間（Preparation Time）および解答時間（Response Time）は含まれていません。設問文が流れた後に合図の音がありますので，そこでCDを一時停止し，時間を計って準備した上で，解答してください。Question 3・4では，課題文を読むための時間（Reading Time）のみCDの中に含まれています。

●ダウンロード音声を使用する場合：
音声ダウンロードサイトにて提供している音声ファイルには，課題文を読む時間・準備時間・解答時間の分の時間が含まれています。一時停止の必要はありませんので，そのまま音声の指示に従って解答を進めてください。

Question 1 of 6　　　CD 2-49

Describe the teacher you liked best. Why do you choose that person? Give examples and details in your explanation.

Preparation Time: 15 seconds
Response Time: 45 seconds

Question 2 of 6　　　CD 2-50

Some students join hobby clubs or sports clubs to make friends and some people make friends in their classes. Which is the better way to make friends? Include reasons and details in your explanation.

Preparation Time: 15 seconds
Response Time: 45 seconds

Question 3 of 6 CD 2-51

The university plans to change signs on campus. An article in the university newspaper describes the changes. Read the article. Now begin reading.

Reading Time: 45 seconds

University Changes Cell Phone Signs

To combat the rise in inconsiderate and even harmful mobile phone use in various parts of the campus, the university has decided to take a new approach. New, more detailed signs have been designed that will be posted in areas where mobile phone use is discouraged or prohibited. For one thing, the new signs are going to be clear. They will use large text and illustrations so that it is clear at a glance why cell phone use is not allowed in the area. They will identify areas where cell phone use poses a medical danger, and where consideration for others and safety are a concern. Also, the signs will stipulate the penalties that people will have to pay if caught using their mobile phones where they shouldn't. It is thought that the signs will be more effective than simply charging fines, but if the situation does not improve, harsher penalties may be imposed.

Now listen to two students discussing the article.

The woman expresses her opinion about the new rules and signs. State her opinion and explain the reasons she gives for holding that opinion.

Preparation Time: 30 seconds
Response Time: 60 seconds

Question 4 of 6   CD 2-52

Read the passage about forensic psychology. You have 45 seconds to read the passage. Begin reading now.

Reading Time: 45 seconds

Forensic Psychology

Psychologists play a valued role in legal systems. Forensic psychologists examine the defendant and testify in court as to their findings. The focus of the testimony is whether or not the person was competent at the time of the alleged crime. It is not only important whether the person is able to judge right from wrong, but also what the person's state of mind was at the time. A psychological expert's statement may be challenged by the opposing legal team. Sometimes, the prosecution will have its own forensic psychologist. Their psychologist will give conflicting testimony.

Now listen to part of a lecture in a law class.

Explain the role of a forensic psychologist, touching on the abilities such a psychologist needs to have, as explained by the professor.

Preparation Time: 30 seconds
Response Time: 60 seconds

Question 5 of 6   ● CD 2-53

Listen to a conversation between a student and a professor.

The student and the professor discuss two possible solutions to the student's problem. Describe the problem. Then state which of the solutions you prefer and explain why.

Preparation Time: 20 seconds
Response Time: 60 seconds

Question 6 of 6   ● CD 2-54

Listen to part of a lecture in a political science class.

Using points and examples from the lecture, explain some of the effects of proportional representation.

Preparation Time: 20 seconds
Response Time: 60 seconds

確認テスト 第2回 解説

Question 1

設問訳
あなたが最も好きだった先生について述べなさい。なぜその人を選ぶのですか。説明には具体例と詳細を含めなさい。

解答例

My science teacher in the sixth grade of elementary school was my favorite teacher. She taught us very well, with explanations that were very easy for us to understand. We learned in detail how machines and things such as TVs and refrigerators worked. Besides the lessons she taught, she also gave us advice about friends and family. One time when my brother and I were fighting, she gave me some really good advice that helped us get over our problems. She treated everyone fairly and like an adult. I will never forget my sixth grade teacher. She showed me that a great teacher can make lessons exciting. Thanks to her, I'm thinking about becoming a teacher myself. (117 words)

（私が好きだったのは、小学校6年生の時の理科の先生です。先生の説明はとてもわかりやすく、大変上手に教えてくれました。私たちは機械類やテレビ、冷蔵庫などが動く仕組みを詳しく学びました。また彼女は受け持ちの授業に加え、友達や家族についての助言もしてくれました。私が弟とけんかをしていた時、彼女は大変よい助言をくれ、そのおかげで私たちは問題を乗り越えることができました。彼女は全員に公平に接し、大人のように扱ってくれました。私は6年生の時の先生を決して忘れないでしょう。彼女は、先生が素晴らしければ授業はわくわくするものになるということを教えてくれました。彼女のおかげで、私も教師になることを考えています。）

解説 出題に対する自分の意見を最初に示し、その理由を詳しく述べていきます。まず、自分が好きだった先生がいつ出会った先生なのか、また自分とどのような関わりのあった先生なのかを明確に述べます。次に具体的な体験などの詳しい情報を加えて、聞き手がその先生をイメージできるようにしましょう。その先生が好きな理由も、抽象的なことやありきたりな内容ではなく、個人的なエピソードや、先生から自分が受けた影響などを盛り込むと、話に膨らみが出ます。解答例では、6年生の時の理科の先生を挙げていますが、好きな理由は教え方が上手だったという一般的なことのみではありません。友達や家族について助言をもらったことなどについても触れ、結果として先生の影響で自分も今は教師を目指していることなどが詳しく説明されており、話し手にとってこの先生がいかに特別であったかがよく伝わる内容となっています。

✓ 重要表現チェック

- □ the sixth grade「6年生」　□ get over「～を乗り越える」
- □ thanks to ～「～のおかげで」

Question 2　CD 2-50

設問訳

友人を作るために趣味やスポーツのクラブ活動に参加する学生もいれば，授業で友人を作る人もいます。どちらが友人を作るよりよい方法でしょうか。説明には理由と詳細を含めなさい。

解答例　CD 2-56

I think we can make friends much more easily in clubs than in classes. We see how people normally behave through club activities, but that hardly happens in class. Classmates seem to have feelings of competition rather than of friendship. Club members not only have more chances to talk with each other, they also tend to work together more and compete less. Plus, if we spend all of our time only with people from our classes, our environment will be limited. The people you meet in hobby clubs and sports clubs come from all different departments of the university. Also, they are in different years. Therefore, there is greater variety in the way they act and think. Meeting them expands our horizons.　(122 words)

（私は，授業よりもクラブのほうが，ずっと容易に友人を作ることができると思います。クラブ活動を通してなら皆が普段どのように振る舞うかがわかりますが，授業ではほとんどわかりません。クラスメイトには友情というよりむしろ，競争意識を持つようです。クラブの人たちはよく話し合うだけでなく，協力することが多く，競争することはあまりありません。それにすべての時間をクラスメイトだけと過ごせば，交友関係は限定されるでしょう。趣味のクラブやスポーツのクラブで出会うのは，大学のあらゆる学部の人たちで，学年も違います。そのため，行動のしかたや考え方もさまざまです。彼らに会うことで私たちの視野が広がります。）

解説　2つの選択肢のどちらがよいかを選ぶ問題です。まず自分はどちらを選ぶのかという立場を明確にします。そして自分の主張を裏付ける理由や詳細情報，具体例を述べていきましょう。解答例では冒頭で「クラブで友人を作るほうがよい」と言っています。その理由としては，クラブ活動中は人の自然な振る舞いが見られること，互いに話をし，協力する機会が多いことなどが挙げられています。さらに比較対照として，クラスメイトについては「友情というよりも競争意識を感じる」「クラスメイトだけと時間を過ごせば，交友関係が限られる」というマイナス面を挙げた上で，クラブ活動ではそれとは対照的なプラス面（「競争意識を感じることはない」「異なる学部，学年の人がいることから視野が広がる」）を挙げて後者のよさを強調し，自分の意見に説得力を持たせてい

ます。

✓ 重要表現チェック
- □ hardly「ほとんど〜ない，あまりない」
- □ feelings of competition「競争意識」
- □ plus「その上」

Question 3 CD 2-51

解答例 CD 2-57

The woman tells the man that there are new rules in place and he must leave his cell phone at the counter in the library reading room. The university has put up new posters that explain the rules for mobile phone use. The posters state the reasons why people can't use phones in various places. She says that she likes this new approach because phone use in the library can be bothersome, and giving people clearer reasons will make them more likely to follow the rules. She also says that posting signs is a more reasonable way to enforce rules than just charging fines. Instead of making people pay penalties, the university is giving reasonable explanations for its rules. She brings up an example of someone who was charged a fine for using a phone near a science laboratory. (139 words)

（女性は男性に，新しい決まりができて，携帯電話を読書室のカウンターに置いておかなければならないと言っています。大学は，携帯電話使用の際の規則を説明する新しいポスターを掲げました。ポスターにはさまざまな場所で電話が使えない理由が書かれています。図書館での電話使用は迷惑になることがあり，学生らに理由を明確に示すことで皆が規則に従うようになることから，女性はこの新しい取り組みに賛成だと言っています。彼女はまた規則を施行する際，掲示で知らせることは単に罰金を科すより合理的であるとも言っています。大学は，皆に罰金を払わせるのではなく，この規則の理にかなった説明をしています。彼女は研究室の近くで携帯電話を使用したことで，罰金を科せられた人の例を挙げています。）

解説 課題文では，携帯電話がキャンパス内の使用禁止区域でさえも無分別に使われているため，掲示を変更してわかりやすくするとともに，今後改善が見られなければもっと厳しくしていくということが記事として示されています。これに対して男性と女性が，それぞれの意見を述べています。設問には女性の意見とその理由を述べるよう指示があるので，女性の意見を中心にまとめていきましょう。解答ではまず，大学の新しい掲示がどんなものかに簡潔に触れ，それに対して女性の「賛成」という意見を述べます。続いてその意見の根拠として，「図書館での携帯電話の使用は迷惑になる」「使用禁止の規則を明確にすれば皆が守るようになる」「掲示での告知は単に罰金を科すより合理的である」などの理由を盛り込み，賛成意見をサポートするとよいでしょう。意見を示し，

その理由を説明するという論理展開を常に念頭に置いておきましょう。

▶課題文訳

大学はキャンパス内の標示を変更しようとしています。大学新聞の記事でその変更内容が説明されています。記事を読みなさい。では，読み始めなさい。

大学が携帯電話の標示を変更

　大学は，キャンパス内のあらゆる場所での無遠慮で，有害でさえある携帯電話の使用の増加に対処するため，新しい取り組みを実施することを決めました。新しく，より詳細な掲示が完成し，携帯電話の使用が中止，あるいは禁止される場所に表示されます。まず，新しい掲示はわかりやすくなります。大きな文字とイラストを用いて，携帯電話の使用がそこでは認められない理由がひと目でわかるようになります。それにより携帯電話の使用が医療的な危険をもたらす場所，他人や安全性への配慮が必要な場所などを特定します。また掲示には，禁止された場所で携帯電話を使用した人に科される罰則についても明記する予定です。掲示は，単に罰金を科すより有効だと考えましたが，もし状況が改善しないようであれば将来的に罰則がさらに厳しくなる可能性もあります。

▶リスニングスクリプト

Now listen to two students discussing the article.

W: Have you heard that we're not allowed to bring phones into the library reading rooms anymore? You have to leave them on the counter and pick them up when you go.

M: I see the sign up there. That wasn't there when I used the library last week. I'm expecting a very important call. I want to use the calculator on my phone, too. I wish they'd just let us do what we want to do....

W: I'm glad they've put up these signs. Voice calls and even data use in libraries can inconvenience others. The signs make that clear. In some areas where there's a lot of traffic, it's for safety reasons, and the signs say that too. Giving people good reasons will hopefully make them more likely to cooperate.

M: I know... But I don't want to have to pay a fine just because I have to use my phone for a second.

W: But that's what the signs are there for. This is much better than the campus police just going around and giving people tickets. I know someone who had to pay $25 because she used her phone near a research lab. Now we all know what to do and why, so people can cooperate.

M: Well, I guess I'll wait near the entrance until I get my call.

▶ リスニングスクリプト訳

記事について話している2人の学生の話を聞きなさい。

女性：図書館の読書室には携帯電話の持ち込みが禁止になったって聞いた？ カウンターに置いておいて，図書館を出る時に持って行くって。

男性：あそこの掲示を見たよ。先週図書館に来た時はなかったのに。すごく大事な電話がかかってくるんだけどな。電話の計算機も使いたいし，好きなようにさせてくれればいいのに…。

女性：私はこういう掲示をしてもらえてうれしいわ。図書館での電話の声やデータの使用だって他の人には迷惑になることがあるから。掲示すればそのことがわかりやすくなるわ。混み合っている場所では安全上の理由で必要な場合もあるし，掲示でもそう書いてあるわよ。ちゃんとした理由を示してもらえたら，皆協力するようになるんじゃないかな。

男性：それはそうだけど…。ちょっと自分の携帯電話を使っただけで罰金なんて払いたくないな。

女性：でもそのために掲示してあるのよ。大学の警備員がいきなり見回って反則切符を切るよりずっといいわ。研究室の近くで電話を使って，25ドルの罰金を払った子を知っているの。皆がもう，どうすればいいか，その理由もわかっているんだから協力できるわ。

男性：そうだね。電話がかかってくるまで入り口の近くで待つことにしようかな。

[設問訳]

女性が新しい決まりと掲示について意見を述べています。彼女の意見を述べ，彼女がそう思う理由を説明しなさい。

☑ 重要表現チェック

課題文	□ combat「〜に立ち向かう」
	□ pose「（危険など）を引き起こす」
	□ stipulate「〜を明記する」
リスニングスクリプト	□ put up「〜を掲げる」
解答例	□ in place「実施されて」

Question 4

解答例

Forensic psychologists work with lawyers and judges. Mostly, forensic psychologists help the court when it examines a defendant. The question is whether the person understood what he or she did. If not, the person cannot be held responsible. The person's understanding at the time of the crime is key. The professor says that a forensic psychologist must understand both psychological analysis and legal matters. The professor mentions the example of a man who tried to kill a congresswoman and killed six other people. The man was examined by a forensic psychologist and judged to be unfit for trial. Even though he was seen committing the crime, he was kept in jail and given medicine for a year. Then he was judged to be in better condition and was given a sentence of life in prison. (135 words)

（司法心理学者は弁護士や判事たちと一緒に仕事をします。たいてい，司法心理学者は被告人の尋問をするために裁判所の手伝いをします。問題は，その人物が自分のしたことを理解していたかどうかです。もしそうでなければ，その人物に責任を負わせることができません。犯罪発生当時のその人物の理解力がカギなのです。司法心理学者は，心理分析と法律問題の両方を理解していなければならないと教授は言っています。教授は，女性下院議員の殺人未遂と6名の殺人を犯した男性の例に触れています。この男性は司法心理学者によって検証され，裁判には耐えられないと判断されました。犯行現場を目撃されていたにもかかわらず，刑務所で1年間薬物治療を受けました。その後彼は症状が改善したと判断され，終身刑を受けたのです。）

解説 課題文では，司法制度における心理学者の役割が述べられています。これに対して講義では，被告人の心理状態のことが深く掘り下げられ，犯行時に判断能力が欠けていたと認められれば，責任はなく罪にも問われないため，心理分析が重要になってくることが説明されています。解答の際は，司法心理学者は裁判所で被告人質問をするという仕事の概要に触れた後，求められる役割について詳しく説明していきましょう。司法心理学者は心理分析と法律問題の両方に精通しておく必要があると述べるとともに，心理学者による検証が判決の成り行きにどう影響するかについて，アリゾナ州での事件の実例を用いながらまとめていくとよいでしょう。

▶ 課題文訳

司法心理学についての文を読みなさい。読む時間は 45 秒です。では，読み始めなさい。

司法心理学

心理学者は，司法制度において重要な役割を果たす。司法心理学者は，事実認証のために法廷で被告人質問をしたり，証言したりする。証言の焦点は，犯行に及んだとされる時に被告人に判断能力があったか否かである。その人物に善悪を判断する能力があるのかどうかだけでなく，当時の精神状態がどうであったのかも重要である。心理学専門家の発言は，相手の法律家チームから反論されるかもしれない。時には，検察側が自らの司法心理学者を立てることもある。彼ら側の心理学者は反対の証言をするだろう。

▶ リスニングスクリプト

Now listen to part of a lecture in a law class.

Whether or not a person can be tried for a crime is partly a matter of what that person's psychological state was at the time the events occurred. A person could admit to having committed the act or acts that are alleged. If that person was not competent at that time, he or she will not be held responsible or punished. Forensic psychologists must have two capabilities. First, they need a clear understanding of psychological analysis. Second, they need a clear understanding of the law. In one high-profile case, a man in Arizona tried to kill a congresswoman with a handgun. She survived the attack, though she was injured and had to undergo rehabilitation. Six other people were killed in the attack. He was seen committing the crime, but a forensic psychologist tested him and found him incompetent to stand trial. He was kept in jail and put on medication for a year and a half, after which he was judged competent and given life in prison. After being medicated for a year, he showed remorse and said he was sorry for what he had done. He would have been given the death penalty had he not pled guilty to the crime.

▶ リスニングスクリプト訳

法律学の講義の一部を聞きなさい。

ある人が刑事裁判で審理されるかどうかは，事件発生時にその人の心理状態がどうだったかということに，ある程度関わってきます。人は，容疑がかけられている行為を犯したと認めることもあるでしょう。もしその当時，判断能力に欠けていたとすれば，その人は責任を問われることも，罰せられることもなくなるわけです。司法心理学者には 2 つの能力が求められます。まず，心理分析についての確実な理解が求められます。そして法律についての確実な理解も求められます。注目を集めたある刑事事件では，アリゾナ州の男性が拳銃で女性議員を殺害しようとしました。

彼女は，命は助かりましたが，負傷してリハビリを余儀なくされました。この襲撃で他の6名が殺害されました。彼は犯行現場を目撃されていますが，司法心理学者は彼を検査し，公判に耐えられる状態ではないと判断しました。彼は刑務所で1年半の間薬物治療を受けた後，責任能力があったと判断されて終身刑を受けました。投薬を1年受けた後，彼は深い反省を示し，申し訳ないことをしたと言いました。罪状を認めていなければ死刑になっていたでしょう。

[設問訳]

心理学者に必要であると教授が述べた能力に言及しながら，司法心理学者の役割を説明しなさい。

✓ 重要表現チェック

課題文	□ defendant「被告人」
	□ testify「証言する」
	□ alleged「疑わしい」
	□ prosecution「検察当局」
解答例	□ held responsible「責任を問われる」
	□ unfit for ～「～に適さない」
	□ trial「裁判，公判」

Question 5　　　CD 2-53

解答例　　　CD 2-59

This student is thinking of taking the professor's class, but he will be retiring and his final seminar is already full. He suggests one option, which is a different class that would be similar to his class. The student feels it is not exactly the subject she wants to study. He also suggests his non-credit class during summer school next year. She could take that class and start writing her thesis immediately afterward. I think the student should take the regular class, as the professor suggests. He recommends Professor Chen highly. Plus, she would get university credit and would still be able to work next summer. If she feels that is not enough, she could apply for his summer school class or find another option. Then she will be well-prepared to write her thesis.　　　(134 words)

（この学生は教授の授業を取りたいと考えていますが，彼は退官予定で，最終のゼミはすでに満員です。教授は，自分の授業に似た別の授業を受けるという選択肢を挙げています。学生は，その授業のテーマは自分が調べたいものとは少し違うと感じています。教授はまた，来年の夏期講習で単位にはならない自分の授業についても話しています。学生はその授業を受け，受講終了とともに卒業論文を書き始めることもできます。私は，彼女が教授の提案通り，通常の授業を受けるべきだと思います。教授はチェン先生を強く薦めています。さらに，この授業なら大学の単位が取れ，翌年の夏もまだじっくり作業をすることができるのです。彼女がそれで十分でないと思うなら，教授の夏期講習に申し込むか，あるいは他の選択肢を探すこともできます。そうすれば卒業論文を書くのに万全の準備が整うでしょう。）

解説 会話で述べられている問題を説明し，さらにそれに対して提案されている2つの解決策から1つを選んで自分の意見を述べていきます。会話では，学生が退官間近のケネディ教授の最終のゼミを取りたいと思っているものの，すでに定員に達していることが述べられています。学生の選択肢は，テーマの似たチェン教授の授業を受けるか，ケネディ教授による翌年の夏期講習を受けるかのいずれかです。そういった背景を簡潔に説明した上で，自分ならどちらを選ぶかを明確に示し，続けてその意見を裏付ける理由を述べていきましょう。解答例では，学生はチェン教授の授業を取るべきであるという意見を述べています。理由としては，ケネディ教授がチェン教授を強く推していること，受講終了直後から卒業論文に取り掛かれることを挙げ，さらに大学の単位取得，時間的余裕，夏期講習の受講も可能なことなどの利点を挙げ，卒論作成に万全を期す選択であると締めくくっています。意見に対し，明確に根拠が示されているので，説得力のある解答となっています。

▶ リスニングスクリプト

Listen to a conversation between a student and a professor.

Student: Professor Kennedy, I really want to take your sociology seminar next term, but I heard you're retiring.

Professor: I will be retiring, and my final seminar next term filled up quickly. But Professor Chen will be teaching a seminar from the following semester. It's a lot like mine. Mine deals with caring for the elderly, and hers discusses parent-child relationships. There are many similarities.

S: Yes, but I was hoping to write my graduation thesis on your topic. I'm interested in what she covers, but your subject is more along the lines of the research I want to do.

P: Well, another possibility would be to take my class in summer school next year. Even after I retire, I'll still be teaching some summer school classes. The summer sociology class is a shorter course and you won't be able to get school credit for it, but the topic would be pretty much the same.

S: That would be the summer before my senior year. I could take your class then and go straight into working on my thesis. The only thing is I'll be busy with work that summer.

P: Well, I appreciate your interest. Still, I do think you should consider Professor Chen's seminar. She's a fantastic teacher and her work has been very well-received.

▶ リスニングスクリプト訳

学生と教授の会話を聞きなさい。

学生：ケネディ先生，来学期，先生の社会学のゼミを取りたいのですが，もう退官なさると聞きました。

教授：引退する予定だよ。そして，最終のゼミはすぐに定員いっぱいになってしまった。だけど，来学期からチェン先生がゼミを教えることになっている。私のゼミによく似ているよ。私のゼミは高齢者介護を扱っているけれども，彼女のほうでは親子間の関係性について話し合う。そこには類似点がたくさんあるんだ。

学生：はい，でも，私は自分の卒業論文は先生の扱うテーマに関して書きたいと思っていたのです。私はチェン先生のテーマにも興味はありますが，私がやりたいと思う研究の分野に合うのはケネディ先生のテーマのほうなんです。

教授：そうか。もう１つの選択肢としては，来年の夏期講習で私のゼミを取るという方法がある。退職した後も，私は夏期講習の授業をいくつか担当する予定なんだよ。夏期の社会学講座は短期講座で，単位にはならないけれども，扱うテーマはほとんど同じだよ。

学生：それは私が４年生になる前の夏ですね。先生の授業を受けたらすぐに，論文を書く作業へ移れそうです。ただ，その夏は論文で忙しくなりそうですが。

教授：そう，興味を持ってもらえてよかった。でもチェン先生の授業はぜひ受けてみてもらいたい。彼女は素晴らしい先生だし，研究の評価もとても高いんだよ。

設問訳
学生と教授が，学生が抱える問題について 2 つの解決策について話しています。問題を説明しなさい。そして，あなたはどちらの解決策がよいと思うかを理由と共に説明しなさい。

✓ 重要表現チェック

リスニングスクリプト　□ thesis「卒業論文」
解答例　　　　　　　　□ similar to ～「～と似ている」
　　　　　　　　　　　□ well-prepared「準備万端の」

Question 6　　　　　　　　　　　　　　　　　　　　CD 2-54

解答例　　　　　　　　　　　　　　　　　　　　　　CD 2-60

The professor explains the proportional representation system through which people are elected to parliament. Parties make lists of candidates. Voters vote all across the country for a party. Depending on how many votes the party gets, people from the top of the party's list join the parliament. The professor mentions two effects of this system. One is that a lot of mini-parties enter parliament. This is because when the country votes together the top one or two people on any list can get enough votes. Therefore, parties need to build coalitions. The other effect is, parties don't have to come up with ideas that most people accept. However, the power is more divided, so countries with diverse populations are better off under this system. (124 words)

（教授は，議会に送る人々を選出する比例代表制について説明しています。政党は候補者のリストを作ります。全国の有権者が，1つの党に投票します。党の獲得票数により，リストの上位に載っている人から議会に参加します。教授はこの制度による2つの効果について述べています。1つは，多くのミニ政党が議席を獲得するということです。これは全国で一斉に投票すると，どのリストも上から1人か2人が十分な票を得ることになるためです。そのため，政党は協調関係を築くことが必要となります。もう1つの効果は，政党は多くの人々に受け入れられる政策を作る必要がないということです。しかしながら，権力はより分散されるので，多民族国家にはこの制度が向いているのです。）

解説 講義で話されている内容をまとめながら，比例代表制について説明していきましょう。比例代表制の選挙では，各党が候補者リストを作り，全国の有権者が党に投票すること，そして党は獲得票数に応じてリストに載っている人を上位から議会に送り込むという，制度の概要をまとめます。次にその特徴として，この制度の2つの効果をそれぞれ整理して説明しましょう。1つ目は，全国で一斉に投票するため，多くの党に当選者が出て多数のミニ政党ができ，その結果政党は協調関係を築く必要があること。2つ目は，各党には大多数の有権者に受け入れられるような政策を打ち出す重圧がかからないということです。要点とそれに対する詳細説明の内容に不足がないよう，うまくまとめられるとよいでしょう。

▶リスニングスクリプト

Listen to part of a lecture in a political science class.

A parliamentary democracy is a form of government. The exact system may vary from country to country. Many parliamentary democracies have adopted a system called proportional representation to determine the strength of parties in their parliaments.

Commonly, each political party submits a list of its candidates. Voters across the whole country cast single votes for the party they want. The number of votes received by a party determine how many candidates from the top of its list are elected. The leader of the largest party becomes the prime minister or chancellor. Under this system, two results emerge. One result is a large number of mini-parties. With the voters of the whole country making the selection, a large number of mini-parties may be able to get one or two top-listed candidates into the parliament. Then you have a huge number of mini-parties all representing different ideas, but even though they have representatives in the parliament, they are basically powerless on their own. Because of this, coalition building becomes a necessity. The mini parties have to come together with other parties to form groups or factions. Another effect is that parties are not under much pressure to come up with ideas that the majority of all voters will accept. They just need to get enough votes to get their top people in the government. Power is more divided among parties, so countries with diverse populations can be better represented under this system.

▶リスニングスクリプト訳
政治学の講義の一部を聞きなさい。
議会制民主主義というのは政府の1つの形です。実際の制度は国によって異なっているでしょう。議会制民主主義国の多くは，議会での政党の強さを決めるのに比例代表制と呼ばれる制度を採用してきました。通常，各政党は候補者のリストを提出します。全国の有権者は自分の支持する政党に1票を投じます。得票数に応じて，政党はそのリストの上位から何名の候補者が当選したかを決めていきます。最大政党の党首が総理大臣または首相となります。この制度では2つの効果が表れます。1つはミニ政党がたくさんできるということです。全国の有権者が選択するので，数多くのミニ政党は，候補者リストの上位1人か2人を議会に送り込むことが可能になるでしょう。その結果，異なる考えを持つ多くのミニ政党ができるのですが，彼らは議会に代表者がいるとはいえ，自分たちだけでは基本的に無力です。よって協調体制の構築が必要となるのです。ミニ政党は他の政党と組み，グループや派閥を作らなければならないのです。もう1つの効果として，政党は有権者全般に受け入れられるような政策を作るという重圧に，それほど悩まされなくて済むということがあります。彼らは上位数名を議会に送り込むだけの投票数さえ得られればよいのです。権力は政党の間で分割されるので，多民族国家ではこの制度によって民意をより反映させることができます。

設問訳
講義の要点や例を用いて，教授が比例代表制の効果について述べていることを説明しなさい。

✓ 重要表現チェック

リスニングスクリプト
- □ parliamentary「議会の」
- □ proportional representation「比例代表制」
- □ cast a vote「投票する」
- □ coalition「連携，連立」

解答例
- □ parliament「議会」
- □ candidate「候補者」
- □ come up with「〜を考え出す」

【音声収録時間】
Disk 1：78 分 58 秒
Disk 2：78 分 38 秒

【音声吹き込み】
Howard Colefield（アメリカ），Jack Merluzzi（アメリカ），
Rachel Walzer（アメリカ），Edith Kayumi（カナダ）

【執筆・校閲協力】
（問題執筆）Kevin Glenz，Johnny Driggs，日本アイアール㈱
（解説執筆）中尾千奈美，上田雅美，日和加代子，戸田由美子，山下友紀，
　　　　　　嶋田純子，岡崎恭子
（校閲）　中尾千奈美，豊田佐恵子

書籍のアンケートにご協力ください
抽選で図書カードを
プレゼント！

Z会の「個人情報の取り扱いについて」はZ会
Webサイト（https://www.zkai.co.jp/poli/）
に掲載しておりますのでご覧ください。

TOEFL iBT® TEST スピーキングのエッセンス

初版第1刷発行……2015年11月10日
初版第2刷発行……2019年 4月10日
著者………………Z会編集部
発行人……………藤井孝昭
発行………………Z会
　　　　　　〒411-0033　静岡県三島市文教町1-9-11
　　　　　　TEL 055-976-9095
　　　　　　https://www.zkai.co.jp/books/

装丁………………末房志野
DTP………………株式会社 デジタルプレス
録音・編集………一般財団法人 英語教育協議会（ELEC）
印刷・製本………日経印刷株式会社

©Z会CA 2015　★無断で複写・複製することを禁じます
定価はカバーに表示してあります
乱丁・落丁はお取替えいたします
ISBN978-4-86290-184-2　C0082